D1664827

Viel Spass beim Lesen

Emil Bergmann (ex Kostadinov)

DREIEICH

An meine Mutter, die ihr ganzes Leben für mich hingegeben hat.
Und an die Freunde – diejenigen, die am Leben
sind oder diejenigen, die von uns gegangen sind.

Ich bedanke mich für die freundliche Unterstützung bei:

Lektorat: **Udo Siffermann**
Vielen Dank für Deine geopferte Freizeit.

net.workers AG

Unseren Kunden verschaffen wir Wettbewerbsvorteile
durch die Integration und Vernetzung
innovativer Informationstechnologien.
Dies nennen wir ADVANCED NETWORKING.

www.networkers.de

controlware
communicationssystems

State-of-the-art Technology for Worldwide Telecommunications

Wir sind Ihr zuverlässiger IT-Partner rund um die Themen
Communication Solutions, Information Security, IT-Management,
Application Delivery, Networked Video Solutions und Broadcasting.

www.controlware.de

infraSWISS
+SWISSMADE   Die Infrarot-Heizungslösung made in Switzerland.
Die Sonne für Ihr Zuhause.
www.infraswiss.bg

OUTDOOR AND CLIMBING EQUIPMENT
www.namaste-bg.com

Thomas Wentzlik – *Ein Kletterkamerad, mit dem ich viele unvergessliche
Momente erleben durfte.*

EMIL KOSTADINOV

TRAUM UND WIRKLICHKEIT

Selbstverlag, 2009

„Suche das Licht in der Sonne
und die Sonne in deren Licht."

Bo Yin Ra

REDEN WIR MAL ÜBER DIE BERGE

Emil:

Brauchst Du einen Schlüssel für diese Tür und was erwartest Du, nachdem Du sie geöffnet hast?

Es ist nicht wichtig, ob Du jemals im Gebirge gewesen bist oder ob Du die Berge nur mit einer Vielzahl von dicht nebeneinander gezeichneten waagerechten Linien auf der Landkarte verbindest. Wenn Du leidenschaftlich geliebt hast oder es in diesem Augenblick tust oder aber wenn Du davon schwärmst, Deinen Traum zu lieben; wenn Du bereit bist, für ihn zu sterben, dann bitteschön, nimm diesen Schlüssel. Er gewährt Dir einen kurzen Einblick in unsere Welt, in unsere Seelen – in meine und in die meines Freundes, mit dem ich dieses Buch zusammen geschrieben habe. Wenn es Dich nicht interessiert, so bring es zurück in die Buchhandlung und bestehe darauf, Dein Geld, das Du dafür ausgegeben hast, bis zum letzten Cent zurückerstattet zu bekommen.

Der Zauber des Gebirges packt Dich erst dann, wenn Du von ihm weit weg bist. Wenn Du durch die grauen gepflasterten Straßen der Stadt gehst und Dich abends zu Hause in die kuschelweichen Decken Deines bequemen Bettes zur Ruhe legst, geschützt durch die dicken Mauern des ebenso grauen und unpersönlichen Gebäudes. Gerade dann kommt er, wie ein lang erwarteter Gast, und erlaubt dem Schlaf nicht, Dich von seiner Schönheit zu entreißen. Du schließt Deine Augen, siehst Lichter und Schatten, drehst Dich um und vernimmst das Getöse monströser Lawinen, das Rauschen der Gebirgsquellen, Du fühlst die Wärme der Sonne, Dich überkommt ein kalter Schauer, der Deinen Körper während der eisigen und langen Nächte ereilt hatte, in denen Du ungeduldig auf das Morgengrauen gewartet hast.

Dieser Zauber lässt mich den Rucksack auf den Rücken schnallen und losgehen, ohne mich umzudrehen, gelockt von seiner Kraft, die mich wie ein Magnet anzieht.

Dieser Zauber verfolgt mich in jedem Augenblick meines Lebens und gerade er gab mir den Ansporn dafür, mich hinzusetzen und zu versuchen, auf das Blatt Papier gerade das zu übertragen, was für mich bereits Erinnerung geworden ist.

Oft frage ich mich, ob ich das gewesen bin, ob das wirklich mir zugestoßen ist, ob das nicht ein Traum oder eine Illusion gewesen ist, ob irgendwelche mysteriösen Mächte bestimmt haben, dass alles genau auf diese Art und Weise passiert. Oder bin ich derjenige, der ganz unbewusst danach gesucht, es verfolgt hat, um meine Seele weitab aller Eitelkeit zu entlasten?

Ich sehe dem Menschen, mit dem ich Schulter an Schulter denselben Horizont erblickte, in die Augen, und plötzlich verschwinden alle diese Fragen. Übrig bleibt nur das Gefühl der Zufriedenheit und die Bereitschaft, alles noch einmal so zu erleben, ohne einen einzigen Augenblick zu bereuen.

Die Geschichte der Berge ist eng mit der der Menschen verbunden. Geschrieben wird sie mit der Zeit und je nach Gebirge erlangt sie stolzen oder traurigen Ruhm. So eine Geschichte haben auch der Eiger und seine Nordwand.

Von Anfang an, als der erste Blick auf sie fiel und die Hände es wagten, ihre Gestalt zu liebkosen, bis zum heutigen Tage trägt sie mit Recht den Titel „Wand des Todes".

Beängstigend und riesengroß, ist sie nach Norden gerichtet und lässt sich von den Sonnenstrahlen ungern stören. Sie lebt und atmet. Das Geräusch von Steinschlägen und Wasserfällen, Eislawinen und Donnerschlägen ist Musik in den Ohren derjenigen, die sich in ihren Bann gezogen fühlen. Nach jeder menschlichen Tragödie, die sich an ihr ereignet hat, verstärkt sich dieses gesamte Getöse, um abzuwehren, Angst einzuflößen, die Nächsten zu verunsichern und wie ein schlummerndes wildes Tier für längere Zeit zu verweilen.

Um zu erkennen, ob er für diese Wand bereit ist, muss der Träumer nicht tagelang mit einem Fernrohr bewaffnet unter ihr hocken und alle ihre Details studieren. Es genügt, Heinrich Harrers Buch „Die weiße Spinne" gemütlich zu Hause zu lesen. Dieses beschreibt chronologisch alle Tragödien, die sich an der Wand ereignet haben. Wenn man die letzte Seite gelesen hat, wird man sich entweder anderen Dingen zuwenden mit dem Gedanken – „Das ist ja reiner Wahnsinn, Dich sticht wohl der Hafer!" Oder aber man nimmt den Rucksack, packt ungeduldig die Ausrüstung zusammen und macht sich auf den Weg zu ihr.

Als ich unter dieser Wand stand, wusste ich nicht, wie all das enden würde. Ich hatte nicht das Gefühl, etwas verloren oder gewonnen zu haben, aber etwas Unerklärliches motivierte mich, diese Entscheidung zu treffen und sie hinterher stets zu verteidigen. Das ist meine Lebensphilosophie. Nicht einmal im täglichen Leben wäge ich ab, ob sich etwas lohnt oder nicht, prüfe alle Möglichkeiten und finde so die ideale Vorgehensweise.

Zwei Dinge stehen fest: Wenn ich jetzt an meinem Schreibtisch sitze und diese Zeilen niederschreibe, bedeutet das, dass ich irgendwann geboren wurde und noch am Leben bin. Daraus resultiert ganz logisch, dass ich irgendwann auch mal sterben werde.

Für die Zeit, die mir zwischen diesen zwei Punkten zusteht, trage ich ganz allein die Verantwortung. Nur ich entscheide, wie ich jeden Augenblick meistern möchte und deshalb blicke ich immer vorwärts und baue auf meine bisherigen Erfahrungen. Gerade das hat mich dazu bewogen, mich hinzusetzen und mich mit Dir, werter Leser, über das Besteigen einer der schwierigsten und gefährlichsten Gebirgswände der Welt zu unterhalten – eine Besteigung, bei der wir bereit waren, das Letzte zu geben.

Dieser Monat, in dem wir das Schicksal ganz bewusst herausgefordert oder es ihm einfach überlassen haben, uns zu führen, war eine Art Widerspiegelung meines gesamten bisherigen Lebens, aber in konzentrierter Form. Und da nichts in unserem Leben zufällig passiert, kreuzten sich wohl oder übel meiner und der Weg meines Gefährten. Damals wussten wir nicht, worauf wir uns einlassen, aber wir wollten es erfahren und schlugen deshalb von nun an eine gemeinsame Richtung ein. Diese Richtung – unterstützt durch unsere Lebensphilosophie – hat sich bis heute nicht geändert. Sie hat unseren Charakter geformt im Alltag, zu Hause, auf der Straße und unter Bekannten und Freunden, die immer nach der Schönheit der Beziehung suchen. Obwohl wir das Beschriebene gemeinsam erlebt haben, stellte sich heraus, dass wir tatsächlich zwei unterschiedliche Persönlichkeiten, zwei unterschiedliche Charaktere sind, die nicht nach Ähnlichkeiten und Unterschieden suchen, sondern sich gegenseitig ergänzen. Deshalb haben wir beschlossen, das Buch so zu schreiben, in dem aber jeder seine ganz persönliche Sicht des Erlebten darstellt. So wurde das Wirklichkeit, was Du, werter Leser, in Deinen Händen hältst und gerade durchblätterst. Wir wünschen Dir angenehme Momente mit unserem Traum, jenem Traum, der Realität wurde.

Ignat:

Das war ein Abenteuer, eine wahre Odyssee, die unbedingt erzählt werden muss! Noch heute, ein paar Jahre später, habe ich das dringende Bedürfnis, mich hinzusetzen und unsere Erlebnisse und Leiden während dieses Extremabenteuers niederzuschreiben. Bereits damals, nach unserer Rückkehr, wussten wir, dass wir eines Tages das erzählen müssen, was uns zugestoßen war, weil es von vielen interessanten und dramatischen Ereignissen gezeichnet war. Emo (Emil) war nicht nur mein Seilgefährte, sondern ist auch der beste Freund, den ich jemals hatte. Unsere Bekanntschaft, die Reisevorbereitungen, das Training, die Klettertouren, die Fahrt in die Schweiz per Anhalter, die Besteigung der Eigernordwand, die Besteigung der nordöstlichen Wand des danebenliegenden Mönchgipfels, der Trip zum Aletschgletscher, die Rückreise, die Pressekonferenz, die wir danach gaben, alle darauffolgenden Ereignisse, unsere Winterklettertouren und Biwaks – all das verbindet uns. Ich weiß, dass die Freundschaft mit Emo ewig bestehen wird, unabhängig davon, wo wir gerade leben und was wir gerade tun.

Die Verwirklichung unseres großen Traums – die Besteigung der Eigernordwand – war ein Ereignis, das unserem Leben einen Sinn gab. Dass ich mich immer wieder gern daran erinnere, haben die letzten Jahre gezeigt. Ich werde nicht müde, Bergsteigerfreunden, Bekannten, ja sogar Unbekannten davon zu erzählen. Ich tue das nicht aus Eitelkeit oder Prahlerei, sondern weil dieses Abenteuer und die Art und Weise, wie ich es erleben durfte, mich tief bewegt hat. Es war das bisher größte Abenteuer meines Lebens.

Später habe ich mit Emo noch viele Wände bestiegen, zum Beispiel die Civetta, die Südwand von Tofana di Rozes in den Dolomiten, aber all das war anders. Wir sind mit dem Auto gefahren, genossen alle möglichen Bequemlichkeiten, und es gab außer während der Besteigungen selbst keine Extremsituationen.

Die Eigernordwand, die viele Bergsteiger das Leben kostete, heißt nicht zufällig „Wand des Todes". Unsere Kletterroute war damals die schwierigste Freeclimbing-Route und wir erlebten alle nur denkbaren alpinen Aufregungen und dramatischen Augenblicke, die solche Touren begleiten. Vielleicht haben wir sogar nur dank des berühmten Quäntchens Glück überlebt. Aber die Vorbereitung, der Wille und vor allem unsere große Verbundenheit miteinander verhalfen uns zum Erfolg, und wir konnten der Gefahr unversehrt entkommen.

In unseren Tagebüchern hielten wir die Geschehnisse fest. Einige Monate nach unserer Rückreise habe ich mithilfe dieser Aufzeichnungen eine ausführliche Geschichte geschrieben. Jahre vergingen, bis wir unsere Erlebnisse so weit verarbeitet hatten, dass wir sie ausführlich aufschreiben konnten. Schon damals sagte Emo, dass die Freude über das Geleistete mit der Zeit immer größer werden würde. Es stimmt! Seither ist kaum ein Tag vergangen, an dem ich nicht mit Freude an die Reise, die Besteigung oder an Emo, der zurzeit in Deutschland lebt, dachte.

Das Bergsteigen, obwohl ein gefährliches und riskantes Unterfangen, bleibt für mich immer eine der besten Möglichkeiten, mit der einmaligen Natur direkt in Kontakt zu treten, ihre Schönheit zu genießen und viele starke und bewegende Momente zu erleben. Es bietet Dir die Gelegenheit, vor allem mit Dir selbst zu kämpfen und Dich zu läutern, indem Du den scharfen Grat entlanggehst, der Leben und Tod trennt; sie gewährt Dir aber auch die Chance, eine wahre und starke Freundschaft zu erleben, die ewig hält und dem Leben einen Sinn gibt. Vor dem Bergsteigen habe ich aktiv Fechten trainiert. Heute beschäftige ich mich mit lateinamerikanischen Tänzen und kann behaupten, dass ich immer der Macht und dem Zauber dessen verfallen bin, womit ich mich gerade beschäftige. Die Inspiration hat mir geholfen, bei diesen Tätigkeiten gewisse Erfolge zu verzeichnen, aber ich bin davon überzeugt, dass der Alpinismus Deine volle Hingabe fordert, wenn er Dich in seinen Bann gezogen hat. Gleichzeitig raubt er Dir die vermeintliche Sicherheit der Zivilisation, weil Du während des Bergsteigens verzweifelt um Dein Leben kämpfst, unglaublich dramatische Situationen erlebst und bis an die Grenzen des Möglichen kommst, ja manchmal sogar nur knapp überlebst.

Im Jahre 1993, als ich 19 Jahre alt war und an der Sportakademie „Fechttrainer" studierte, beteiligte ich mich an einem fünfzehntägigen Kurs im Vitoschagebirge[1] in „Tourismus, Bergsteigen und Orientierung". Mit größter Ungeduld erwartete ich die Unterrichtsstunden, weil ich bereits begonnen hatte, die Gebirge zu durchwandern, aber vor allem, weil ich den Wunsch hatte, etwas Abenteuerliches zu tun. Damals habe auch den Bergsteigerkurs absolviert und schließlich war ich der einzige Student der Akademie, der sein Fach gewechselt hat – zum Bergsteigen.

Im selben Jahr habe ich mir ein Seil gekauft und zog zum Training allein auf die Berge von Resnjovete im Vitoschagebirge. Immer wieder habe ich Bücher über die Alpen gelesen, die mein Interesse reichlich schürten. Später kaufte ich mir einen Klettergurt[2] und 1996 eine Seilklemme und ein Paar Kletterschuhe. Dann begann ich in einer Seilschaft zu klettern und Pläne für ernsthaftere Klettertouren zu schmieden. Bis dahin wanderte ich nur durch die Berge, sowohl im Sommer als auch im Winter. Auf meinen Solotrips lernte ich vor allem mich selbst achten; diese Eigenschaft übertrug ich auch auf andere Menschen. Ich härtete meinen Körper ab und bereitete mich auf das wahre Bergsteigen vor. Mit größtem Vergnügen beschäftigte ich mich mit Extremtourismus, betrachtete die Wände von Maljoviza[3] und Vichren[4] und träumte von ihnen. Ich war keinesfalls davon überzeugt, dass ich sie jemals berühren würde. Aber ich träumte weiterhin davon, und mit der Zeit gingen einige dieser Träume in Erfüllung. Ich las über die Alpen und den Himalaya, über Reinhold Messner und Hermann Buhl, über Walter Bonatti und Joe Tasker und dachte dabei auch an den Eiger und das Matterhorn. Vielleicht träumte ich auch nicht direkt von ihnen, aber ich wollte unbedingt echtes Bergsteigen auf langen und fernen Routen betreiben, so richtig mit Biwaks und Abseilen[5]. Gleich nachdem ich die Ausrüstung gekauft hatte – Steigeisen, Schlafsack, Daunenjacke, Eispickel – fuhr ich ins Gebirge und probierte sie aus. Ich grub Höhlen in den Schnee und schlief darin. Ich bereitete mich vor, indem ich im Winter im Schlafsack unter freiem Himmel übernachtete und mir eine Kleinigkeit auf dem Primus[6] kochte. Im Laufe der Zeit wurde ich immer besser. Und dann, wie ich gern sage, wollte Gott, dass ich Emo kennenlerne, um mit ihm etwas Unglaubliches zu erleben, das mir Kraft für ein ganzes Leben gab – und eine Freundschaft, die bis über den Tod hinaus bestehen wird.

---

[1] Vitoschagebirge (A.d.Ü.): in unmittelbarer Nähe von Sofia, der Hauptstadt Bulgariens, gelegen, höchster Gipfel: Tscherni Vrach (2290 m)

[2] Klettergurt: Sitzgurt, der aus zwei Beinschlaufen und einer Schlaufe um die Hüfte besteht

[3] Maljoviza (A.d.Ü.): Gipfel im Nordwestrilagebirge, 2370 m hoch, das Wahrzeichen des bulgarischen Alpinismus

[4] Vichren (A.d.Ü.): zweithöchster Berg Bulgariens, 2914 m hoch, befindet sich im Piringebirge

[5] Abseilen: sich selbst am Seil mit einem Abseilgerät hinunterrutschen lassen.

[6] Primus: kompakter Gaskocher

Für die Lebenden – Leben,
für die Toten – Erinnerung.

GESCHICHTE DER TRAUER

Emil:

Beim Felsen dort zünde kleine Kerzen,
und denk an die toten Freunde mit Schmerzen.
Vergieß ein paar Tränen von ganzem Herzen,
um so die Trauer auszumerzen.

Die Zeit wird den Kummer nicht vertreiben.
Halt durch, um weiter so zu treiben.
Drum steigen, steigen, steigen …

Lieben, manchmal fallen, aber Willen zeigen.
Nur steigen, steigen, steigen …

Freundschaften entstehen langsam. Ich meine echte Freundschaft …, die von ganzem Herzen …

Liebe und Ruhe, Lachen, Umarmung, Tränen, Duft frischer Frühlingsblumen. Freundschaft entsteht besonders schwierig. Getragen wird sie so, wie eine Mutter ihr Kind trägt – mit viel Liebe und Geduld. Das Gefühl ist einmalig, man vernimmt jede Bewegung, jede Regung – sogar die kleinste. Das Gefühl der Freundschaft – man kann es mit Worten nicht beschreiben, es ist … himmlisch.

Und wenn Freundschaft entsteht, ja, wenn sie entsteht, dann muss sie gepflegt werden. Sie ist so zart, so empfindlich und so leicht zerstörbar. Sie ist wie eine kleine Blume, die ununterbrochen Wärme, Pflege und Liebe braucht. Nicht einmal für einen kurzen Augenblick sollte man sie aus den Augen verlieren, weil sie verwelken und sterben könnte. Dann bleibt nichts mehr von ihr übrig. Sie verwandelt sich in Staub, den der Wind in alle Himmelsrichtungen zerstreut. Und wenn etwas stirbt, stirbt mit ihm die Hoffnung. Solange es Leben gibt, gibt es auch Hoffnung. Sie verleiht uns die Kraft, uns zu erheben, wenn wir gefallen sind, hilft uns dabei, unsere Herzen zu reinigen und den Schmerz zu überwinden, dem Menschen ganz aufrichtig in die Augen zu sehen, um Verzeihung zu bitten und zu vergeben. Niemand entgeht dem Tod. Er ist kalt und hat keine Kraft, aber er ist sicher, kommt als unerwarteter

Gast und trägt einen schwarzen Umhang. Von ihm könnten wir lernen, das Geborene, das Geschaffene zu wahren, damit es stärker wird, damit es auch nach ihm erhalten bleibt; und das, was zuletzt bleibt, ist die Wahrheit.

Sie verläuft von einem zum anderen Ende des Seils, indem sie zwei Menschenleben, zwei Herzen verbindet, die so im Gleichklang schlagen, dass dabei eine neue Freundschaft entsteht.

Immer wenn ich die Welt der geistigen und materiellen Armut betrachte, frage ich mich, wie man schnell Millionär werden könnte. Meiner Meinung nach wäre es am einfachsten, einen Laden für Freundschaft zu eröffnen. Jeder, der diesen Laden betritt, kauft sich etwas Freundschaft, um kurz danach das Geschäft zufrieden und glücklich zu verlassen. Einfach nur so. Freundschaft gegen Geld. In unserer heutigen Zeit wäre das eine sichere Geldquelle. Schön, dass es keine solchen Läden gibt und auch nie geben wird, weil Freundschaft nur mit Herzblut gekauft wird.

Jeder Mensch hat in seinem Leben viele Möglichkeiten. Jeder ist frei zu entscheiden, welchen Weg er einschlagen will und mit wem.

Manche wählen die geraden und ebenen Wege, die zum Horizont führen – mit gleichmäßiger Linie und unabhängig von Zeit und Raum. Diese Wege sind eintönig, hier wechseln nur die Sonnenauf- und -untergänge, es gibt weder helle Sterne noch Angst einflößenden Stürme. Die Tage fließen ineinander. Die Schritte sind gleichmäßig, das Herz schlägt in ihrem Rhythmus.

Es gibt auch solche Menschen, die die Gipfel anstarren, die stolz in den Himmel ragen und zahlreiche Möglichkeiten bieten. Hier hat der Mensch die Qual der Wahl zu entscheiden, welchen Weg er einschlägt, welcher seiner wird. Entweder wählt er die klassischen Wege und besteigt die gastfreundlichen Wände ohne Gefahren und Risiken, oder sein Blick verweilt auf den Angst und Respekt einflößenden Hängen, die für die Menschenmassen unzugänglich sind. Mutter Natur hat sie speziell für diejenigen gemeißelt, die zu Selbstopfern bereit sind und den Preis des geistigen und materiellen Erfolgs kennen. Sie wartet ungeduldig auf sie. Dort wird das Leben nicht an der Zahl der Atemzüge gemessen, sondern daran, wie oft Dein Atem stockt. Das sind die Momente, in denen Du am ganzen Körper spürst, dass Du lebst, dass Du hoch über den Wolken schwebst und dabei Deine Seele singt.

Wer ist Dein bester Freund?

Ein weiterer Stein, der in den See meiner Gedanken hineingeworfen wird … Fragen … Fragen …

Mein Rucksack, lieber Reisender, mein Rucksack ist mein bester Freund. Ich habe ihn immer dabei. Er ist ein Teil von mir, er saugt den Schweiß der Anspannung beim Tragen auf. Er ist schwer, aber ist ein Teil von mir. Je schwerer er ist, desto mehr Dinge bietet er mir nach dem langen und anstrengenden Tag. Abends, wenn ich ihn von meinem Rücken nehme, steht er neben mir, dient meinem ermatteten Körper als Stütze, bewacht mich während der langen eisigen Nächte. Er folgt mir auf den gepflasterten Straßen des Alltags, Straße für Straße. Er wartet auf mich, wenn ich nicht da bin, so, wie nur ein echter Freund warten kann, mein werter Reisender. Ständig passen wir uns gegenseitig an, jede Falte auf unseren Körpern glättet sich mit der Zeit, bis sie zu einem Ganzen werden; dann kann ich nicht sagen, welcher Teil zu mir und welcher zu ihm gehört. Langsam und unmerklich werden wir älter, an uns gibt es Flicken und Falten, wir haben ein unansehnliches Äußeres, doch irgendwie sind wir uns ähnlich; jeder trägt etwas vom anderen, aber ich bin ein Mensch, lieber Reisender, und er ist nur ein Rucksack. Ich habe eine Seele und suche Meinesgleichen. Er sucht nach einer Seele, die ihn trägt.

Er ist bloß ein Rucksack, hergestellt in irgendeiner Fabrik, verpackt, im Laden gelandet, wo ihn der Verkäufer denjenigen anbietet, die ihn brauchen. So habe ich auch meinen gefunden. Er gefiel mir auf den ersten Blick und ich nahm ihn. Es gab noch viele andere vom gleichen Typ, in verschiedenen Farben und Größen, aber ich wählte gerade ihn. Mein lieber Reisender, wenn Du nur wüsstest, wie glücklich ich darüber bin, denn er ist derjenige Teil von mir, der mich ergänzt. Der Reisende ist vorbeigegangen … ich bin allein geblieben.

Leere. Sie ist mit dabei, ist ein untrennbarer Teil von mir. Wir haben uns angefreundet, der Wind hat sie mir zugeweht. Woher wohl? Ich schreie … Der Wind hat mich gehört und mich dieses Mal gnädig behandelt. Das war seine Antwort.

Das Gebirge ist meine Leidenschaft und in meiner Freizeit bin ich dort zu Hause. Oft hatte ich das Glück, der Ruhe in den Bergen zu lauschen, mit der Abenddämmerung zu verschmelzen, wenn die Sonne schon ganz müde dem Mond den Weg freimacht und der kühle Windhauch mich besonders zärtlich umarmt, wenn ich im Schlafsack liege, die Augen auf die unzähligen Sterne und die Silhouetten der Gipfel gerichtet, die sich trotz der Dunkelheit deutlich abzeichnen. Damals eröffnete sich mir eine neue Welt, eine Welt der Lichter und Vorstellungen, eine Welt der Gefühle ohne Gedanken, die Zauberwelt der Berge. Dann hatte ich das Gefühl, mich jedes Mal neu zu entdecken – fernab vom grauen Alltag der Großstadt, das Gefühl, den Lauf der Weltgeschehnisse für einen klitzekleinen Augenblick zu stoppen und über die vergangene Zeit Bilanz zu ziehen, das Gefühl, auf diese Weise Kräfte zu sammeln für das, was mich erwartet und dabei mit mir selbst und den Menschen, die ich in meinem Herzen trage, endlose Gespräche zu führen.

▲ Emil, Kominite im Vitoschagebirge, 1993

▲ Stanimir und Emil im Piringebirge, 1994

▲ Stanimir und Emil auf dem Vichrengipfel, 1993

▲ Emil klettert mit einem Gipsbein
auf den Felsen bei Vraza, 2000

Einmal sprach ich mit zwei Bergsteigern darüber, welches Gefühl es ist, eine Felswand zu erklimmen, um den Gipfel zu erreichen, anstatt die bequemen Wanderwege zu benutzen. Ich kann mich nicht mehr an ihre Antwort erinnern, umso besser aber an das Gefühl. Mich überkam ein Gefühl der Vollkommenheit, etwas Unerklärliches, das ich jahrelang vermisst habe, ohne es zu wissen. Es war der Duft der Berge, die Melodie der klirrenden Bergsteigerausrüstung, der Geruch des alpinen Seils, der aufrichtige und ernste freundschaftliche Blick.

Zu dieser Zeit (1990-1993) war ich Student in Sofia und kam mit einem Stipendium über die Runden, das mir meine sogenannte Heimat Bulgarien zugewiesen hatte. Jeden Tag ging ich in das einzige Sportgeschäft im Stadtzentrum, wo Klettergurte angeboten wurden. Ich trat ein, sah sie mir an und ging wieder hinaus. Das wiederholte sich täglich – mehr als drei Monate lang –, bis ich dann Ende Dezember 1993 drei Stipendien auf einmal ausgezahlt bekam. Das ganze Geld investierte ich in meinen ersten Sitzgurt. Anfangs hatte ich keinen Seilgefährten und kletterte free solo. Um meine Angst zu überwinden, wählte ich auf den Felsen des Vitoschagebirges für meine damaligen Verhältnisse immer schwierigere Routen.

Ich besaß auch keine Kletterschuhe, stieg stattdessen mit den Trekkingschuhen. Später kaufte ich mir im Ausverkauf leichte Freizeitschuhe, die sich letztlich aber als ziemlich unbequem erwiesen. Nicht einmal im Alltag konnte ich sie tragen, weil ich sie zwei Nummern zu klein gekauft hatte. Deshalb landeten sie bald in der Mülltonne. Schade um das schöne Geld! Ich rechnete das Geld in Essenmarken für die Mensa um, und das bedeutete 30-mal knurrenden Magen auf Kosten der entsorgten Sportschuhe. Am Ende meines Studiums in Bulgarien lernte ich Stanimir kennen. Zum ersten Mal begegneten wir uns während meiner Solo-Klettertouren auf den Felsen des Vitoschagebirges. Wir wurden schnell Freunde. Bald kletterten wir zusammen, träumten von den großen Gebirgswänden, von Matterhorn und Eiger, von Grandes Jorasses. Er war mein erster richtiger Kletterpartner und ein echter Freund. Ende 1994 fuhr ich nach Deutschland, um dort zu studieren. Ein Jahr später, nachdem ich den Eiger wenigstens schon einmal berührt hatte und auf das Matterhorn gestiegen war, schmiedeten wir den großen Plan, im Sommer 1996 die Eigernordwand zu besteigen.

Diesen Gipfel kannte ich bereits aus Joe Taskers Buch „Savage Arena", das ich in einem Zug und später mehrmals gelesen hatte und dabei im Gedanken immer wieder das erlebte, was Joe und seinen Gefährten im Gebirge widerfahren ist.

Wir beide träumten davon, sie hautnah zu erleben, weil allein der Gedanke an sie damals wie heute Respekt und Ehrfurcht einflößt. Ein Gipfel wie ein

„Um erneut jemandem zu begegnen, musst Du zuerst von ihm Abschied nehmen. Und wenn Ihr Freunde seid, werdet Ihr Euch unbedingt begegnen, entweder nach ein paar Augenblicken oder nach ein paar Leben …"

Richard Bach

Stanimir †

Koloss, der seinen Rumpf in den unermesslichen blauen Himmel streckt und jeden Blick, den man auf die Angst einflößende Nordwand wagt, zurückweist. Wenn man sie betrachtet, kann man ihre richtigen Ausmaße schwer abschätzen. Sie ähnelt einem riesengroßen Zahn, der aus dem Kiefer eines schlummernden Monsters herausragt, das jeden Augenblick sein Maul schließen könnte, wobei es jedem, der es gewagt hat, sich ihm zu nähern, das Leben nimmt. Niemand kann sich etwas Chaotischeres und gleichzeitig auch Vollkommeneres vorstellen. Eine Wand, durchtränkt von Schweiß, Blut und Tragödien, aber auch vom Triumph, dem Triumph des menschlichen Willens, des Geistes und der Würde. Ich bin davon überzeugt, dass jeder von uns erzittern würde, wenn er vor ihr stünde. Ihr Charakter entspricht dem jeder anderen Nordwand – feucht und kalt, als ob sie dem Sonnenschein nachtrauert, ist sie für diejenigen Menschen geschaffen, die man Bergsteiger nennt. Selbst im Schlaf lässt sie ihnen keine Ruhe. Dorthin war auch mein Blick gerichtet.

Als Student in Deutschland verfügte ich bereits über die notwendigen Mittel und Möglichkeiten, diese Idee zu verwirklichen, die eidesstattlichen Erklärungen und die Visa für Deutschland und die Schweiz zu besorgen. Geplant war, Anfang 1996, nach Ende des letzten Semesters, nach Bulgarien zurückzukehren und in diesem einen Monat zwischen den Semestern mit Winterbesteigungen der Wände des Vichren- und Maljoviza-Gipfels zu trainieren. Diese Zeit erwartete ich mit großer Ungeduld.

Es war im Winter des Jahres 1996, im Januar. Die Erde war vor Kälte erstarrt, der graue und feuchte Nebel umhüllte jedes Fleckchen und ließ nur noch Silhouetten erkennen. Um mich herum gab es lauter Kreuze – Kreuze, die langsam meinem Blick entschwanden und mit der Landschaft verschmolzen. Ich saß vor einem davon, das aus dem Matsch hervorragte. Es unterschied sich von den anderen, es war noch neu, voller Blumen, eine Menge Blumen; sie sahen frisch und schön aus, aber irgendwie tot. Nach kurzer Zeit würden auch sie mit der grauen Landschaft eins werden. Das war die Grabstätte meines Freundes Stanimir.

Ein paar Tage vor unserem Treffen war er zusammen mit seinem Kletterpartner am nördlichen Dshendem des Botev-Gipfels[1] abgestürzt.

Die Tränen kullerten mir langsam die Wangen hinunter und tropften noch warm auf die Blumen und die eiskalte Erde. Sie verschwanden im Nu, wurden aufgesaugt und mit ihnen auch die Gefühle.

Ihr Tränen, hört auf … tropf, tropf, tropf … hört doch auf, um Gottes willen! Sie wollten einfach nicht versiegen. Und die Seele, sie schrie einfach! Nein!

---

[1] Botev-Gipfel (A.d.Ü.): der höchste Gipfel (2376 m) im bulgarischen Balkangebirge (nach ihm ist die gesamte Balkanhalbinsel benannt worden)

Das kann doch wohl nicht wahr sein, steh auf, das ist nicht Dein Platz … erhebe Dich! Du hattest Liebe für alle … Stille. Ich zündete eine kleine Kerze an. Bitte, lieber Wind, blase sie nicht aus, lass sie mich erwärmen. Er hörte nicht auf mich. Erneut zündete ich sie an. Wärme und Eintönigkeit.

Das ist ein lebloser Ort, das ewige Heim der Materie. Zwei starke Hände fassten mich, ich erhob mich. „Gehen wir", sagte er. Es war sein Vater, seine Augen waren feucht. Ich wollte noch ein bisschen bleiben. „Gehen wir." Ich wollte ihm noch so vieles sagen, lass mich doch, um Himmels willen. „Gehen wir, wir müssen weiter."

Ich hatte überhaupt nicht darüber nachgedacht, mit dem Klettern aufzuhören. Das Bergsteigen trug ich in meinem Herzen und ich wusste, dass ich weitermachen werde; ich wusste, ich fühlte, dass die Natur in mir ist und obwohl ich gerade in diesem Augenblick Gott hasste, dankte ich ihm aufrichtig dafür, dass er mir diese Gelegenheit geboten hat, dass genau ich auserwählt worden bin, um all das zu besitzen, alles zu bekommen und alles zu verlieren.

Die Jahre vergingen, vieles ist mir widerfahren. Obwohl die Berge mein Zuhause waren, war ich einsam, weil der Schmerz und die Leere nach dem Verlust eines guten Freundes nicht nachgelassen haben. Im Sommer 1996 verbrachte ich fast einen ganzen Monat in Chamonix, kletterte mit verschiedenen Leuten auf verschiedenen Routen, bezwang einige klassische Wände in der Umgebung und war nach dem Abstieg sowohl glücklich über die Leistung als auch unendlich traurig darüber, sie anderen nicht mitteilen zu können. Meine Trauer war zu tief.

Ich wusste, dass zu dieser Zeit die engste Freundin meines verstorbenen Kameraden gemeinsam mit einem Freund auch eine Besteigung der Eigernordwand plante. Als ich dann am Morgen nach der großen Überschwemmung in Chamonix aufwachte, beschloss ich nach Grindelwald zu fahren, um mich ihnen anzuschließen.

Bis Grindelwald fuhr ich per Anhalter und in der Nacht stieg ich bis zur Station Kleine Scheidegg. Dort stand ich vor der Wand, der Wind liebkoste meine Wangen und die Augen waren voller Tränen. Ich war bereit und fühlte das, was ich eigentlich bin und was ich immer sein wollte. Es war der Traum, den ich gemeinsam mit Stanimir verwirklichen wollte, bevor er ums Leben kam.

Ich übernachtete im Freien, und am nächsten Morgen suchte ich die ganze Umgebung erfolglos nach den beiden ab. Am späten Nachmittag war ich von der Idee besessen, die Wand allein zu stürmen. Als ich so um die Station umherirrte, fiel mein Blick auf zwei Rucksäcke, die den neuen und knallbunten, wie sie die Westeuropäer tragen, so gar nicht ähnelten. Sie waren alt und

[2] Silberwald bei Höchst im Odenwald

von der Sonne gebleicht. Das waren sie! Ich betrat das Restaurant. Sie waren dort. Sie war dort. Ich war verliebt, mein lieber Leser, ich war verliebt, so verliebt! Wir haben uns gefunden. Sie war der Mensch, der mir so viel Wärme und Glück brachte, aber sie war auch diejenige, an die ich mich zwei Jahre später nur mit Trauer und Enttäuschung erinnerte.

Ein paar Tage später stürmten wir die Nordwand auf der klassischen Route vom Jahre 1938 und gelangten bis zum Ende des „Zweiten Eisfeldes". Am späten Nachmittag brach ein Gewitter los. Unglücklicherweise tobte es die ganze Nacht. Unsere Kleider und der Proviant waren völlig durchnässt. Der nächste Tag zeigte keine Anzeichen von Wetterbesserung, und so fassten wir den einzig richtigen Entschluss, uns abzuseilen. Dieses Fiasko kostete uns einen ganzen schrecklichen Tag, und wir überlebten nur wie durch ein Wunder. Nach zwei Tagen mussten wir die Schweiz verlassen, weil unsere Visa abliefen, und an einen zweiten Versuch war überhaupt nicht denken. Nach einer eintägigen Anhalterfahrt von Bern bis Bratislava fuhren wir ganz bequem mit dem Bus nach Sofia, womit diese Heldentat endete.

1997 schloss ich meine Hochschulausbildung in Deutschland (FH Dieburg) ab. Es war das Jahr, in dem ich nach einem 7-m-Sturz meine linke Ferse brach und 45 furchtbare Tage in der Plovdiver Chirurgie aushalten musste. Ans Bett gefesselt diente ich den hiesigen Chirurgen und Professoren als Versuchskaninchen, da sie nicht in der Lage waren, meine gebrochenen Knochen richtig einzurenken. Ich fühlte mich wie ein wildes Tier im Käfig, ich bekam keine Luft. Nachdem ich aus dem Krankenhaus entlassen wurde, beendete ich meine Diplomarbeit und jobbte gleichzeitig in einer Telekommunikationsfirma in Deutschland. Fast jeden Abend nahm ich den Rucksack und das Seil, schleppte mich mit Hilfe der Krücken bis zur Landstraße und erreichte dann per Anhalter die nahe gelegenen Felsen[2]. Ich überwand die Routen mit nur einem gesunden Bein und stützte mich auf das Knie des gebrochenen, indem ich das Gewicht des Körpers auf das gesunde Bein verlagerte. Trotz der Schmerzen bereitete mir das Klettern Vergnügen und verschaffte mir Ausgeglichenheit; die Abendstille und die frische Waldluft, vermischt mit dem Duft des Herbstlaubs, gaben mir die Kraft, mit den Schwierigkeiten des Lebens zurechtzukommen und mich auf diejenigen vorzubereiten, die mich nur ein paar Tage später erwarteten.

Das war das Jahr, in dem ich erkannte, wie stark meine Liebe, wie groß meine Hoffnung auf Glück ist, aber auch wie viele Enttäuschungen mein Herz ertragen kann, bis es in seine winzig kleinen Bestandteile zerfällt. Ich musste mich schuldig fühlen für Taten, die zuerst meine Vernunft, dann meine Seele zu den guten zählten, weil ich sie von ganzem Herzen machte, aber ich musste … Weißt Du, lieber Leser, was es bedeutet, wenn jemand die dünnsten und feinsten Saiten Deiner Seele berührt? Das ist das Vertrauen, jemanden ganz nah an Dich heran zu lassen, Deine Seele, Deine Gedanken, Träume, Tränen für diesen und nur diesen, von Deinem Herzen auserwählten Menschen zu öffnen, und später den Schlag von all dem zu verspüren, was für Dich im Leben wertvoll war, wofür du bereit warst, Dich zu opfern. Das kann so wehtun, dass Du nicht einmal mehr die Kraft hast, die Augen zu schließen und für immer einzuschlafen.

So erging es auch mir. Ich kehrte Deutschland den Rücken und machte mich auf den langen Weg nach Bulgarien, mit einem gebrochenen Herzen, das den Kampf mit den deutschen Behörden um ein Arbeitsvisum verloren hatte, aber in der Hoffnung, umarmt zu werden, zum letzten Mal im Leben, umarmt vom geliebten Menschen, mit dem selbst ein Unglück sein Gutes hat. Diese Hoffnung aber zerbrach an der Realität der heutigen Welt.

Es war der 6. Dezember 1997, 2 Uhr in der Nacht, am Sofioter Zentralbahnhof, einer der vielen abstoßenden Orte für die Einwohner der Hauptstadt, aber ein wahres Paradies für herrenlose Hunde.

Jemand fragte: „Wo sind Deine Lieben?" Und vielleicht, um mich zu beruhigen, fügte er gleich hinzu: „Mach Dir keine Sorgen, sie kommen. Hier weiß doch keiner so recht, wann genau wir ankommen." Es gab niemanden. Ich stand dort mutterseelenallein, und nach und nach wurde mir die Sinnlosigkeit des Lebens und seiner Werte bewusst.

Ich hatte alles verloren, alles, was mir wichtig war. Frierend stand ich dort. Mein Gepäck, das aus zwei Rucksäcken und einer Reisetasche bestand, war alles, was ich seit Jahren mein Hab und Gut nannte. Es war dunkel und kalt, es schneite. Die Hunde streunten herum, von Bosheit erfüllt und gleichzeitig von der Hoffnung getragen, etwas zum Fressen zu ergattern. Ich wollte es nicht wahrhaben. Ich schloss und öffnete meine tränengefüllten Augen, aber die grausame Realität änderte sich nicht. So wurde der Zentralbahnhof mein Zuhause und meine alpine Winterausrüstung half mir durch die eiskalten und windigen Nächte. Tagsüber verweilte ich auf der Zentralpost im Zentrum Sofias, wo es warm war und bequeme Sessel gab, in denen ich für kurze Zeit meine Augen schloss, für einen Augenblick der Realität entfloh und Wärme für die nächsten frostigen endlosen Nächte sammelte. Jetzt hatte ich nichts mehr zu verlieren außer mich selbst. Alles, woran ich bisher geglaubt hatte, war zusammengebrochen. Morgens erwachte ich aus dem Halbschlaf, brauchte ein paar Minuten, um zu begreifen, wo ich mich befand und begab mich dann ohne Ziel und Richtung auf die matschigen und kalten grauen Straßen der Hauptstadt, um nach der Hoffnung zu suchen.

Doch dann traf ich auch Menschen mit guten Seelen und großen Herzen, die mir unter die Arme griffen. Diejenige, der ich meinen aufrichtigen Dank aussprechen möchte, ist Borjana Rukanova. Sie ist der Mensch, der mich tagelang aus dem Abgrund meiner Seele, in den ich gestürzt war, herauszog.

Aufgewachsen bin mit geschiedenen Eltern. Schon im Alter von 6 Jahren musste ich ganz schnell erwachsen werden. Damals hat uns mein Vater verlassen. Unter Tränen schickte mich meine Mutter zur Post, um den Brief zu holen, der sie für den Rest ihres Lebens unglücklich machte – die Vorladung zur Scheidung. Ehebruch und Trauer waren für mich unbekannte Begriffe, ich konnte nicht verstehen, was dahintersteckte. Ich war noch ein Kind. Die Verantwortung, der Mann im Haus zu sein, lastete schwer auf meinen Schultern und verschonte nicht mein verletzliches Kinderherz. So begann der Kampf. Jemand hatte mir dieses Schicksal zugewiesen, ohne mich vorher zu fragen. Bei einem der Termine des Ehescheidungsverfahrens fragten mich die Richter ganz trocken, kurz und knapp, bei wem ich wohnen wollte, als ob es darum ging, welche Schuhe ich an diesem Tag lieber tragen möchte. Was für eine Farce! Niemand wollte wissen, wen ich liebe. Und ich liebte beide, ich brauchte beide. Es blieb mir meine Mutter, der Mensch, der wusste, wie man richtig liebt und wie man für ein besseres Leben kämpft.

Vielleicht stoßen meine Zurückhaltung und Zielstrebigkeit die Menschen ab, vielleicht aber ist es auch die Überzeugung, dass die Berge und die Wände nicht nur schön und verlockend sind, sondern auch ihren Preis haben – nämlich sie bedingungslos zu lieben. Dies gilt aber in vollem Maße auch für alle Hindernisse, die uns der Alltag in den Weg stellt.

„Die ganze Freude auf dieser Welt
kommt vom Wunsch, die anderen glücklich zu machen …"

Shantideva

EINEN FREUND FINDEN

Ignat:

Ende Januar 1998, an irgendeinem Wochentag. Wir kletterten in Resnjovete im Vitoschagebirge. Danach gingen wir zur Kletterhalle, um Freunde zu treffen und die bevorstehende Alpiniade auf dem Botev-Gipfel im Balkangebirge zu besprechen. Wir betraten den Saal mit den Rucksäcken, den riesengroßen Hardboots, mit Raureif und Eis auf den Kleidern. Sofort hatten wir das Interesse der anderen geweckt.

Damals machte mich jemand auf Emo aufmerksam. Ich sah ihn zum ersten Mal. Er stieg eine der schwierigen Routen und sein Gesichtsausdruck beeindruckte mich besonders stark. Er war absolut ruhig und ernst. Emo sprach nicht und beim Klettern strahlte er Entschlossenheit und volle Konzentration bei jeder Bewegung aus. Ich hatte schon früher von ihm gehört – nur in Superlativen: … lebte und studierte in Deutschland … ein sehr guter Bergsteiger … hat das Matterhorn erklommen usw. Ich muss gestehen, dass ich damals, als man mir von ihm erzählte, nicht genau zugehört hatte. Jetzt betrieb ich selbst Alpinismus. Doch als Anfänger interessierten mich die Bücher und die großen Bergsteiger überhaupt nicht. Mir reichte, dass ich einige meiner bescheidenen Träume verwirklichen konnte: Resnjovete im Winter, Maljovizas Nordwand im Sommer usw. Außerdem dachte ich, dass er ein erfahrener Sportkletterer oder gar ein ausgezeichneter Bergsteiger sei, mit dem ich mich ohnehin nicht vergleichen konnte und mit dem ich niemals klettern würde. Vielleicht würde ich nicht einmal mit ihm sprechen. Eins aber muss ich gestehen: Auch wenn ich versuchte, gleichgültig zu wirken, hat mir seine Klettertechnik besonders imponiert – Konzentration, Aufmerksamkeit, Gelassenheit, genau überlegte, akkurate und langsame Bewegungen. Sein Kletterstil erforderte unglaubliche Ausdauer, die er allem Anschein nach im Überfluss besaß. Kurz darauf stieg Emo ab und kam zu uns. Ich kann mich nicht entsinnen, ob uns damals jemand bekannt gemacht hat oder er meinen Namen irgendwie erfuhr. Es war für mich ohnehin fast ohne Bedeutung.

Wir dachten darüber nach, wohin wir übers Wochenende fahren könnten. Der Wetterbericht versprach nichts Gutes und bis zum Botev-Gipfel ist es weit. Emo schlug vor, zum Maljoviza-Gipfel zu fahren, weil er erstens in der Nähe ist und man zweitens an der Kuklata, die bei der Berghütte liegt, auch bei sehr schlechtem Wetter klettern kann. Mir war es egal, aber ich hörte der Diskussion mit großem Interesse zu. Begeistert war ich davon, dass wir bis dorthin mit dem Auto fahren werden. Außerdem wollte ich endlich etwas Ernstes und Wahres erleben. Ich wollte auf den Maljoviza klettern und dabei beobachten, wie ein Bergsteiger vom Range Emos an das Wintergebirge herangeht. Während er sprach und dabei sowohl die positiven als auch die negativen Seiten der Gipfel Botev und Kuklata abwägte, strahlte er Ruhe und Entschlossenheit aus. Jetzt sah ich ihn mit anderen Augen. Offensichtlich war er ein Profi und ich wollte unbedingt sehen, welche Ausrüstung jemand mit Erfahrung im Winterklettern benutzt.

Wir fuhren zu sechst in einem kleinen Auto, und die Fahrt war natürlich von viel Lachen und Neckereien begleitet. Wir waren überglücklich, dass wir ins Gebirge fahren konnten und nicht in der schmutzigen Stadt bleiben mussten, wo wir ohnehin fast erstickten.

Die Nacht verbrachten wir in der Berghütte und am nächsten Tag machten wir uns auf den Weg zur Wand. Wir teilten uns in zwei Seilschaften. Ich wollte unbedingt zusammen mit Emo klettern um zu sehen, was er genau an der Wand machte, wie er kletterte. Wahrscheinlich wollte jeder mit ihm klettern, weil er der Beste unter uns war und das bedeutete, dass er die Route führen würde. Leider hatte ich Pech und er seilte sich mit einem anderen Partner an.

Emo und sein Gefährte bezwangen die Wand. Wir anderen krochen zu dritt einen ganzen Tag hinauf, und als wir nach 7 Stunden 50 Meter vor dem Ziel waren, beschlossen wir umzukehren. Die Tour war sehr anstrengend. In meiner Seilschaft führte ich, wobei ich mich bemühte, sauber zu klettern, aber in den meisten Fällen kletterten wir technisch. Schließlich entschieden wir uns fürs Abseilen, es war nämlich schon dunkel geworden. Da ich zuvor schon die Route „Tschavdar" geklettert war, wusste ich, dass sie diagonal zu unserem Weg verläuft. Das Seil hinunter musste ich mich an jedem Felshaken[1] einhängen, um mich nicht zu weit von der Wand und der Route zu entfernen. Ich erreichte den nächsten Stand[2], sicherte mich ab und wartete geduldig auf meine Klettergefährten. Wir sammelten das Seil langsam ein und bereiteten das nächste Abseilen vor. Das letzte Absteigen war frei schwebend. Der Fels blieb 5 bis 6 Meter von mir entfernt und nach etwa 25 Metern stand ich sicheren Fußes am Beginn der Route. Emo ordnete unten seine Ausrüstung und war heilfroh, als er uns alle glücklich herunterkommen sah. Später sagte er mir, dass er gerade in diesem Augenblick besonders stark davon beeindruckt gewesen sei, wie gut ich die Sache bewältigt habe und dass er – wäre ich nicht gewesen – sich um die anderen besonders große Sorgen gemacht hätte. Er war der Meinung, dass ich in dieser Extremsituation beherrscht, sicher und gelassen gehandelt habe.

---

[1] Felshaken: kegelförmige Metallspitzen mit einer Öffnung, die während des Kletterns zur Absicherung verwendet werden. Mit einem Hammer werden sie in die Felsrisse getrieben

[2] Stand: eine Stelle in der Felsroute mit zwei oder mehr Befestigungspunkten. Gewöhnlich werden sie mit im Abstand einer Seillänge angelegt..

Wir kehrten in die gemütliche Berghütte zurück, besprachen das Klettern und lachten viel. Ich betonte mehrmals, dass man hier an einem Tag viel mehr lernt als in fünf Jahren beim Besteigen von Kominite im Vitoschagebirge. Emo schwieg, und wenn jemand bei seinen Erzählungen aufschneiden wollte, sahen wir uns an und lachten von ganzem Herzen. Uns amüsierte vor allem die Tatsache, dass es unter den Bergsteigern wohl üblich ist, die Ereignisse etwas zu übertreiben und mehr oder weniger zu verschönern. Wahrscheinlich entstand gerade damals eine gewisse Vertrautheit zwischen uns. Vielleicht lag es daran, dass wir beide den Alpinismus ernst nahmen, sicher aber, weil wir vor allem klettern wollten.

Nach unserem kleinen Ausflug trennten sich unsere Wege, und ich sollte Emo fast zwei Monate lang nicht sehen. Ich trainierte nicht an der Kunstwand, lieber kletterte ich seltener, dafür aber an einer richtigen Felswand. Ich ärgerte mich, dass ich Emo nicht nach seiner Telefonnummer gefragt oder ihm wenigstens meine gegeben hatte. Gleichzeitig aber war es mir peinlich, dachte ich doch, dass so ein Meisterbergsteiger wohl kaum mit mir zusammen klettern würde.

Emil:

Das Schicksal half mir, die Leere in meiner Seele zu füllen, indem es dafür sorgte, dass ich Ignat kennenlernte.

Ich erinnere mich an einen Frühlingstag im Jahre 1998, als wir zu viert bei Lakatnik[3] kletterten. Aus der Gruppe kannte ich zwei Kameraden schon gut, aber sie wollten nicht mit mir klettern. Deshalb schlug ich Ignat eine Winterbesteigung der Maljoviza-Wand vor. Nach der Anreise würden wir an ihrem Fuß im Freien zu übernachten, um sie am nächsten Tag zu besteigen. Er willigte sofort ein. Nie werde ich seine Worte nach dem Abstieg von der Wand vergessen: „Emo, es war mir ein unbeschreibliches Vergnügen, mit Dir zu klettern und diese Tage mit Dir zu verbringen. Du bist kein schlechter Mensch, kletterst sehr gut und sicherst während des Bergsteigens Deine Seilkameraden auch ausgezeichnet ab. Was gefällt den anderen nicht an Dir?"

Monatelang hatte niemand die wertvollsten Grundlagen meines Weltbildes und meiner Handlungen so tief berührt. Und die Ursache hierfür war nicht etwa irgendein alpiner Höhepunkt oder Sieg, sondern eine zwischenmenschliche Beziehung, wie sie nur unter Freunden bestehen kann.

Damit wurde etwas Schönes in die Wege geleitet, das sich entfalten durfte, allen Prüfungen des Lebens sowohl im Gebirge als auch im Alltag standhielt und bis zum heutigen Tag eins der wertvollsten Dinge in meinem Leben ist.

---

[3] Lakatnik (A.d.Ü.): Ort 90 km nördlich von Sofia

Ignat:

Ende März traf ich Emo am Sofioter Zentralbahnhof wieder. Wir wollten nach Lakatnik fahren, weil es inzwischen wärmer geworden war. Ich war sehr froh, und er wohl auch, denn er schlug bereits am Bahnhof vor, bis zum Maljoviza zu fahren und seine Nordwand unter Winterbedingungen zu besteigen. Er riet zur Route „Pleven", die wir beide von Sommertouren kannten und sagte, dass wir am Fuß der Westwand unter irgendeinem Stein, der eine Art Schutzhütte bildet, übernachten würden. Ich war sofort einverstanden. Inzwischen fand ich es nicht mehr ungewöhnlich, im Winter unter freiem Himmel unterhalb einer Felswand zu biwakieren.

Aber anscheinend standen wir allein mit unserer Meinung, denn etwas später erfuhren wir, dass die Freunde, die bei diesem Gespräch anwesend waren, dachten, dass wir scherzten und nur so daherredeten, um die Zeit totzuschlagen.

Und siehe da, ein paar Tage später reisten wir zu aller Überraschung tatsächlich nach Govedarzi[4]. Wir waren nur zu zweit und wollten zum ersten Mal als Seilschaft klettern. Wir kannten uns fast nicht, hatten aber offenbar den richtigen Weg zueinander gefunden. Bis zu diesem Zeitpunkt war ich noch nie mit Kameraden geklettert, bei denen ich nicht das Gefühl hatte, dass wir seelenverwandt sind und über Klettern und Freundschaft ähnlich denken.

Von Govedarzi bis zur Nordwand gingen wir zu Fuß, weil uns niemand per Anhalter mitnehmen wollte. Das machte uns besonders müde und am Ende des langen Anmarschs waren wir völlig erschöpft. Dafür aber redeten wir auf dem ganzen Weg ununterbrochen, denn jeder wollte möglichst viel über den anderen erfahren. Wir zogen es beide vor, lieber uns selbst einem Risiko auszusetzen als die Schuld dafür zu tragen, dass dem anderen etwas zustößt. Natürlich kannten wir die ganze alpine Wahrheit, dass es bei dem schwierigen Besteigen einer großen Wand wichtig ist, was der andere macht, wie er führt. Denn falls einer von beiden einen Fehler macht, kann das auch für den anderen das Schlimmste bedeuten. Wir besprachen die wichtigsten Punkte dieser interessanten und bewegenden Themen und sahen ein oder – besser gesagt – spürten, dass wir zu diesen für den Bergsteiger wichtigen Fragen ähnliche Meinungen haben. Dies verstärkte das ohnehin schon vorhandene Vertrauen zueinander. Ich weiß nicht genau, woher dieses Vertrauen kam, aber es flößte uns Ruhe und Zuversicht ein und gab uns die Kraft, bis zur Maljoviza-Nordwand zu gelangen und unser Vorhaben nicht aufzugeben. Dabei gab es genügend Gründe dafür. Einer davon war die ständige Lawinengefahr. Zahlreiche Frühlingslawinen gingen ab, durchbrachen mit ihrem Getöse die Stille und ließen unsere Herzen vor Angst schneller schlagen. Besonders gefährlich war die Region über der zweiten Terrasse und das Traversieren an der

---

[4] Govedarzi (A.d.Ü.): kleines Dorf am Fuß des Rilagebirges, 80 km von Sofia entfernt

Gedenkplatte für die 11 Bergsteiger, die genau an diesem Ort von einer verheerenden Lawine hinweggefegt worden sind. Wir gingen ein großes Risiko ein, schritten mit den schwer beladenen Rucksäcken hinauf und gaben nicht auf. Nur durch ein Wunder wurden wir nicht von einer Lawine erfasst.

Am Ende, nach einem 9-stündigen mörderischen Abrackern und nachdem wir uns einen Weg durch den Schnee gebahnt hatten, kamen wir unter die Westwand. Die steinerne Schutzhütte war so eingeschneit, dass wir sie nicht finden konnten. Im Dunkeln gruben wir neben einem Stein ein Loch, das 1 Meter tief, 1 Meter breit und 2 Meter lang war. Dort richteten wir unser Biwak ein. Die Nacht verlief einigermaßen normal, weil es mit -4 Grad verhältnismäßig warm war.

Am nächsten Tag begaben wir uns nach einem kleinen Frühstück und einer Tasse warmer Milch zum Anfang der Route. Emo kletterte die ersten zwei Seile frei, aber in der Mitte des dritten Seils war er unsicher, vielleicht wegen der physischen und psychischen Erschöpfung vom Vortag. Das gab mir die Möglichkeit, die Führung zu übernehmen. Emo unterstützte und ermutigte mich so gut er konnte und dank seiner Hilfe gelang es mir, das dritte, danach auch das vierte Seil hochzuklettern. Dort angekommen schätzten wir ganz richtig, dass es über dem Kamin wahrscheinlich Eis gibt, weshalb wir die Steigeisen anlegten und die Eispickel[5] vorbereiteten. Schon nach fünf Stunden hatten wir den Gipfel gestürmt und waren zufrieden und glücklich. Aber uns stand ein gefährliches Abseilen bevor. Bis zum Ende der zweiten Terrasse stiegen wir am Seil ab. Wir hatten Angst, dass dieser schöne Tag ein böses Ende nehmen könnte. Aber wahrscheinlich war Gott auf unserer Seite, denn wir erreichten glücklich und wohlbehalten die bewirtschaftete Hütte Maljoviza.

Wir beschlossen, über Nacht zu bleiben. Während wir eine Kleinigkeit aßen und uns ausruhten, erwähnte Emo zum ersten Mal die Alpen und die Idee, dorthin per Anhalter zu fahren. Er wollte sich nach irgendeiner Unterstützung in Form von Schokolade und Konserven erkundigen, um so die Kosten gering zu halten. Damals schenkte ich dem Gesagten keine Aufmerksamkeit. Vielleicht versuchte er mich einzuschätzen, um zu sehen, wie ich darauf reagieren und ob ich Interesse zeigen würde. Ich weiß es nicht. Danach sprach Emo dieses Thema eine Zeit lang überhaupt nicht mehr an.

Unsere nächste gemeinsame Klettertour fand nur 4 Tage später statt, am 9. April. Wir fuhren nach Vraza[6] und kletterten die Route „Ogledalata" (Die Spiegel). Das ist eine schwierige und große Route, wenn man bedenkt, dass ich zum ersten

---

[5] Eispickel: wichtigster Ausrüstungsgegenstand beim alpinen Eisklettern, bestehend aus Schaft, Handschlaufe, Pickelhaue und Schaufel oder Hammer. Benutzt wird er beim Besteigen von Eis- und gemischten Routen.

[6] Vraza: (A.d.Ü.): größte Stadt Nordwestbulgariens, 116 km nördlich von Sofia

Mal auf einer so langen Strecke wie der Zentralwand von Vratzata[7] kletterte. Auch Emo war zum ersten Mal hier. Heftiger Wind drohte uns ab und zu in den Abgrund zu wehen. Bei jedem Windstoß mussten wir verharren und uns gut festhalten. Obendrein unterlief uns beim zweiten Seil ein Fehler und Emo musste die 20 Meter, die er bereits hochgeklettert war, wieder herunterklettern. Das hielt uns zwar auf, aber letztlich erreichten wir auch dieses Mal wohlbehalten den Gipfel. Durch die verlorene Zeit aber verpassten wir den letzten Zug nach Sofia und mussten auf dem Bahnhof übernachten.

Die unbequemen Bänke waren nichts gegen den Lärm, der uns den Schlaf raubte. In einem der Bahnhofcafés gab es anscheinend eine Party, und die ganze Nacht lief ein und dieselbe Kassette mit widerlicher Turbo-Folk-Musik. An Schlaf war überhaupt nicht zu denken. Bald kannten wir nicht nur die Reihenfolge der Lieder, sondern auch die Texte auswendig. Uns blieb nichts anderes übrig, als uns damit abzufinden und die Situation so zu akzeptieren, wie sie war.

All diese Klettertouren und anderen Erlebnisse halfen uns, uns besser kennenzulernen und unsere Freundschaft zu vertiefen. Hinzu kam, dass wir eine der schwierigsten und bekanntesten Routen Bulgariens geklettert waren, nämlich die Route „Pleven" an der Nordwand von Maljoviza – und zwar unter Winterbedingungen – sowie die Route „Ogledalata" an der Zentralwand von Vratzata. Auf solchen Touren kann man den Bergsteiger am anderen Ende des Seils sehr gut einschätzen. Jeder kann jahrelang Sportkletterrouten mit einem Gefährten geklettert sein, aber richtig kennenlernen wird man seinen Kletterpartner erst auf langen und schwierigen Routen. Dort nämlich ist der Stress viel größer, begleitet von extremen Situationen, die dazu führen, dass man entweder schnell und korrekt reagiert oder dass man mit seinem Gefährten streitet. All das hat seinen Sinn, weil es eine Art Test der Kompatibilität ist. Danach werden die beiden entweder nie wieder gemeinsam klettern oder sie verbinden sich zu einer richtigen Seilschaft und werden auch gute Freunde. Für uns trifft das „oder" zu. Mir gelang es, „Emos Extremaufführungen", wie sie später die anderen nannten, standzuhalten. Ich muss gestehen, dass es mir manchmal gar nicht leicht gefallen ist, aber ich wollte doch gerade auf diese Art und Weise klettern. Kein echter Alpinismus ohne Schmerz!

Emil:

Bald nach unserer Tour in Vraza hörte ich, dass Ignat beim Klettern bei Lakatnik verunglückt war. Ein fallender Stein hatte sein Bein ernsthaft geprellt. Ohne zu zögern stattete ich ihm einen Hausbesuch ab.

Während ich mit der Straßenbahn zu ihm fuhr, aber auch seit unserem letzten Treffen, ließ mir der Gedanke keine Ruhe, ihn zu fragen, ob er zusammen mit mir den Eiger besteigen wolle. Ich habe meine Umwelt immer mit dem

---

[7] Vratzata (A.d.Ü.): Felsgebilde, eines der größten Bergsteigergebiete Bulgariens

Herzen und nicht so sehr mit dem Verstand eingeschätzt. Ignat handelte wahrscheinlich ebenso, und dieses Gefühl gab mir die Sicherheit, ihm voll und ganz zu vertrauen. Deshalb wollte ich ihm meinen Traum möglichst schnell mitteilen und ihn daran teilhaben lassen. Wenn ich mich heute, nach so vielen Jahren, daran erinnere, lache ich herzlich über meine Leichtgläubigkeit und meinen großen Wunsch, erneut diese Wand zu besteigen, ich lache darüber, wo und wie ich ihm meinen Plan unterbreitet hatte, denn eigentlich grenzte es an Wahnsinn, wenn man bedenkt, dass er selber nur wenige Stunden zuvor einen Unfall erlitten hatte – und zwar auf einer Klettertour. Seine Eltern waren auch da. In ihren Gesichtern sah ich die große Sorge und Angst vor dem Geschehenen, und das Einzige, was ich sagen konnte, war:

„Lass uns mal auf den Eiger klettern, auf die Nordwand. Wir trampen dorthin, kaufen uns für einen Monat Essen und versuchen, die Wand auf einer der schwierigsten und neuesten Routen mit dem höchsten Schwierigkeitsgrad zu erklimmen." Diesen ganzen Wortschwall brachte ich in einem Zug heraus, ohne Luft zu holen. Für einen Augenblick war es still. Ich traute mich nicht, ihm in die Augen zu sehen. Er wiederholte langsam alles, was ich gerade gesagt hatte und lächelte dabei … Offensichtlich hatte ihm die Idee gefallen.

Ein paar Tage später trafen wir uns wieder und nachdem wir uns begrüßt hatten, sagte er: „Hier ist eine Liste der Lebensmittel, die wir unbedingt mitnehmen sollten."

Ich glaube, das war eine eindeutige Antwort.

Ignat:

Nach dem Unfall bei Lakatnik, bei dem mein Bein zu Schaden gekommen war, ging ich nach Hause, musste ungefähr 20 Tage lang das Bett hüten und war so zum Nichtstun verurteilt. Ich war sehr deprimiert, zumal ich nicht zum Arzt gegangen war und folglich über meine Verletzung nicht Bescheid wusste. Ein Muskelriss war es wohl nicht, sonst wäre der Schmerz unerträglich gewesen. Zu Hause verfiel ich ins Grübeln und fragte mich vor allem, wann ich wieder klettern könnte. Dann rief Emo an und ich erzählte ihm alles. Er wollte mich besuchen und fragte nach meiner Adresse. Am nächsten Tag kam er tatsächlich. Offenbar hielt er zu mir und ich war für ihn mehr als nur ein Klettergefährte.

Er schlug vor, in die Alpen zu fahren. Dieses Mal aber war er ganz ernst und sprach konkret über mich, über uns, darüber, dass wir es zusammen wagen sollten. Am Anfang erschrak ich über diese Idee, aber dann begann ich mich allmählich mit ihr anzufreunden, zuerst nur im Gedanken, später etwas intensiver, und schließlich zog sie mich in ihren Bann. Emo wollte Sponsoren auftreiben und deshalb erklärten wir den Eiger zu unserem Ziel. Wenn wir erst einmal dort waren, würden wir ohnehin tun, was uns gefiel. Wir brauchten ein konkretes Ziel für die

Sponsoren und die Journalisten. Und es gibt kein beeindruckenderes Ziel als die Eigernordwand, die „Wand des Todes".

Allmählich freundeten wir uns mit dem Gedanken an, dass sie tatsächlich unser Ziel wird. Emo träumte schon lange von diesem unheilvollen Gipfel. Er kannte die Gegend und die Wand ausgezeichnet, weil er sie in den letzten paar Jahren bereits zweimal bestiegen hatte – zuerst im Winter 1995 auf Solotour und dann im Sommer 1996, als er mit noch zwei weiteren Gefährten bis zum Ende des Zweiten Eisfeldes gelangt war. Dort hatten sie unter einem Felsen biwakiert, weil sie vom Regen überrascht worden waren. Am nächsten Tag war das Wetter weiterhin schlecht und sie wollten aufgeben und zurückkehren. Sie hatten sogar versucht, einen Hubschrauber zu rufen, der sie abholen sollte, aber mit dem Handy konnten sie in der Wand keine Verbindung zum Netz herstellen. Inzwischen hatte der Rettungsdienst zwei Alpinisten aus der Wand geholt, die irgendwo auf der Spinne biwakiert hatten. Emo und seine Partner hatten versucht, Zeichen zu geben, aber wegen der gewaltigen Dimensionen dort hatte sie niemand bemerkt. Schließlich sind sie mehr als die Hälfte der Wand abgestiegen, was sie einen ganzen Tag mühsames Abseilen und schwieriges Hinunterklettern gekostet hat. Deshalb ist der Eiger Emos Schicksalsberg. Da wir wussten, wo und was wir klettern würden, konnten wir uns auf die Route psychisch besser vorbereiten. Wir wussten, dass uns eine lange und schwierige Wand erwartet – eine der längsten alpinen Wände und zweifellos eine der gefährlichsten. Wir mussten uns als Seilschaft gut einarbeiten und lernen, möglichst schnell und sicher zu klettern. Bereits damals setzten wir uns als Ziel, die Wand mit nur einem einzigen Biwak zu besteigen.

Wir wussten nicht genau, wann wir von Bulgarien abfahren konnten, aber wir entschieden uns für Mitte Juli.

Noch während ich das Bett hütete und Emo mich regelmäßig besuchte, verteilten wir schon einmal die Aufgaben. Wir planten die Eiger-Route, die Fahrt dorthin, machten uns Gedanken über die Verpflegung und kümmerten uns um die Visa. Mit dem Planen verstärkte sich auch mein Enthusiasmus. Die Idee schien mir immer weniger verrückt und meine Begeisterung, die Eigernordwand zu besteigen, wandelte sich allmählich in ein dringendes Bedürfnis, das ich mir unbedingt erfüllen wollte.

DER HUNGER DES TRAUMS

Ignat:

Uns standen nur etwa zwei Monate zur Verfügung, um uns auf die Begegnung mit der Eigernordwand vorzubereiten. Das war verdammt wenig Zeit. Jeder von uns hatte noch andere Verpflichtungen, aber wir beschlossen, alles zu tun, was in unseren Kräften stand.

Die Wochenenden verbrachten wir nun immer in Vraza, wobei wir schon Freitagabend losfuhren. Dort wählten und bestiegen wir die schwierigsten Routen, die im Kletterführer[1] beschrieben sind: „Der Weg der Bergführer", „Sero tore", „Hergiani", „Arnolds Weg", „Ivan Vasov", „Die drei Platten". Wir bestiegen auch eine wunderbare Route neunter Kategorie (sie wurde von deutschen Alpinisten bestimmt, die die Route selber gemacht hatten), und zwar die Tour „Medusa" (Qualle), die noch keiner wiederholt hatte. Emo führte sie ausgezeichnet bis zum Ende, wodurch ich endgültig überzeugt war, dass er ein wirklich guter Bergsteiger ist. Ich beobachtete ihn, während er kletterte, und sein sicherer Stil gefiel mir immer besser. Er stieg sehr langsam, trat präzise und sicher. Er zögerte nicht und gab keine Rufe von sich wie „Stütz mich, stütz mich! Ich stürze ab, halt mich fest!" Er hatte alles unter Kontrolle und wusste ganz genau, was und wie er es machen musste.

In Vraza lernten wir einen Alpinisten kennen, Dakata, den wir „den Bärtigen" nannten. Ich hege besonders innige Gefühle für ihn, weil er immer dort war und auf uns wartete, um dann unser Hochsteigen ganz genau zu verfolgen, was uns in gewissem Sinne Sicherheit gab. Zu dieser Zeit waren Emo und ich die häufigsten, manchmal sogar die einzigen Kletterer bei Vraza, die extra aus Sofia angereist waren, um dort zu klettern. Dakata freute sich aufrichtig über uns und bald wurden wir Freunde. Er begeisterte sich sehr für Emos Erzählungen über seine Klettertouren im Ausland und über seine Manie, schwierige Routen zu steigen, wo es vor allem Felsdächer und -nasen gibt.

Während dieser Klettertouren lernten wir beide nicht nur schnell zu steigen, sondern uns auch besser kennen. Unsere Freundschaft und unser Vertrauen wurden immer stärker. Manchmal gab es auch schwierige Momente, und einer davon hat sich besonders tief in mein Gedächtnis eingeprägt. Wir machten „Putja na gidovete" (Der Weg der Bergführer) und hatten bereits einige Seile geklettert. Emo führte und war an einer Stelle angelangt, wo er sich aus Mangel an anderen Möglichkeiten nur an einem einzigen Klemmkeil angehängt hatte – ein alter Klemmkeil, den man leicht mit der Hand hätte herausnehmen können. Ich näher-

---

[1] Der Kletterführer ist ein Handbuch, das die Routen einer Kletterregion ausführlich beschreibt.

te mich Emo und nahm ganz vorsichtig die Ausrüstung entgegen. Es gab keine Möglichkeit für eine zweite Absicherung und als ich nach oben stieg, hing Emo an diesem Keil. Wäre ich in dem Augenblick gefallen, wäre es zu „Sturzfaktor 2" gekommen, dem schlimmsten Sturz im Alpinismus, und dem hätte der alte und verrostete Klemmkeil mit Sicherheit nicht standgehalten. Ich stieg hoch, zitternd und mit einem flauen Gefühl im Magen. Auf diesen paar Metern durchlitt ich ein Fegefeuer der Gefühle: Anfangs hatte ich Angst. Im nächsten Augenblick sagte ich mir, um mich zu beruhigen, dass jetzt ohnehin alles egal sei, mag kommen, was wolle. Ich hatte mich mit meinem Schicksal abgefunden. Und gerade da überkam mich das Verantwortungsgefühl, und das war das Stärkste, was ich bis dahin verspürt hatte. Solche Gefühle geben meiner Laufbahn als Bergsteiger einen wahren Sinn. Es war der Gedanke an den anderen in der Seilschaft. Ich dachte mir: „Soll mir nur widerfahren, was wolle, ich kann auch sterben; aber dann stirbt auch Emo. Und das darf auf keinen Fall passieren." Und gerade dieser Gedanke an ihn und die Überzeugung, dass ihm nichts zustoßen darf, mobilisierten mich und half mir, diese paar Meter unbeschadet zu überwinden.

Auf unseren Touren waren wir im Gedanken immer bei dem bevorstehenden Besteigen der Eigernordwand, und Emo versuchte mir ein Bild von ihr und der Art des Kletterns zu vermitteln, das uns erwartete.

Emil:

Ich entsinne mich eines Abstiegs bei Kominite im Vitoschagebirge, als mich Ignat fragte: „Und wie kommen wir zu Geld, wie viel brauchen wir?" Wir gingen weiter und ich erzählte ihm von einem möglichen Sponsoring verschiedener Firmen und dass wir selbst am Kleinsten sparen müssten. Plötzlich entdeckte ich auf dem Weg eine Münze, hob sie auf, während ich weitersprach, und sagte ihm schließlich mit einem Lächeln: „Besonders viel können wir sparen, wenn wir oft den Gebirgspfaden folgen und jedes Mal ein verlorenes Geldstück finden."

Mit einem Schuldgefühl wegen meiner Taktlosigkeit denke ich an unsere Klettertour auf der Route „Sero Tore" in Vraza zurück, wo wir am eigenen Leibe erfuhren, was es bedeutet, bei mehr als 35 °C die Felsen zu besteigen. Ignat wurde es sehr schlecht und ich führte mit letzter Kraft die Tour zu Ende, zitternd vor Schmerzen, die mir die erhitzten Kletterschuhe bereiteten. Als wir bereits abgestiegen waren und Ignat mir mitteilte, wie sehr ihm die Hitze zu schaffen gemacht hatte, war das Einzige, was ich erwiderte: „Schrecklich, guck mal, wie sehr mir die blöden Schuhe die Füße verfärbt haben." In dem Augenblick, als ich diese Dummheit über die Lippen brachte, wurde mir bewusst, dass dies eine Bagatelle war im Vergleich zu den Qualen, die Ignat während des Kletterns ausstehen musste. In der erbarmungslosen Sonne wäre er fast ohnmächtig geworden.

Als ich dann zu Hause allein war, flossen mir die Tränen. Wie kannst Du nur so taktlos sein, sagte ich mir. Ich dachte, dass ich wieder einen Menschen verloren hätte, an dessen Freundschaft mir viel lag, und wenn Ignat sich damals geweigert hätte, weiterhin mit mir zu klettern, hätte ich ihn voll und ganz verstanden. Ich hatte Angst, ihn anzurufen.

Einige Tage später aber besuchte er mich zu Hause und fragte, wann und wohin wir wieder zusammen fahren würden. Da verstand ich, dass er mir meine Dummheit verziehen hatte. Vraza wurde unser zweites Zuhause. Mit jeder weiteren Klettertour kamen wir uns näher. Wir redeten viel über alles Mögliche.

Wir hatten immer Spaß und tolle Ideen, die wir verwirklichten – vor, während und nach der Tour. Ich besitze die unglaubliche Fähigkeit, den Leuten meine Sympathie zu zeigen, indem ich genau ihre Späße und ihr Lachen benutze, die sich in meinem Gedächtnis eingeprägt haben und die wie eine unversiegbare Quelle sind.

Irgendwo hatten wir gelesen, dass Knoblauchgeruch die Schlangen vertreibt. Bei einer unserer nächsten Fahrten nach Vraza trug jeder außer der Kletterausrüstung etwas Proviant und – wie wir selber sagten – den „Weihrauch in der Tasche"; und dazu ein Knolle Knoblauch, mit der wir unsere Schuhe und Hände einrieben. Jeder weiß, wie viele Schlangen sich in den mit Unkraut bewachsenen Geröllhalden der Felsen in Vraza und auf den Wegen dorthin verstecken. Heute lache ich, wenn ich mich daran erinnere, wie wir gestunken haben und mit welch großer Überzeugung, alle möglichen Schlangen mit diesem Gestank zu vertreiben, wir die Hänge ruhig emporkrochen.

Ignat gefiel mir, wir mussten immer weniger reden. Ich mochte seine Genauigkeit, die Leichtigkeit und die Ruhe, mit der wir Entscheidungen trafen, die wir dann auch respektierten. Keiner fragte, ob sie richtig waren oder nicht, wir handelten einfach und die Antworten folgten von allein. Keiner stellte den Sinn dessen, was wir taten, in Frage, von einer unsichtbaren Kraft unserer gemeinsamen Träume geführt, die den Vorstellungen der meisten Menschen ganz und gar nicht entsprachen.

Mit ihm fühlte ich mich sicher. Das Gefühl, dass wir beide zusammen alles erreichen können, hat mich während der ganzen Zeit, in der wir uns schon kannten, nicht verlassen und hat sich in der Folgezeit immer wieder bestätigt. Ich hatte keine Angst, mein Herz auszuschütten und ihm meine innigsten Geheimnisse zu offenbaren, seine ehrliche Meinung zu hören, dann tief im Gedanken versunken für einen Augenblick zu schweigen, eine Träne zu vergießen und zu fühlen, dass ich einen echten Freund und nicht nur einen Klettergefährten gewonnen habe.

Bulgarien war für mich sozusagen Neuland, weil ich während meines Aufenthalts in Deutschland gelernt hatte, die Alpen zu besteigen, und zwar die großen Wände. Ich wusste, dass Ignat mir vertraut und auf mich zählt, kannte aber gleichzeitig seine Ängste, weil jene Menschen, die ihn auf die Welt gebracht und erzogen hatten, dieses ganze Unterfangen, in das ich ihn verwickelt hatte, (nicht ganz unberechtigt) in Frage stellten.

Die Kameradschaft zeigt und beweist sich aber gerade in schwierigen Situationen, in den Momenten, in denen Du jemandem die Hand reichst, tatsächlich aber selbst eine brauchst.

Meine Bekannten sagten: „Such Dir einen guten Job, Du hast doch im Ausland studiert. Du wirst viel Geld verdienen. Lass die Finger von diesen Felsen!"

Ich konnte es nicht. Mein Herz und meine Gefühle waren 2000 km in westlicher Richtung – in Deutschland – geblieben. Dort war mein Platz, dort waren meine Berge. Eines Tages machte mich Borjana mit einer Freundin bekannt, und wie bei jeder neuen Bekanntschaft wurden die üblichen Standardfragen gestellt: „Und womit beschäftigst Du Dich denn? Jobbst Du oder studierst Du?" usw.

Meine Antwort war kurz und bündig: „Ich besteige Berge", womit im Großen und Ganzen unser Gespräch für den Rest des Abends endete. Wieder einmal entsprach ich nicht den Konventionen, dafür war ich aber ganz aufrichtig.

Ich arbeitete als Putzkraft in einem Studentenwohnheim. Dafür bekam ich lausige 30 Leva pro Monat. In der Nacht reinigte ich die Korridore und einen bestimmten Platz vor dem Gebäude. Ganz übel fand ich es, wenn am Tag darauf, nachdem ich den ganzen Mist aufgesammelt hatte, jemand hinter meinem Rücken durch das Fenster neuen Müll hinauswarf und so meine Bemühungen zur Sisyphusarbeit machte. Das war die junge Intelligenz, auf die Bulgarien so stolz war, die sogenannte heranwachsende Generation. Schade! Diejenigen, die niemals so etwas getan haben, mögen mir bitte verzeihen.

Früh am Morgen packte ich die alpine Ausrüstung und fuhr möglichst schnell „nach Hause" – dorthin, wo die Felsen waren, fern der Täler. Abends kehrte ich wieder in die dunkle Dachkammer zurück, wo ich übernachtete. Vom bekannten Schmerz erfüllt verzog ich mich müde in den Schlafsack mit dem Bewusstsein, dass ein weiterer Tag meines Lebens auf der Suche nach Liebe und Glück zu Ende gegangen war.

Ein Ereignis aus dieser Zeit hat sich besonders tief in mein Gedächtnis eingeprägt. Das war das ständige Hungergefühl. Um zu überleben, musste ich wenigstens einmal pro Tag etwas essen. Mein Speiseplan war abwechslungsreich: Brot, Joghurt, Waffeln, Brot, Joghurt, Waffeln…

Hier reichte mir Ignat erneut die Hand. Er kam jeden Abend, um mit mir an einer kleinen Übungswand, die ich im Treppenhaus befestigt hatte, zu üben. Er brachte mir Essen mit! Jedes Mal gab es irgendetwas Leckeres zu Trinken, direkt aus dem Kühlschrank, das wir in den Pausen zwischen den Übungen genossen.

Das war einfach spitzenmäßig, es schmeckte mir so sehr, dass ich nach jedem üppigen Abendessen das Gefühl hatte, Gipfel bezwingen zu können – vollgetankt mit Energie durch das richtige Essen, das seine Mutter mit goldenen Händen und viel Liebe zubereitet hatte. Es mag egoistisch klingen, aber ich hoffte, dass er mir zu jedem Treffen irgendetwas Hausgemachtes mitbringen würde. Trotz meines ständigen Hungergefühls musste ich ihn nie um etwas Essbares bitten; er gab es mir einfach ohne eine Gegenleistung zu erwarten. „Schau mal, was ich Dir mitgebracht habe", sagte er zufrieden und holte aus dem Zauberrucksack die köstliche Speise noch bevor er seine Schuhe ausgezogen hatte.

Vor vielen Jahren sagte mir einmal ein alter Mann im Gebirge: „Hey, Du, Junge, das Wichtigste im Leben besteht darin, möglichst viele gute Taten zu vollbringen, damit zahlreiche Kerzen für Dich angezündet werden. Die Leute sollen Dich jedes Mal, wenn sie an Dich denken, in guter Erinnerung behalten." Ignat hatte schon viele angezündet, und dafür respektierte ich ihn sehr. Die Liebe ist wie das Seil, ein dünner Faden, der zwei Menschen, zwei Seelen verbindet. Das Vertrauen äußert sich darin, sein Leben vorbehaltlos seinem Partner anzuvertrauen. Der Führer wählt den besten Weg und verlässt sich auf die Verantwortung, die er für sich selbst, aber auch für den anderen am Ende des Seils trägt. Das ist das Gefühl, seinen Blick zu spüren, während Du führst und wenn Du unsicher bist, ihm in die Augen zu schauen, damit er Dir die Sicherheit gibt, es zu schaffen. Das ist Harmonie – Harmonie der Gefühle, der Wünsche, der Aufregung, des Lichtes, der Stürme, der Angst. Das Risiko – Risiko über Trauer und Verlust, aber auch Risiko des Glücks, des Kampfes, ein blutiger Felsen, kristallklares Wasser und Schwindel erregende Höhe, reine Herzen der Gebirgsmenschen. Jeder Felshaken ist eine weitere sichere Verbindung der Freundschaft auf dem schwierigen Weg. Er singt unter dem Druck des Felshammers, wenn er in den Spalt hineingetrieben wird.

Die Hände des Bergsteigers liebkosen den Felsen, der Geist findet seinen Rhythmus, der Atem ist gleichmäßig. Sie fließen zusammen. Die Natur steht für einen Augenblick still, die Geräusche verstummen und alles verschmilzt zu einer Harmonie. Langsam gewinnt er an Höhe, und entfernt sich von der Erde, vom Bösen. Er spürt, dass es unterwegs viele falsche Griffe gibt. Der Bergsteiger bemüht sich, ihnen auszuweichen, wobei er die Felsen streichelt, jeden von ihnen vorsichtig berührt und versucht seinem Gefühl zu vertrauen, den falschen zu erkennen. Schafft er es? Er strebt nach oben, nach Sonne und Wärme.

Er macht eine letzte Bewegung, und nun verändert sich die Welt. Eine riesengroße Sonnenscheibe begrüßt ihn. Er schaut schnell hinunter. Der Blick ist ruhig, die Augen sind feucht. Wie ein Blitz durchfährt ein Schauer den Körper; das ist sein Geist, der mit ihm, der Bewegung und dem Duft des Felsens unentwegt den Rhythmus hält. Er weint. Der Felsen wird feucht, er saugt seinen Preis auf.

Fühlst Du Dich einsam, mein Freund? Meine Strahlen werden Dich erwärmen. Sie bringen Wärme und Gefühle aus einer fernen, magischen Welt, einer Welt der Liebe. Willkommen im Wunderland! Sieh nur, hier ist alles bunt, hell und frisch, ruhig und sicher, trotz der untergehenden Sonne. Du hast es verdient. Willkommen zu Hause … so weit weg von der grauen Welt … weit weg … Dreh Dich nicht um, ich bin hier, die Zukunft.

Und wenn er nun stürzt? Wenn ihn die Griffe irreführen, wenn ihn die Irdischen wegen seiner geistigen Reinheit, wegen seines Vertrauens, wegen seiner Liebe betrügen? Langsam und qualvoll trennt sich der Körper vom Felsen, die Griffe und Schritte verschwinden, die Augen sind weit geöffnet, etwas verwundert, aber darin ist keine Spur von Vorwurf und Hoffnung. Er gewinnt an Geschwindigkeit, mit ihr spult sich das Leben wie im Film ab: Menschen, Gut und Böse, Trauer und Freude, Aufstieg und Niedergang, Hoffnungen, Wünsche und Träume, zu einem Ganzen vereint. Der Aufprall ist unvermeidlich, aber der Bergsteiger fügt sich seinem Schicksal. Ein Schmerz, der schnell vergeht. Das Herz bleibt stehen, die Augen sind weit geöffnet, geheftet auf das Blau des Himmels und die untergehende Sonne, als ob sie nach etwas ewig Erstrebtem suchen. Sie sind nicht feucht, der Funken ist weg, die Arme sind für eine Umarmung gestreckt, die letzte. Die Seele schlägt ihren Weg ein, an dem Licht und der Quelle der Gefühle vorbei, um sich den letzten feuerroten Sonnenstrahlen anzuschließen und mit ihnen zu verschwinden.

Die Irdischen sammeln sich um den Körper mit bösem Gespött, um ihr Werk zu feiern. Sie zelebrieren, sind glücklich; ihr Glück ist das Unglück anderer.

Die Bergwacht sammelt die Reste ein, ein gefühlloser Arzt zerstückelt den Körper in viele Teile, füllt gelangweilt das obligatorische Protokoll aus, im Gedanken schon beim Feierabend, und der Journalist, mit einer Kamera bewaffnet, schießt eifrig ein Foto nach dem anderen. Schnell steigt er in das erstbeste Taxi, kommt in der Redaktion an, die Finger tanzen auf der Tastatur des Computers und bald hat er ein Thema ausgeklügelt, das der Titelseite der Morgenzeitung würdig ist. Am nächsten Tag wird sie vom sensationslüsternen

Passanten gekauft, der – von der Richtigkeit seines Weltbildes überzeugt – die Lektüre des Artikels mit den Worten schließt: Nun ja, selbst schuld!

Und er, der Bergsteiger, hatte Träume, ein großes Herz und Liebe für alle. An diesem Platz hatte jemand eine Gedenkplatte errichtet mit der Inschrift: „Als Erinnerung von den Freunden". Die Lettern, in Metall gegossen, verrosteten, verschwanden, hinterließen einen roten Streifen auf dem Marmor, der einer Träne glich, aufgesaugt vom Fundament des Felsens.

Ein Passant hatte eine Blume auf die anderen bereits vertrockneten gelegt – zur Vergebung der Sünden. Es werden Tage und Nächte vergehen, Jahre; der Felsen wird des Bergsteigers gedenken, der es gewagt hat, ihn zu liebkosen. Es wird auch eine Mutter geben, eine schwarz gekleidete Mutter, mit traurigen Augen, die nach ihrem Kind sucht, mit Händen, auf denen alle Leiden Spuren hinterlassen haben. Sie trägt in Erinnerung die Empfängnis, die Zärtlichkeit und Sorge, die einzige wahre Liebe, wenn sie zu dem Stein wie zu ihrem eigenen Kind spricht: Warum denn, warum hast Du es zugelassen, dass Du vor mir von dieser Welt gegangen bist?

Die kleinen Kerzen brennen, es riecht nach Wachs, es ist ganz still, die Mutter hat die Hände gekreuzt, tief versunken in ihren Träumen vom Ende.

Im leeren Zimmer bleiben die Ausrüstung und die Fotos zurück, voll mit ansteckendem Lächeln.

Die Freunde machen weiter, es bleiben keine Erinnerungen; die Zeit heilt langsam die Wunden, aber sie verheilen nicht ganz, die Narben bleiben.

Ignat:

Wir hatten noch niemandem gesagt, dass wir in die Schweiz fahren werden. Nur unsere Eltern waren eingeweiht. Sie hatten große Zweifel, besonders mein Vater Ljudmil, dass wir überhaupt ein Visum bekommen und dass man uns erlauben würde, die österreichische Grenze zu passieren, wenn sie sahen, dass wir zu Fuß reisten. Das Zögern meiner Eltern machte mir sehr zu schaffen und deshalb überfiel ich Emo mit Tausenden von Fragen und mit Erzählungen von ihren Befürchtungen.

Er aber war fest davon überzeugt, dass alles klappen würde, und schließlich sagte ich mir, dass wir immer noch in Tschechien bleiben und dort irgendeinen Berg besteigen könnten, falls sie uns nicht die Grenze passieren lassen würden. Wir müssen einfach hinfahren und es versuchen. Vor Ort werden wir dann weitere Entscheidungen treffen.

Nach der Arbeit aß ich normalerweise zu Hause Abendbrot und ging anschließend zu Emo, um zu trainieren. Oft übernachtete ich auch bei ihm und wir redeten natürlich sehr viel über den Eiger. Wir schmiedeten Pläne und besprachen die Reise. Emo war zu dieser Zeit besonders knapp bei Kasse und hungerte oft.

Manchmal prahlte er damit, dass er sich ein Hörnchen gekauft hat, was eigentlich bedeutete, dass es ihm besonders schlecht ging und er vor Hunger fast umgefallen wäre. Deshalb nahm ich jedes Mal, wenn ich ihn besuchte, etwas zu Essen mit – gewöhnlich das, was ich selber zu Hause gegessen hatte. Er war mir sehr dankbar und erst nach vielen Jahren erfuhr ich, dass er diese kleinen Geschenke besonders hoch schätzte. Als Gegenleistung schenkte er mir alpine Bücher und motivierte mich, noch fleißiger zu trainieren. Das Training verlief ausgezeichnet, so dass wir nach kurzer Zeit besonders starke Finger hatten und ich mich an nur einem Finger hochziehen konnte!

Wir bereiteten auch die Ausrüstung vor. Zusammen entschieden wir, was wir brauchen und kauften alles, was noch fehlte. Ich war für den Proviant verantwortlich, erstellte Listen und kaufte alles in den billigsten Läden oder sogar vom Großmarkt. Wir wollten Proviant für einen Monat aus Bulgarien mitnehmen. Das bedeutete natürlich reichlich Gepäck. In der Schweiz wollten wir nur Brot, Butter und Wurst kaufen.

Emo beschäftigte sich mit unserem größten Problem – den Visa. Das Schweizer Visum war kein Problem. Wir mussten eine offizielle Einladung von jemandem haben, der im Land lebt, und zum Glück kannte Emo genau so eine Person, einen Bulgaren, den er 1996 auf seinem letzten Trip zum Eiger kennengelernt hatte. Für 50 Leva pro Person waren die Visa innerhalb von 24 Stunden ausgestellt. Unser größtes Problem waren die Visa für den Schengen-Raum. Durch Österreich wollten wir nur transit fahren, aber trotzdem erwies sich das als Problem. Emo, der mehr freie Zeit hatte, musste mitten in der Nacht aufstehen, um vor der österreichischen Botschaft, die ihm inzwischen ein rotes Tuch war, Schlange zu stehen. Mein Freund kommt immer ganz gut zurecht und ist ziemlich erfinderisch, und so gelang es ihm mit einem kleinen Trick hineinzukommen. So erhielten wir die verfluchten, aber ersehnten Visa, die uns so viele Nerven gekostet hatten. Das bedeutete, dass wir das Abfahrtsdatum bestimmen konnten. Wir einigten uns auf den 12. Juli und kauften uns schon Fahrkarten für den Bus nach Bratislava. Von dort wollten wir per Anhalter weiterfahren.

Emo versuchte zu dieser Zeit irgendein Sponsoring zu organisieren, entweder in Form von Nahrung, Geld oder Filmen für die Kamera, die wir mitnehmen wollten. Leider hatten wir kein Glück. Nur der Chef der Firma „Bulgartabac" machte uns ein wenig Hoffnung, als er uns erzählte, dass er dieses Thema auf der nächsten Sitzung des Verwaltungsrates ansprechen werde. Uns blieb nichts anderes übrig als zu hoffen.

Am 30. Juni feierte Emo seinen Geburtstag und hatte zu sich nach Hause viele Bergsteigerfreunde eingeladen. Emo empfing seine Gäste im Anzug. Das war eine wahre Attraktion, weil ihn niemand zuvor so angezogen gesehen hatte. Später schlug er ein Spiel vor: Alle Anwesenden sollten an der Übungswand Klimmzüge machen, jeder, so viele er konnte; danach würden wir alle zusammenzählen. Emo behauptete, dass er mehr als die Gesamtsumme machen könne. Auf diese Weise sollten wir die Torte, die er für uns vorbereitet hatte, gewinnen. Um ihm auch nur die geringste Chance auf Erfolg zu gewähren, machte ich nur einen Klimmzug, und zwar mit dem kleinsten Griff, das heißt, nur mit einem Finger pro Hand. Alle zusammen schafften wir etwa 45 Klimmzüge. Dann war Emo an der Reihe und alle, auch ich, waren höchst überrascht, als ihm weit über 50 gelangen. Wir waren perplex! Unser Freund hatte trotz seines schlanken Äußeren tatsächlich viele Reserven. Alles an ihm war wie aus Stahl und er war unglaublich zäh.

Plötzlich holte Emo die Visa und die Fahrkarten heraus und verkündete allen Anwesenden, dass wir in die Schweiz fahren und versuchen werden, die Eigernordwand zu besteigen. Alle unsere Freunde waren überrascht, da wir bis zu diesem Augenblick alles geheim gehalten hatten. Sie waren der Meinung, dass ich auf so eine Herausforderung nicht genügend vorbereitet war. Natürlich sagten sie das nicht, aber man konnte es ihren Gesichtern ansehen. Nach dem ersten Schock freuten sich alle für uns und begannen uns zu ermutigen. Sie beglückwünschten uns vor allem dafür, dass es uns gelungen war, Visa für den Schengen-Raum zu bekommen. Damals war das tatsächlich unser größtes Problem.

Übrigens war auch ich der Meinung, nicht genügend vorbereitet zu sein. Emo teilte ich bei jeder Gelegenheit meine Befürchtungen mit, aber er unterstützte und ermutigte mich ständig. Ich fragte mich, was es eigentlich bedeutet, in 1000 Meter Höhe zu sein und dabei erst die Hälfte des Aufstiegs geschafft zu haben. Meine einzigen Klettertouren fanden bei Vraza statt, und zwar auf 300-Meter-Routen. Mit Winterklettertouren hatte ich keine große Erfahrung, erst recht nicht auf Eis- und Mix-Passagen. Wie dem auch sei – wir wollten auf jeden Fall erst einmal hinfahren. Entscheiden würden wir dann vor Ort. Wenigstens würden wir die Alpen erleben dürfen. Allein diese Tatsache lohnt schon alle Mühe. Das dachte ich mir damals und heute weiß ich, dass die Alpen eins der schönsten und anziehendsten Gebirge sind, die ich je gesehen habe. So würden wir uns der nervenaufreibenden und deprimierenden Atmosphäre Bulgariens kurzerhand entziehen und saubere und freie Luft atmen.

In dieser Zeit stimmte ich mich auch psychisch ein. Ich dachte ununterbrochen an die Nordwand und versuchte mir das Klettern und die Gefahren, die dort auf uns lauerten, auszumalen. Der Traum vom Eiger hatte mich voll und ganz gepackt und ich lebte nur noch für diese eine Tour. Fast jede Nacht träumte ich von unserem Gipfel – wie wir seine vereiste und düstere Wand hochklettern. Ich überlegte viel, wälzte mich im Bett herum und konnte überhaupt nicht einschlafen. Immer wieder las ich Bücher oder andere Informationen über den Eiger. Ich wollte unbedingt alles herausfiltern, was sich als wertvoll erweisen und eine bessere Vorstellung über das Klettern dort vermitteln könnte. Ich berechnete die Zeit, die wir brauchen werden, überlegte mir das Gepäck, das wir mit auf die Wand nehmen müssen. Wir mussten möglichst leicht sein. Aber das es sich um die größte Wand der Alpen handelt, werden wir wahrscheinlich mindestens einmal biwakieren müssen. Zu dieser Zeit machten wir uns keine Illusionen, die Wand an einem einzigen Tag zu bezwingen. Das schaffen nur die erstklassigen Alpinisten, die dort geboren und mit den Bergen aufgewachsen sind.

Wir brauchten unbedingt eine Gebirgsversicherung und ein Handy. Ohne Versicherung ist eine Rettungsaktion schrecklich teuer. Deshalb lieh ich mir von meinem Bruder Alexander 100 DM, die dafür bestimmt waren. Emo war von der Idee einer Versicherung nicht allzu sehr begeistert, aber er verwarf sie nicht ganz, wahrscheinlich, damit ich mir keinen Kopf darüber machte.

Nach Emos Geburtstag fing ich an, den Proviant und die Ausrüstung bei ihm zu lagern. Bald war der Fußboden der kleinen Bude mit Reisegepäck übersät. Den Proviant verstauten wir in Plastiktüten, um ihn vor Nässe zu schützen. Die Eispickel wurden in Stücke zerlegt, damit sie kompakter waren und aus dem Gepäck nicht herausragten. Alles war fertig. Und nun kam der Tag, an dem alles in die beiden großen Rucksäcke verstaut werden musste, die bis zu diesem Augenblick ganz winzig aussahen im Vergleich zu dem, was sie alles aufnehmen sollten.

Für das Packen brauchten wir ganze vier Stunden. Wir mussten viel Kraft aufwenden, um alle Sachen zu pressen und dicht zu packen. Deshalb steckte Emo sogar beide Füße in den Rucksack und begann darauf herumzuhüpfen. Wir konnten den größten Teil des Gepäcks in die beiden Rucksäcke packen, von denen jeder etwa 55 Kilo auf die Waage brachte. Zusätzlich nahmen wir noch zwei kleinere Ranzen mit je etwa 10 Kilo mit, die den Rest aufnahmen. Diese wollten wir als Handgepäck vorn an der Brust tragen, sozusagen als Gegengewicht. Wir waren überrascht, was alles in die Rucksäcke hineinpasste. Wir hatten Essen für einen Monat, die vollständige Sommer- und Winterkletterausrüstung, Schlafsäcke, Kleidung, Medikamente usw.

Nun waren wir gut vorbereitet auf das große Abenteuer und voller Energie. Nichts mehr konnte uns aufhalten! Wir vertrauten einander und zählten auf unsere Freundschaft. Natürlich wussten wir nicht, was uns bevorstand, aber wir waren zu allem bereit. Fast einen Monat würden wir auf Tour sein. Wir träumten von der Eigernordwand und ich wäre schon zufrieden gewesen, wenn ich sie nur kurz gesehen hätte. Ich hatte viel über sie gelesen und sie in mein Herz geschlossen. Sie war mein großer Traum. Normalerweise gehen die größten Träume nicht in Erfüllung; und wenn, dann nur sehr selten. Wie wird es bei uns sein? Werden wir überhaupt zurückkehren? Vielleicht müssen wir unseren Traum mit unseren Leben bezahlen. Wir wussten es nicht. Wir hatten alles getan, um uns gut vorzubereiten, aber wir brauchten auch ein Quäntchen Glück. Und das nicht nur beim Klettern, sondern auch während der Fahrt, die uns bevorstand. In diesem Vorhaben steckten viele Ungewissheiten, aber genau deshalb machten wir uns gemeinsam auf den Weg. Wir wollten unsere Probleme gemeinsam lösen, was unsere Freundschaft noch mehr stärken würde. Damals wussten wir noch nicht, dass diese Freundschaft ein ganzes Leben lang halten wird. Uns standen etwa 2000 km bevor. Am nächsten Tag fuhren wir los ohne den blassesten Schimmer davon, was uns erwartete. Wir hofften und beteten, dass uns dort nicht der Tod ereilen würde wie viele andere Bergsteiger vor uns. Wir wollten etwas Schönes und Einmaliges entdecken und berühren. Wir ließen uns überraschen.

Emil:

Das Jahr konnte mich nicht beschwingen,
wie endlos musste ich um Liebe ringen.
Viele Tage ohne jemanden verbringen,
wo Neid und Bosheit dich umringen.

Den Traum nun endlich wirklich machen,
die Mordwand zu klettern wir beide versprachen,
danach die Welt erleben und laut lachen,
mit treuen Freunden keinen Streit entfachen.

Das Leben der Stadt läuft auf vollen Touren,
im Norden steigen wir über fruchtbare Fluren.
Das Leben hängt hier am seidenen Faden
wie kann man die Sorgen für immer abladen.

Nachdem unsere Rucksäcke gepackt waren, sah die Wohnung ganz öde und leer aus. Nicht weil ich viel mehr besaß, als in die Rucksäcke hineinpasste, aber sie sah eben anders aus. Ich war sehr aufgeregt und erwartete ungeduldig den 12. Juli 1998.

Am Abend vor unserer Abreise schrieb ich einen kurzen Brief an meine Mutter. Das war mehr als ein normaler Brief, den jemand an einen ihm teuren Menschen schreibt, um ihm zu sagen, wie sehr er ihn vermisst oder nur einfach zu fragen, wie es ihm geht. Nein, das war ein Brief mit nur wenigen Zeilen, in denen ich versuchte all meine Liebe, Bewunderung, Dankbarkeit und Hochachtung ihr gegenüber auszudrücken, diesem Menschen gegenüber, der mich geboren und großgezogen hatte. Der Mensch, der an mich glaubte, der wusste, was mir das Gebirge und das Bergsteigen bedeuten, der wusste, wie sehr ich dem Partner vertraue, mit dem ich an einem Seil hänge. Ich legte auch ein Foto zur Erinnerung hinein und schickte ihn ab. Dann wurde mir leichter ums Herz. Ich hatte nicht versucht, diesen Brief hinauszuzögern oder gar auf einen anderen Tag zu verschieben, weil man nie weiß, was noch alles passiert. Aus der Antwort möchte ich einen kurzen Auszug zitieren:

Mein lieber kleiner Emil,

nun ist der Tag gekommen, an dem Du Deinen Traum verwirklichen wirst. Das ist wundervoll und wird Dir mit Sicherheit viele positive Emotionen bringen.

Aber, mein Lieber, ich bitte Dich sehr, sei vorsichtig und pass auf Dich auf. Mit der Natur ist nicht zu scherzen! Danke Gott, dass er Dich beschützt und dass er immer mit Dir ist, wenn Du Hilfe brauchst.

Bevor Du mit dem Klettern beginnst, zünde eine kleine Kerze an und sag ein Gebet auf.

Das ist alles, mein Junge. Mit dem Glauben an Gott und damit, dass Du dank seiner Hilfe alles erreichen wirst, alles, wovon Du geträumt hast, immer und überall.

Sei gesund und stark.

Denk daran, dass Du es schaffen wirst und pass auf Dich auf.

Ich liebe Dich und bin immer bei Dir.

Mutti

Schweigen wir für einen kurzen Augenblick, mein werter Leser, schweigen wir, damit wir den Menschen fühlen und uns vor ihm verneigen. Er ist ein Freund, ein echter Freund.

Am 12. Juli 1998 wachte ich auf und ging schnell ins Bad mit dem einzigen Wunsch, dort länger zu bleiben. Das warme Wasser auf meinem Körper war mir ein Hochgenuss, ich wollte, dass es nie versiegte. Ich wusste nicht, wann und wo ich die Möglichkeit haben würde, wieder in einem normalen Bad zu duschen.

Es klopfte an der Tür, das waren Ignat und seine Eltern, die uns beim Hinuntertragen des Gepäcks und beim Beladen des Autos helfen wollten. Der Blick seiner Mutter war klar und entschlossen, erfüllt mit so vielen Fragen und Sorgen. Außer Ignats Familie waren zum Abschied noch ein paar gute Freunde gekommen. Eine letzte Umarmung, ein aufrichtiger Blick, trauriges

Lächeln beim Abschied, auf ein Wiedersehen winkende Hände, und der Bus fuhr los. Nun ist alles auf den Weg gerichtet. Ich dachte an nichts anderes als an ihn, an den langen und harten Weg, der uns zu unserem ersehnten Gipfel führte.

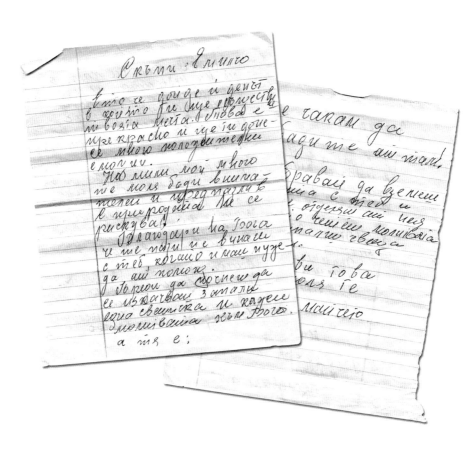

▲ Mutterliebe und Unterstützung

Den Fahrtwind können nur diejenigen abwarten, die genau wissen, wohin sie gehen ...

ASPHALT UND BENZINDUFT
(Die Reise zum Fuß des Eiger, 12.-15. Juli)

Ignat:

Die Reise war einfach surrealistisch. Wir scherzten mit allen und allem, was in unserem Blickfeld auftauchte, wir lachten und hofften leichtgläubig, dass uns dieses Gefühl auf den nächsten bescheidenen 2000 Kilometern nicht verlassen würde. Aber würde es tatsächlich so sein?

Emil:

Am bulgarischen Grenzpunkt mussten alle zur Pass- und Gepäckkontrolle den Bus verlassen. Jeder stand neben seinem Gepäck und wartete gehorsam darauf, dass sich sein gut geordneter Koffer bei der Kontrolle in ein Chaos verwandelt.

Einer der beiden Zollbeamten hatte wahrscheinlich seinen Morgenkaffee noch nicht getrunken und schrie die Reisenden nur an. Er ähnelte einem Maulwurf, der in den Koffern wühlte mit dem Ziel, etwas Bestimmtes zu finden. Aber mit jedem weiteren Koffer stieg nicht nur seine Enttäuschung, sondern auch seine Stimmlage, mit der er sprach. Wonach sucht er wohl, fragte ich mich, und ignorierte dabei völlig die Möglichkeit, dass in nur wenigen Minuten auch unsere Rucksäcke das letzte Loch sein werden, in dem er mit größtem Vergnügen verschwinden wird. Das wurde mir in dem Augenblick klar, als er schon fast bei uns angelangt war. Mein Adrenalinspiegel schnellte nach oben. Nicht weil wir im Gepäck etwas zum Verzollen oder etwas Verbotenes hatten; viel mehr machte mir die Tatsache zu schaffen, dass erstens der Platz um den Bus herum nicht genügen würde, den Inhalt der Rucksäcke auszubreiten und zweitens ich mich totlachen würde, wenn ich daran denke, wie viele Stunden wir zwei Tage zuvor in das Packen der Rucksäcke investiert hatten.

Die Sekunden vergingen und wir warteten geduldig.

„Was ist denn das?", fragte er.

Bevor er seine Frage beendet hatte, hatte ich meine Antwort bereits parat und schoss sie wie ein Maschinengewehr los, wobei ich ihn mit einer Menge Information darüber überhäufte, woher, wohin und aus welchem Grunde wir reisten. Dabei bemühte ich mich, immer wieder das Wort ALPINISTEN, ALPINISTEN zu benutzen. Mit seinem unschuldigen Lächeln, dem glatt rasierten Gesicht, dem sorgfältig gekämmten Haar und der Zeitung in der Hand, die einen kleinen Artikel über unser Vorhaben enthielt, stand mir Ignat bei und erwies sich als besonders nützlich. Er schwenkte die Zeitung stolz vor den Augen des Beamten, als ob sie eine rote Karte bei einem Fußballspiel wäre, bei dem wir leider aber keine Schiedsrichter waren.

Im Vergleich zu Ignat flößte ich mit meinem Äußeren kein Vertrauen ein und er schaute mal mich, mal ihn an. Dieses ganze Geschwätz verursachte ihm meiner Meinung nach erhebliche Kopfschmerzen und wie durch ein Wunder gab er nach und ließ uns in Ruhe.

Ignat:

So entkamen nur wir beide der Kontrolle. Gott sei Dank! So ein Glück hatten wir auch in Zukunft nötig!

Die Fahrt ging weiter mit häufigen Toilettenstopps und Gaunerspielen der Art „Hütchenspiel", bei dem wir beide viel lachten, aber woraus wir auch die Lehre zogen, auf unsere Wertsachen besser aufzupassen. Aus diesem Grunde mussten wir immer auf der Hut sein.

An den Raststätten gingen wir zur Seite und machten Liegestützen, um fit zu bleiben. Der Zweck unserer Reise unterschied sich völlig von dem der anderen Fahrgäste. Sie fuhren entweder auf Verwandtenbesuch ins Ausland, wo sie Entspannung und Freude suchten, oder es waren Gauner, die Autos kauften, um sie dann in Bulgarien weiterzuverkaufen. Sehr oft hörten wir, ohne es zu wollen, deren professionellen Gesprächen zu; wir lachten zwar drüber, aber eigentlich ekelte uns das nur an. Wir fuhren zu einem Ort, wo wir nicht Geld verdienen, sondern es ausgeben werden, aber wir werden etwas Schönes erleben, was uns geistige Energie und Kraft für unser weiteres Leben verleihen wird. Allein die Tatsache, dass jemand irgendwohin fährt, um dort zu klettern, unterscheidet ihn schon wesentlich von den meisten Menschen, die sich nur für das Materielle interessieren und wohl kaum verstehen können, was uns am Klettern so gefällt und warum wir ins Gebirge fahren. Häufig haben mich gerade solche Menschen gefragt, was so Großes passiert, wenn ich einen Berggipfel besteige. Oder sie fragten mich ganz naiv: „Wirst Du dafür bezahlt?" Was sollte ich nur diesen Menschen antworten, die alles nur an materiellen Werten messen und deren Köpfe voller Rechnungen und Geld sind? Wie konnte ich ihnen erklären, was uns an den Gebirgen reizt? Und wenn ich es trotzdem versuchte, so lachten sie mich aus und fanden das ganze Unterfangen leichtsinnig. Ich wusste nur, dass ich auf keinen Fall so wie sie sein wollte. Ich wollte die Schönheit der geistigen Dinge berühren, und während ich mich den Gefahren aussetzte und gegen sie kämpfte, wollte ich Kraft und Glauben an mich und meine Möglichkeiten gewinnen.

Wir sprachen gerade über diese Dinge, als der Bus eine Panne hatte. Gott sei Dank war es nichts Ernstes und der Schaden wurde schnell behoben. Zum Glück waren wir einen Tag früher losgefahren und unsere Visa galten erst vom nächsten

Abend an. Anderenfalls wären wir bei jedem Stopp nervös geworden. Während wir auf die Reparatur des Busses warteten, machten wir uns schon ein paar Sorgen darüber, ob wir erneut Opfer irgendeiner unvorhergesehenen Situation werden würden, die uns auf unbestimmte Zeit aufhalten würde.

In der Nacht konnten wir ein wenig schlafen und um 3 Uhr morgens stiegen wir mit unserem Gepäck an irgendeiner Kreuzung aus. Der Bus bog nach Bratislava ab, wir aber gingen geradeaus zur österreichischen Grenze. Ausgestiegen waren wir in Ungarn etwa 20 km von der Grenze zu Österreich. Diese weise Entscheidung sparte uns sowohl das Passieren einer Grenze als auch das Umherirren durch Bratislava.

Nun mussten wir aber ein wenig zu Fuß gehen, vielleicht etwa 400 Meter. Zum ersten Mal trugen wir unsere Rucksäcke. Die kurze Strecke genügte, um uns zu überzeugen, dass sie tatsächlich höllisch schwer und riesengroß waren. Wir konnten sie nicht allein auf den Rücken nehmen und mussten uns gegenseitig helfen. Die Riemen zerquetschten mir den Rücken und den Brustkorb, ich atmete kaum. Ich wusste nicht, wie es Emo erging, aber mir schien, als ob seine Beine jeden Augenblick einknicken oder unter dem übergroßen Gewicht brechen würden.

Per Anhalter gelangten wir schnell zur österreichisch-ungarischen Grenze. Es war noch dunkel, der Schlaf begann uns zu übermannen und die Visa waren doch erst ab 00.00 Uhr des nächsten Tages gültig. Also beschlossen wir uns hinter irgendeinem Gebäude eine Schlafstelle zu suchen. Wir mummten uns in die Ponchos[1] ein, da bereits dichter Nebel herrschte und es ziemlich kühl geworden war. Emo konnte wirklich an jedem beliebigen Ort ungestört schlafen. Davon konnte ich mich in Zukunft mehrmals überzeugen. Ich aber hatte schon immer Schwierigkeiten damit, an verschiedenen Orten zu schlafen. Oft schrecke ich auf, was meinen Schlaf unruhig macht. Ich war stets unausgeschlafen.

Emil:

Grenzen sind etwas Verdammtes, nicht nur physisch, sondern allein der Gedanke daran missfällt mir. So war es auch an dieser Grenze. Sie bestand aus ein paar großen, grauen, unpersönlichen Gebäuden mit Duty-free-Shops, einem Hotel und einem Restaurant mit Bar. Die Wiesen mit ihrem halbtrockenen Unkraut ergänzten dieses öde Bild. Kein Baum weit und breit, einzig zwei Büsche zierten die Landschaft.

Der Kontrollpunkt war etwa 200 Meter von uns entfernt. Wir waren todmüde und beschlossen, hinter den Gebäuden ein kleines Nickerchen zu machen. Ich war bereits eingeschlafen, als mich Ignat plötzlich weckte und dabei lauthals lachte. Um uns herum standen zahlreiche Leute. Ein Bus war angekommen

---

[1] Poncho: ein großer Umhang aus wasserdichtem Stoff

und als die Fahrgäste ihre gelähmten Glieder etwas vertreten wollten, sind sie sozusagen über uns gestolpert.

Wir warteten, bis sie weitergegangen waren und legten uns wieder hin. Dann wurden wir von Polizisten geweckt, die sich an diesem gottverlassenen Ort einfach nur amüsieren wollten. In ihren bunten, Respekt einflößenden Uniformen, mit dunklen Sonnenbrillen, ähnelten sie Agenten aus irgendeinem amerikanischen Film, die einfach aus dem Nichts auftauchten – am falschen Ort und zur falschen Zeit. So war es auch, denn sie machten uns klar, dass es dort verboten war, zu schlafen. Wenn wir uns ausruhen wollen, müssten wir ein Hotelzimmer nehmen. Wir hörten nicht auf sie und begannen, um die Rucksäcke herumzuspazieren, und um die Zeit totzuschlagen, scherzten wir über alles um uns herum. Wir zählten unsere Schritte in der Hoffnung, dass beim nächsten Blick auf die Uhr ein paar Stunden vergangen sein würden, aber leider waren erst ein paar Minuten verstrichen, und so blieb nur die Hoffnung auf den nächsten erwartungsvollen Blick auf das Ziffernblatt, der aber zwangsläufig eine Enttäuschung hervorrief.

Es war bereits früher Nachmittag und die Sonne brannte gnadenlos.

So allmählich begann ich diesen Ort zu hassen, aber das half mir nicht weiter. Ich hatte das Gefühl, dass ich dort geboren worden war, ohne zu wissen, woher ich kam und wohin ich ging. Die Hitze machte mich fertig, während der Hass, den ich gegenüber allem um mich herum empfand, sich in ein hysterisches Lachen verwandelte, in das ich immer wieder verfiel ohne es kontrollieren zu können.

Autos und Busse fuhren immer wieder vorbei, dann einfach weiter und verschwanden hinter der Grenze, dem Ort, nach dem wir uns schon lange sehnten und von dem wir nur einen Steinwurf entfernt waren. Erreichen aber konnten wir ihn noch nicht.

Das ist dasselbe, wie zum Beispiel tagelang durch die Wüste zu streifen, schließlich ein Glas voll Wasser zu sehen, auf dem aber mit großen Lettern geschrieben steht: „Wenn du aus mir vor Mitternacht auch nur einen Schluck trinkst, wirst du sterben!". Geduld, nur Geduld!

Mit der Abendkühle wuchs meine Ungeduld. Äußerlich war Ignat ruhig oder wenigstens sah es so aus im Vergleich zu meinem Zustand. Die Gebäude waren hell erleuchtet und sahen, vielleicht weil Mitternacht nahte, irgendwie freundlicher aus. 22 Uhr, 22:30 Uhr, 23 Uhr, 23:30 Uhr, 23:45 Uhr, 23:50 Uhr. Wir waren nur etwa 200 Meter vom Posten entfernt, was nicht mehr als 5 Minuten beanspruchen wird.

„Ignat, lass uns gehen, weg von diesem verdammten Ort!"

Munteren Schrittes, wenn ich es bei einer Last von über 60 Kilo Gepäck so ausdrücken darf, schleppten wir uns zu den Zollbeamten, die draußen saßen und am wenigsten Fußgänger erwarteten.

Ich konnte mein Lächeln nicht unterdrücken und begrüßte sie munter auf Deutsch. Das machte die Blicke der beiden etwas milder. Sie wissen doch, wie die Blicke der Menschen sind, die solche Posten bekleiden – wie Laserstrahlen, mit deren Hilfe sogar die Innereien jedes Einzelnen gesehen werden können, der es gewagt hat, den sinnlosen Streifen Niemandsland zu überschreiten, der die Menschen voneinander trennt. Ich erklärte ihnen, woher wir kommen und vor allem, wohin und auf welche Art wir reisen. Die beiden blätterten nur in unseren Pässen und fragten einander lachend, ob sie all diese sinnlosen Storys für bare Münze nehmen sollten. Für uns war nur der Stempel wichtig, und den bekamen wir auch.

Ich atmete tief ein und sagte laut: „Willkommen zu Hause", womit ich Westeuropa meinte. Wir kehrten der Grenze den Rücken zu, ich gratulierte Ignat und wir blickten beide zur Tankstelle, die – typisch für Österreich – in der Dunkelheit wie ein Christbaum leuchtete. Die Last auf unseren Rücken ließ uns wie alte Frauen taumeln, als wir auf sie zugingen. Wir waren noch keine 50 Meter gegangen, als uns ein grelles Licht blendete und eine strenge Stimme uns befahl, stehen zu bleiben und uns nicht zu bewegen. Das waren Grenzbeamte, die den Drahtzaun bewachten. Der eine trug ein Maschinengewehr, das auf uns gerichtet war, der zweite beleuchtete unsere Gesichter und der dritte kontrollierte unsere Pässe. Ich weiß nicht, ob das Gewehr geladen war, aber mir war es unangenehm, auf das schwarze Loch des Laufs schauen zu müssen, der auf uns gerichtet war. Ein Loch, aus dem normalerweise Kugeln herauskommen, die, wenn sie auf ein materielles Wesen stoßen, Löcher verursachen. Aber Gott sei Dank kamen wir glimpflich davon, alles verlief glücklich und nach wenigen Minuten erreichten wir die Tankstelle.

Ignat:

Hier begann unsere ruhmvolle Anhalterfahrt, die uns zum Fuß der Wand führte, von der wir so lange geträumt hatten und die uns so oft den Schlaf geraubt hatte. Wir wollten sie so schnell wie möglich erblicken.

Emil:

Mein Plan sah folgendermaßen aus: Ich, der Deutsch spricht, schleiche um die Zapfsäulen herum und frage die Leute nach einer Mitfahrgelegenheit, während Ignat mit erhobenem Daumen an der Ausfahrt steht.

Hier muss ich kurz stoppen, um meine Tränen vor Lachen wegzuwischen. Da war ein Mann mittleren Alters, der einen Ferrari fuhr – eins jener Autos, die man meistens auf den Titelseiten von Illustrierten oder in den Schaufenstern der Geschäfte für Luxusautos sieht. Da sich jeder denken kann, wie viele Autos in der Nacht genau diese Grenze passieren und wie viele davon tanken müssen, beschloss ich, ihn einfach so zum Spaß zu fragen, ob er uns ein paar Kilometer von den etwa 1200 verbleibenden in Richtung Schweiz mitnehmen würde.

Ich hatte mir bereits Standardausdrücke und Erklärungen zurechtgelegt und ihm alles wie eine gut gelernte Lektion vorgebetet. Dann blickte ich ihm in die Augen und schwieg, um die in dem Moment für mich einzig logische Antwort zu hören wie etwa: „Hau ab und lass mich in Ruhe!"

Doch dem war nicht so. Das Schicksal wollte es anders, und wir kamen ins Gespräch:

„Kannst Du Auto fahren?", fragte er, während er tankte.

„Ja", erwiderte ich.

„Und Du hast auch einen Führerschein?"

Auch diese Antwort war positiv.

„Wo ist denn Dein Freund?"

„An der Ausfahrt der Tankstelle", antwortete ich.

Hier entstand eine kleine Pause, so wie zum Beispiel, wenn sich die Schiedsrichter zur Seite ziehen, um sich zu beraten, bevor sie das Urteil sprechen. Dann sagte er:

„Ok, ich habe bereits etwa 1000 km zurückgelegt und bin schrecklich müde. Du fährst und ich werde schlafen, geh und hol Deinen Freund!"

Noch bevor ich noch das alles begreifen konnte, war ich bei Ignat angelangt. Wir packten unsere Rucksäcke und fast rennend kamen wir zurück. Das arme Auto! Es sah so klein und unbedeutend aus im Vergleich zu all dem, was es aufnehmen sollte. Hinter den zwei Vordersitzen gab es ganz wenig Platz, den die Ingenieure der Firma Ferrari meiner Meinung nach eher einem grazilen Frauenkörper zugedacht haben, der ohne Probleme dort sitzen könnte, als einem großen Bulgaren wie Ignat, der obendrein noch vier Rucksäcke verstauen musste. Der Besitzer war bereits zahlen gegangen und Ignat war, ehe er sich versah, von allen Seiten von Gepäck umgeben. Man konnte nur seinen Kopf sehen, den er gerade einmal ein paar Zentimeter nach links und nach rechts drehen konnte. Erst nachdem ich mich vergewissert hatte, dass er noch atmen und sprechen konnte, war ich beruhigt.

Ich stand immer noch auf der Beifahrerseite, als der Eigentümer zurückkam und sagte:

„Fahren wir los!"

In diesem Augenblick wurde mir klar, dass seine Entscheidung, mich fahren zu lassen, tatsächlich kein Scherz war.

Ich setze mich auf den Sitz oder besser gesagt, ich versank darin und fühlte mich wie im Cockpit eines Flugzeugs: Ich fand mich umgeben von unzähligen

Tasten und dezenten Lichtern am Armaturenbrett, die mich schalkhaft begrüßten, nachdem ich den Schlüssel gedreht und den Motor angelassen hatte. Das war ein gemütlicher Sportwagen, der neben all diesen Extras vor allem Kraft im Überfluss hatte, eine Kraft, die man hören konnte, wenn der Motor lief.

Ich wollte meinen Sitz etwas nach vorn schieben, um leichter die Pedale zu erreichen und begann ganz logisch fieberhaft nach einem Hebel darunter zu suchen, als mich der Eigentümer fragte:

„Was machst Du?"

„Ich will den Sitz nach vorn rücken, aber ich weiß nicht wie", erwiderte ich verlegen.

„Ach ja, das wird mit dieser elektronischen Taste gemacht."

Ich drückte sie und fühlte, wie mein Hinterteil ganz sanft nach vorn rückte und meine Füße gegen die Pedale stemmten. Seine nächste Frage betraf die Geschwindigkeit, mit der ich fahren wollte, worauf ich antwortete:

„Na ja, mit etwa 120 Stundenkilometern, das ist doch die hier erlaubte Höchstgeschwindigkeit."

Wir hatten ohnehin nicht viel Geld, und eine Strafe wegen Geschwindigkeitsüberschreitung konnten wir schon überhaupt nicht zahlen. Obwohl mir nichts lieber gewesen wäre als das rechte Pedal ein wenig zu kitzeln, was meiner Meinung nach völlig normal ist, wenn man in einem solchen Auto sitzt, beschloss ich, mich nicht auf dieses Risiko einzulassen.

Ich gab langsam Gas, beschleunigte bis 120 km/h und nachdem ich den Tempomat eingeschaltet hatte, bestand meine einzige Aufgabe darin, auf die endlose Autobahn zu sehen, die nur von den Autoscheinwerfern beleuchtet wurde, und dabei die Richtung minimal zu korrigieren. Meine Füße brauchte ich nicht mehr.

Wenn ich beschleunigen wollte, musste ich auf einen Knopf am Lenkrad mit der Aufschrift „Plus" drücken. Für die Verzögerung war „Minus" zuständig.

Nach etwa 40 Minuten fielen mir langsam die Augen zu. Der Besitzer schlief schon lange und hatte seinen Kopf ans Fenster gelehnt und Ignat saß hinten und döste langsam ein. Wenigstens sein Kopf war stabil, weil er durch die Rucksäcke gestützt wurde. Ich rutschte so viel wie möglich auf dem Sitz herum und versuchte so den andrängenden Schlummer loszuwerden, aber das half nur für die nächsten paar Minuten. Darum bat ich Ignat, mir irgendetwas zu erzählen, nur damit ich nicht einschlafe, aber er lehnte es ab, weil auch er todmüde war und dringend Schlaf brauchte; und letztlich hätten wir so auch unseren dritten Mann wecken können. Dann bat ich ihn um einen Kaugummi im Glauben, dass er mein eventuelles Einschlafen verhindern würde. Wir fuhren in einem komfortablen Auto und ich dachte mir in diesem

Augenblick, dass es viel besser gewesen wäre, wenn wir mit einem Traktor oder einem alten Lastwagen fahren würden, weil der Lärm und alles andere, was man gezwungen ist, zu tun, wenn man solche Fahrzeuge lenkt, keinen Gedanken an Schlaf zuließe. Ich weiß nicht, woher und wie, aber Ignat fand für mich einen Kaugummi und ich begann in der Dunkelheit zu kauen. Zum Glück verlief alles gut und kurz vor Wien, wo sich die Autobahn nach Deutschland und nach Österreich teilt, hielt ich an der Tankstelle an.

Der Mann wachte auf, dankte mir und bevor er weiterfuhr, fragte ich ihn:

„Wie konntest Du nur zwei Unbekannten vertrauen, indem Du ihnen Dein Auto für eine Nachtfahrt anvertraut hast?"

Seine Antwort war offen und fasste eigentlich alles zusammen:

„Ich beschäftige mich mit Autos, An- und Verkauf, bin viel unterwegs, so dass ich inzwischen die Menschen richtig einschätzen kann. Mach Dir keinen Kopf! Viel Glück und gute Fahrt!"

Er fuhr los und wir beide blieben dort stehen, um uns über alles, was geschehen war, zu freuen. Wir waren schon 200 km vorangekommen, was unsere Stimmung, die während der Fahrt ganz getrübt war, wesentlich verbesserte.

Inzwischen dämmerte der frühe Morgen unserer zweiten schlaflosen Nacht. An den Raststätten herrschte reges Treiben. Deswegen waren wir auch auf der Hut, weil wir jede Chance nutzen wollten, in irgendeinem Auto, das nicht voller Menschen oder Gepäck war, Platz zu finden.

Ich ging an der Tankstelle und auf dem Parkplatz auf und ab und fragte jeden, den ich traf, wobei ich jedes Mal gebetsmühlenartig mein Sprüchlein aufsagte. Manche lehnten ganz entschieden ab und unterbrachen mich sofort, während ich sie noch mit „Guten Morgen" begrüßte, andere hörten mir aufmerksam zu und erwiderten dann kurz und lakonisch „Nein!", wandten mir den Rücken zu und fuhren weiter. Und wieder andere lachten nur, ohne mir eine genaue Antwort zu geben und ließen mich mit fragendem Blick stehen.

Ignat schaute sich um, bereitete gleichzeitig ein kleines Frühstück zu und hielt Ausschau nach einem Opfer mit netterem Aussehen und passendem, d.h. leerem Auto. Hatte er eins entdeckt, lief ich wie ein kleiner Hund um ihn herum, umschmeichelte es und hoffte auf eine positive Antwort.

Inzwischen waren ungefähr drei Stunden vergangen, als ein alter Mann aus der Tankstelle kam und zu seinem Auto ging. Natürlich fragte ich auch ihn, worauf er mir antwortete, dass er nicht so gern Tramper mitnehme, weil er sehr schnell fahre und den Menschen, die seinen Fahrstil nicht kannten, schlecht würde.

Ich gab mein Bestes, um ihn zu überzeugen, dass uns beiden gerade ein solcher Fahrstil besonders gut gefalle und schließlich willigte er ein.

Ignat:

Unser Fahrer wollte uns 20 km mitnehmen und wir stiegen zufrieden ein. Er verwickelte Emo sofort in ein Gespräch und ich versuchte, auf dem Rücksitz nicht einzunicken, obwohl ich todmüde war. Es war mir peinlich, mich zu entspannen und einzuschlafen. Deswegen versuchte ich aufrecht und mit weit aufgerissenen Augen zu sitzen, aber mir fiel ständig der Kopf herunter, weil ich doch immer wieder einschlief. So waren aus den 20 km ganze 200 geworden. Echt Spitze!

Emil:

Unser Fahrer machte keine Scherze. An einer Stelle auf der Autobahn gab es wegen Bauarbeiten eine Verengung auf eine Spur, und die war nur etwas breiter als das Auto selbst. Er verringerte die Geschwindigkeit überhaupt nicht und fuhr so gleichmäßig die ganze enge Strecke entlang. Das war vielleicht ein Witzbold! Seine Frau fahre niemals mit, erzählte er. Dann entließ er uns an einer Raststätte, die zwar nicht auf seinem Weg lag, für uns aber ein günstiger Ausgangspunkt für die Weiterreise war. Hier aber schien uns das Glück im Stich zu lassen.

Ignat:

Der Mann nahm uns einfach eine längere Strecke mit, als er es anfangs vorgesehen hatte. Wir bedankten uns und er wendete, um zurückzufahren. Unglaublich, aber wahr! So war es während der ganzen Reise. Wenn wir erst einmal an Bord waren, halfen uns die Menschen so gut sie konnten. Vielleicht hatten sie Mitleid wegen der schweren Rucksäcke oder wegen unseres großen Vorhabens. Wir waren unterwegs, um eine der gefährlichsten Wände der Alpen zu besteigen, und sie wussten das. Allein der Name „Eiger" flößte Respekt ein. Hier wussten wirklich die meisten Leute, was die Eigernordwand bedeutet. Immer, wenn wir sie erwähnten, ernteten wir Anerkennung und sie sahen uns danach mit anderen Augen.

Aber genau an dieser Raststätte schien uns das Glück zu verlassen. Hier, ganz in der Nähe von Salzburg, verweilten wir ganze vier nervenaufreibende und unerquickliche Stunden, die uns schier verzweifeln ließen. Es begann zu regnen und wurde kälter. All das, kombiniert mit der Tatsache, dass wir nicht geschlafen hatten, bedrückte und quälte uns sehr. Wir trauten uns nicht einmal, uns hinzusetzen und richtig zu essen aus Angst, ein Auto zu verpassen. Ich fühlte, wie wir langsam die Geduld verloren und nervös wurden. Die meisten fuhren in die falsche Richtung, nach München, und diejenigen, die in unserer Richtung fuhren, wollten uns nicht mitnehmen. Dazu bekamen wir auch noch andere Tramper als Konkurrenz. Doch irgendwann trafen wir gute Leute, die bereit waren, uns mitzunehmen. Sie hatten ein riesiges Wohnmobil, so dass uns nicht einmal unsere vollen Rucksäcke beim Sitzen störten. Die Leute sahen, dass wir todmüde waren und ließen uns in Ruhe schlafen. Wir hielten an einer Tankstelle an und sie gingen zum Mittagessen. Als wir eine halbe Stunde später aber immer noch dort standen, nahmen sie uns zum zweiten Mal mit, jetzt bis nach Innsbruck. Dort mussten wir erkennen, dass unsere Idee, in die Stadt hineinzufahren, überhaupt nicht gut war. Wir waren beeindruckt von den vielen Motorrädern. Als unsere Wohnmobilfahrer sahen, dass wir wieder keine Chancen hatten, unseren Weg fortzusetzen, nahmen sie uns zum dritten Mal mit und fuhren uns aus der Stadt heraus. Jetzt aber waren wir weit weg von der Autobahn.

Emil:

Unsere Illusionen schwanden schon in den ersten 30 bis 40 Minuten, weil Hunderte von Autos vorbeifuhren, aber keins davon anhielt. Am Ende nahm uns ein junger Mann in einem Brummi mit, aber er sagte uns sofort, dass er nur bis zum nächsten Dorf fahre. Nach drei Kilometern mussten wir wieder aussteigen. Wir waren verzweifelt und fix und fertig. Obendrein fuhren ständig Autos mit Jugendlichen vorbei, die uns zuriefen und mit schallendem Gelächter weiterfuhren. Sie lachten vor allem über mich, das wusste ich. Ich trug hautenge schwarze Leggings, die meine Beine noch schmaler und unstabil aussehen ließ. Der übrige Teil meines Körpers war von beiden Rucksäcken verdeckt. Wackelnd wie Säufer, die gerade die letzte Kneipe verlassen hatten, erreichten wir zu Fuß das nächste Dorf. Hier erst spürte ich, wie schwer die verdammten Rucksäcke tatsächlich waren. Mit jedem weiteren Schritt hatte ich das Gefühl, dass ich zusammenschrumpfte und das Straßenpflaster sich immer mehr meinem Gesicht näherte. Obendrein tat auch mein Bein schrecklich weh, da es nach all den Experimenten der Plovdiver[2] Chirurgen vor anderthalb Jahren immer noch nicht gut verheilt war. Ein chronischer Schmerz blieb übrig. Ich biss die Zähne zusammen und humpelte vorwärts, den Blick ein paar Meter vor mir auf den Asphalt geheftet. Ignat ging es keineswegs besser, jeder war mit seinen eigenen Problemen beschäftigt, obwohl sie in diesem Augenblick identisch waren.

Ignat:

Die Menschen sahen uns und lachten sich tot. Wir lachten auch, und taten so, als ob wir dem Gewicht dieser riesengroßen Rucksäcke standhielten und uns das alles ziemlich egal war. Wenn sie nur wüssten, wie wir uns wirklich fühlten und wie wir uns mit diesen 60 Kilo plagten, die wir auf unseren Rücken trugen.

Emil:

Fast am Ende des Dorfes angelangt brachen wir beide zusammen. Wir sahen eine Bank und beschlossen, zu entspannen, auszuschlafen und endlich einmal unsere seit Stunden knurrenden Magen zu füllen.

---

[2] Plovdiv (A.d.Ü.): zweitgrößte Stadt Bulgariens in der Thrakischen Ebene, am Fluss Mariza gelegen

Mühevoll nahm ich den Rucksack vom Rücken und ließ ihn wie einen schweren Stein zu Boden fallen, als ich auf die Blicke eines Mannes und einer Frau traf, die auf der anderen Seite der Landstraße spazieren gingen. Ich begrüßte sie munter, wenigstens dachte ich, dass es so klingt – munter. Sie antworteten mit hellem und breitem Lächeln und fragten uns nach dem Woher und Wohin. In meinem Kopf spulte ich die Kassette zum Ausgangspunkt zurück und ließ sie einfach laufen, wobei ich erneut alles erzählte, ergänzt durch die Tatsache, dass wir den Fehler begangen hätten, uns von der Autobahn zu entfernen und dass wir schon völlig abgespannt und hungrig seien.

Ohne zu zögern erwiderte die Frau: „Wir gehen jetzt nach Hause, wir wohnen hier im Dorf, und mein Mann kommt schnell mit dem Auto zurück und fährt Sie bis zur Autobahn." An der Stelle waren Hunger und Müdigkeit vergessen, die Rucksäcke blieben unberührt und wir warteten ungeduldig auf die Rückkehr des Mannes. Wir konnten wieder lächeln. Wir fuhren weiter!!!

Inzwischen war es schon spät geworden, die Sonne ging langsam unter. Man konnte den Duft des Abends riechen und die Hitze des ausklingenden Tages wich der kühlen Frische der nahenden Nacht.

Nach etwa 30 Minuten tauchte das Auto auf, aber schon nach ein paar Minuten mussten wir leider wieder aussteigen, denn wir hatten die Autobahnauffahrt erreicht und unser Fahrer wollte wegen des zu großen Umwegs nicht auf die Autobahn fahren.

Als ich bemerkte, dass Ignat mit erhobenem Daumen dastand, obwohl kein Auto kam, lachte ich ihn lauthals aus. Ein paar Minuten später aber stand ich ebenso da, und auf der Straße war weit und breit kein einziges Auto zu sehen. Um nicht im Stehen einzuschlafen, redeten wir totalen Unsinn. Wir lachten über uns, über meine dünnen Beine, über die riesengroßen Rucksäcke und über alles um uns herum. Wir dachten uns irgendwelche völlig sinnlosen Geschichten aus, mit denen wir in jeder Irrenanstalt eine gute Figur gemacht hätten. Zum Glück hörte uns niemand zu.

Nach etwa einer Stunde erbarmte sich endlich ein Autofahrer. Wir konnten die Autobahnauffahrt verlassen und landeten wieder auf einer der unzähligen Raststätten. Wir platzierten uns an der Ausfahrt und das Warten begann von Neuem. Mit einbrechender Dunkelheit begann für uns die dritte schlaflose Nacht. Ich fragte mich, woher wir kamen und wohin wir gingen, ich konnte mich einfach nicht mehr erinnern. Und um meine Ziele und Wünsche wach zu halten, schaute ich immer öfter auf die Straßenkarte, die wir aus Bulgarien mitgenommen hatten.

Nach kurzer Zeit näherte sich langsam ein Auto. Ganz mechanisch ging der Daumen nach oben. Das Auto hielt an; es war die Polizei. Über die Frage der

Polizisten wunderte ich mich überhaupt nicht, und auf meine Antwort ernteten wir nur lautes Gelächter. Die Polizisten wiesen uns darauf hin, dass es verboten sei, auf der Autobahn Autos anzuhalten und dass das Autobahnschild für uns die Grenze sei, ab der wir uns strafbar machten. Ich sagte, dass wir keinen Ärger wollen und versprach, vor dem Schild stehen zu bleiben.

Sie wünschten uns viel Glück und wir standen weiter Wache.

So allmählich machte uns die Müdigkeit schwer zu schaffen und wir beschlossen, dass sich einer von uns ins Gras neben die Rucksäcke legen und der andere weiterhin zum Gelingen unseres Vorhabens beitragen soll. Unser nächstes Ziel hieß Feldkirch. Ich wiederholte es Ignat einige Male in der festen Überzeugung, dass es nicht so schwer ist, sich einen Namen zu merken. Nach wenigen Sekunden hatte ich bereits das Gras umarmt und war eingeschlafen. Nach ebenso kurzer Zeit weckte mich Ignat und fragte mich nach dem Namen der Ortschaft. Ich nannte ihn mehrmals und während ich meine Augen schloss, hatte ich das Gefühl, dass mir Ignat ein Wiegenlied sang (das ich genau in diesem Augenblick überhaupt nicht brauchte), das nur aus einem Wort bestand: Feldkirch.

Ignat:

Mir fiel ein, den Namen des Städtchens auf einen Zettel zu schreiben, denn ich war so müde, dass ich ihn mir nicht merken konnte. Ich saß, wartete und nahm von Zeit zu Zeit den Zettel heraus, um mich wieder daran zu erinnern.

So gegen Mitternacht schickte uns Gott einen wunderbaren Burschen namens Alex. Bis zu diesem Augenblick hatte immer Emo die Tramperfahrt arrangiert, aber diesmal hatte ich Glück, d.h. wir beide, was mich besonders glücklich und einigermaßen stolz machte. Der Junge hielt an und vor Aufregung und Müdigkeit konnte ich ihm das Städtchen nicht nennen, wohin wir fahren wollten. Ich hatte den Namen erneut vergessen. Das Einzige, was ich murmelte, war, dass wir bis zur Grenze wollten, ohne zu präzisieren, zu welcher. Aber das war offensichtlich völlig bedeutungslos, weil der Junge sowieso beschlossen hatte, uns mitzunehmen. Ich weckte Emo und wir warfen unser Gepäck schnell ins Auto. Es stellte sich heraus, dass der Bursche genau in diesem Städtchen wohnte, das an der Grenze zur Schweiz liegt. Wenn das kein Glück war! Ich schlief ein bisschen auf dem Rücksitz und vorn führten die beiden ein angeregtes Gespräch.

Emil:

Mit Sicherheit waren nur ein paar Sekunden verstrichen, als mich Ignat erneut schüttelte und sagte:

„Emo, Emo, wach auf! Da will uns einer mitnehmen, aber ich habe den Namen vergessen; er sagt etwas, das ich nicht verstehen kann."

Ich war mir nicht sicher, ob ich schlief oder ob ich wach war, aber bald saßen wir in Alex' Auto und fuhren direkt zur Schweizer Grenze. Er war sehr nett und wir redeten die ganze Zeit. Er selber kletterte auch und hatte sogar am Rückspiegel ein kleines Säckchen mit Magnesia hängen. Er erzählte von seiner Freundin, von der er sich kürzlich getrennt hatte, von den Klettergebieten, die er besucht hatte, und so verging die Zeit wie im Flug und ich spürte die Müdigkeit nicht so stark. Alex interessierte sich für meinen Lebenslauf, woher ich so gut Deutsch konnte, für meine persönlichen Erlebnisse und für die rund ums Bergsteigen. Es war mir sehr angenehm, mit ihm zu reden. Zwar kannten wir uns erst ein paar Minuten, trotzdem teilte jeder dem anderen schon viele persönliche Geheimnisse mit, ohne sich zu genieren. Ich habe immer gewusst, dass gemeinsame Wege die Menschen schnell einander näher bringen und ihnen jene Schutzmechanismen nehmen, mit denen man oft gezwungen ist, inmitten der Gesellschaft zu leben. Das macht den Menschen einfach menschlich.

Er sah, in welchem Zustand wir uns befanden und lud uns ein, die restlichen Stunden bis zum Morgen bei ihm zu verbringen. Dann würde er uns direkt zur Schweizer Grenze fahren. Wir nahmen die Einladung dankend an und zum ersten Mal seit Tagen gönnten wir unseren Körpern, die von der Reise und dem fehlenden Schlaf völlig abgespannt waren, den Luxus eines Bettes. Wir konnten zwei Stunden lang schlafen.

Ich roch schon die Schweizer Luft, die vom Duft der Berge durchdrungen war. An der Grenze hatten wir keine Probleme und nachdem die Zollbeamten unsere Pässe kontrolliert hatten, waren wir endlich in dem Land angelangt, in dem sich unser Gipfel befand. Ignat war total hingerissen und um sich selbst zu glauben, wiederholte er oft: „Hey, Bruderherz, wir sind da, wir sind tatsächlich da!"

Ich konnte nicht umhin mit ihm scherzen, schon wegen der Tatsache, dass es ihm nicht gelungen war, sich wenigstens den Namen dieses Städtchens zu merken, das wir am vorigen Tag erreichen wollten. Er war empört und der Meinung, man solle sich leichtere Namen für die Städte und Dörfer, die uns interessierten, ausdenken. Ignat warf mir vor, dass meine Aussprache kein richtiges, perfektes Deutsch sei, sondern ein Dialekt, den sowieso niemand verstehen könne. Er hatte die unglaubliche Begabung, seine Meinung vehement zu verteidigen.

Ignats Haare waren länger als meine und nach all dem, was sie in den vergangenen Tagen erlebt hatten, waren sie schon völlig verklebt; jedes einzelne Haar hatte seine eigene Richtung eingeschlagen ohne sich dafür zu interessieren, wie man in den Augen der anderen aussieht. Und da ich nichts anderes tun konnte, als mit ausgestrecktem Daumen auf das nächste Auto zu warten, wechselte ich das Thema und begann mich über seine Frisur lustig zu machen. Er aber sagte gleich, dass er besonders clever gewesen sei und sich den Namen des Städtchens auf einen Zettel geschrieben habe, um ihn nicht zu vergessen. Dies habe ihm besonders geholfen, als Alex ihn angesprochen hatte.

So ein Schlaumeier! Aber das machte uns Spaß und so zeigten wir unsere Freude über das bisher Erreichte.

So verging die Zeit bis zu unserem nächsten Autostopp. Wir trafen einen älteren Herrn, der wegen einer Tragödie in seiner Familie, die vor vielen Jahren passiert war, irgendwie mit dem Gebirge verbunden war. Sein Bruder war bei einem Sturz von einer Wand ums Leben gekommen. Er rauchte Zigarren und fuhr einen großen und komfortablen Mercedes, der ideal zu seiner Figur passte.

Wir kamen nach Lienz und er beschloss, schnell eine Stadtrundfahrt mit uns zu machen und uns einige Sehenswürdigkeiten zu zeigen, durch die die Stadt in Europa bekannt ist: französische Mode, Schuhindustrie, die Museen und die Bögen der alten Bauten. Er bedauerte, dass er nicht genug Zeit hatte, uns alles zu zeigen und ich spürte, dass er unsere Gesellschaft gern länger genossen hätte, um über Berge, Wände und Erlebnisse zu reden.

Er fuhr uns aus der Stadt heraus und setzte uns an einer für unsere Weiterreise günstig gelegenen Raststätte ab.

Die nächste Anhalterfahrt war nicht weniger aufregend, weil der Mann, der uns mitnahm, eine Tochterfirma in Bulgarien hatte. Wir sprachen viel und diese Gespräche gaben mir, obwohl ich alles völlig automatisch wiederholte, trotz allem auch etwas Neues. Das war das Gefühl, das die Überzeugung von unserem Vorhaben stärkte. Das Vorhaben nämlich, mit viel Liebe und Zielstrebigkeit einen Traum zu verwirklichen auf eine Art und Weise, die in modernen Zeiten, besonders in Westeuropa, nicht allgemein anerkannt ist. Doch schließlich war es unser Traum, und wir wollten ihn uns erfüllen.

Inzwischen konnten wir schon das Vorgebirge des Berner Oberlandes sehen und die erste Reihe der Viertausender, nämlich Eiger, Mönch und Jungfrau.

Beim vorletzten Autostopp nahm uns ein Mann in einem Geländewagen mit, der mich fragte, ob wir normale Menschen seien und ob er sich auf uns verlassen könne, wenn er uns mitnähme. Kein Wunder, wenn man bedenkt, wie wir aussahen.

Er ließ uns einsteigen und nach etwa einer Stunde waren wir in Interlaken. Die letzte Station – Grindelwald – erreichten wir nach einer 1500-km-Fahrt am frühen Nachmittag des 15. Juli 1998. Nach einer kurzen Bilanz wussten wir, dass wir nach dem Aussteigen aus dem Bus vor zwei Tagen bis zu diesem Punkt mit 13 Autostopps gefahren waren. 13 unbekannte Menschen mit wirklich großen Buchstaben geschrieben, die uns Gott geschickt hatte, die zur richtigen Zeit am richtigen Ort waren. 13 Menschen mit großen und offenen Herzen für ihresgleichen, die weder nach Auftritt noch nach Aussehen fragten.

Diese Menschen hatten in unseren Herzen eine Kerze für sich angezündet, die nicht ausgehen werden, solange wir leben und solange die Erinnerungen an diese Tage in uns weiterleben. Die Erinnerung an sie – mögen sie gesund bleiben und möge Gott sie segnen – wird sie während ihres ganzen Lebens mit einem aufrichtigen Dank begleiten.

Ignat:

Zum ersten Mal sah ich die Eigernordwand! Und zwar das untere Drittel, da alles oberhalb bis zum Gipfel in dichten Nebel gehüllt war. Ich war fassungslos! Mich überlief ein Schauer! Der Hauptteil, den ich sah, war riesengroß, und ich versuchte im Gedanken mir die Umrisse des Gipfels vorzustellen. Ich wusste, dass die Wand groß ist, aber so groß … In meinen Vorstellungen war sie riesengroß. Mein Atem stockte. Später erfuhr ich, dass ich mich irrte und dass der Gipfel unterhalb des von mir vermuteten Punktes lag. Der Hauptteil, den ich sah, schloss Teile der östlichen und westlichen Ränder ein, die in ihren unteren und äußeren Teilen nicht die Wand umgaben, sondern seitlich herausragten. Die Wand selbst beginnt bei einem kleineren Fundament. Aber wie klein? Ich befand mich in diesem Augenblick zu weit entfernt, um ihre wahren Ausmaße einschätzen zu können. Und dieser verdammte Nebel raubte mir die Möglichkeit, sie zu sehen, wo ich doch so lange davon geträumt hatte. Ich wollte die Eisfelder, die Spinne, die Quergänge[3] erblicken. Das, was ich aus meiner Perspektive sah, machte mir Angst. Unser nächstes Ziel war, die Station Eigergletscher zu erreichen, bevor es dunkel geworden war.

Emil:

Aus dieser Perspektive versteckte der Eiger die Wand, aber trotzdem konnte man seine Erhabenheit spüren. Wir waren da, Gott sei Dank, wir waren endlich da! Mein Herz sang, meine Freude war groß, und jedes Mal, wenn ich Ignat ansah, wurde sie noch größer allein aufgrund der Tatsache, dass wir zusammen waren. Das war das wahre Ziel, wofür wir hierher gekommen sind.

In Grindelwald ist die Geschichte lebendig. In jedem Laden konnte man erfahren, welche Tragödien sich hier in der Vergangenheit ereignet hatten. Bücher, Fotos, alte Pickel, Steigeisen, Seile, die jetzt als Schaufensterschmuck dienten, zeigten, von wie viel Liebe, Blut, Schweiß und Kampf die Berghänge geprägt waren. Komisch, wie sich alles in mir änderte. Der Weg und die Autostopps blieben hinter mir und die erste Euphorie – dass wir angekommen waren – wurde durch einen Klumpen ersetzt, der in meiner Kehle ganz gemütlich Platz nahm.

Wir beschlossen zu warten, bis das Alpine Haus öffnet, wo wir die notwendigen Informationen über die Routen, das Wetter, den Zustand der Wand und andere für uns wertvolle Angaben finden konnten.

---

[3] Quergang (Traversieren) – waagerecht verlaufende Überwindung eines Hanges oder einer Wand.

Nachdem wir sämtliche Informationen gesammelt hatten, standen wir vor dem Dilemma, wie wir unter die Wand gelangen können. Mit den schweren Rucksäcken war es unmöglich oder es würde uns zwei Tage kosten, wenn man bedenkt, wie langsam wir uns mit ihnen zu Fuß zwischen den Autostopps abgemüht hatten – und das auf flachem Boden.

Wir gelangten bis zum kleinen Bahnhof in Grindelwald und fragten nach dem Preis für eine Fahrkarte zur Station Kleine Scheidegg. Die Antwort der Kassiererin löste bei uns ein wahres Schwindelgefühl aus, das mit Sicherheit nicht durch die Höhe über dem Meer hervorgerufen wurde. Ich begann fieberhaft nachzudenken und die Idee, die mir in den Kopf kam, veranlasste mich zu einem Luftsprung. Schnell fand ich einen der Weichensteller, dem ich unser Problem anvertraute, und bat ihn, nur unsere Rucksäcke bis zur Station Eigergletscher mitzunehmen. Wir wollten mit den zwei kleineren zu Fuß hochsteigen. Von meiner Idee war er nicht besonders begeistert. Er sagte, dass wenigstens einer von uns das Gepäck begleiten müsse. Das gefiel mir überhaupt nicht, weil wir einfach nicht so viel Geld hatten. Schließlich willigte er ein und wir warteten den nächsten Zug ab und überzeugten uns davon, dass all unser Hab und Gut darin Platz fand.

Nie vergessen werde ich, wie einer dieser Weichensteller seinem Kollegen sagte, er sollte aufpassen, weil die Rucksäcke ungeheuer schwer seien. Der andere lachte und erwiderte ihm selbstbewusst, dass er genug Kraft habe. In dem Augenblick, als er sich bemühte, den einen Rucksack zu heben, verzog er das Gesicht, er wurde ganz rot, was sein Kollege sofort bemerkte. Er triumphierte, brach in Gelächter aus und bot dem anderen seine Hilfe an. Der erste war darüber empört und antwortete nur verärgert: „Tragen die beiden Steine nach oben!?"

Lächelnd machten wir uns auf den Weg zur Station Kleine Scheidegg.

Unterwegs versuchte ich Ignat alles zu erzählen und zu zeigen, was ich wusste und was ich hier 1995 und 1996 erlebt hatte, und dabei kamen alle meine Erinnerungen mit immer größerer Kraft zurück. Ohne zu merken, wie die Zeit verging, erreichten wir die Station, und von dort aus ging es weiter zum Eigergletscher. Meine Gefühle konnte und wollte ich nicht aufhalten. Deshalb eilte ich voraus und ließ meinen Tränen freien Lauf. Ich wollte nicht, dass mich Ignat so sah. All diese Erinnerungen an die Menschen, die ich 1996 getroffen hatte, als ich das Gebirge durchwanderte, an die Freunde, die lebenden und die toten, an die Liebe, die ich für einen für mich ganz besonderen Menschen empfand, mit dem mich das Schicksal gerade unter diesem Gipfel verbunden und das mich anderthalb Jahre später von ihm getrennt hatte, an das schreckliche Klettern und an die hoffnungslose Nacht, die ich am Ende des Zweiten Eisfeldes im eisigen Wind verbrachte, an den Sturm, der die ganze Nacht und auch am nächsten Tag tobte und der uns eine Entscheidung treffen ließ, die unser Leben rettete. All das wurde wieder sehr lebendig. Ein Duft, der in der Luft lag, ein Schauder, der meinen Körper erzittern ließ, jene innere Stimme, die zwei Jahre später mit nicht weniger Kraft schrie: Verdammt, warum sollte all das geschehen?

Ich fand meine Beherrschung wieder. Wir kamen zur Station, wo wir schon müde nach unseren Rucksäcken suchten und uns auf die Bank vor dem Restaurant setzten.

Ignat:

Wir überlegten, was wir machen sollten, weil sich weit und breit keine Menschenseele sehen ließ. In diesem Augenblick, wohl zur Begrüßung, jagte der Eiger eine Eislawine über den Gletscher am Westteil des Gipfels. Zum ersten Mal sah ich so etwas und vor Schreck standen mir die Haare zu Berge! Erwartete uns das an der Wand? Emo hatte bei seinem letzten Aufenthalt hier schon oft solche Abstürze erlebt und blieb ruhig und gelassen. Später hatte ich mich auch an die abendlichen Eislawinen gewöhnt und kapiert, dass sie immer an denselben Stellen abgehen und dass sich dort keine Menschen aufhalten.

Wir betraten den kleinen Bahnhof, sahen uns um und dachten darüber nach, wie wir hier ohne unsere Ausrüstung biwakieren sollten. Wir waren schon fast Landstreicher geworden und konnten überall übernachten.

Emil:

Wir saßen regungslos und warteten. Ich zeigte Ignat die Felsspalte, die in den nächsten Wochen unser Zuhause sein wird. Wir kamen zurück und setzten uns erneut auf die Bank.

Jetzt fühlte ich mich zu Hause, genoss die Stille und die Einsamkeit. Ich dachte, dass wir uns noch mehr abhärten würden, wenn wir auch diese Nacht einfach so unter freiem Himmel auf der Bank oder irgendwo bei der Station ohne Schlafsäcke übernachten würden. Die Idee gefiel mir und ich hoffte sogar, dass unsere Rucksäcke noch nicht angekommen waren. Das konnte man offenbar auch meinem Gesicht ansehen, denn Ignat hatte meine Gedanken erfasst und begann, sich über mich lustig zu machen. Ich tat so, als ob ich mit diesen seinen Gedanken nichts gemeinsam hätte. „Ich kenne Dich, Du willst, dass wir hier wie Hunde schlafen. Aber nein, Du gibst es nicht zu, ich weiß, ich weiß, ich weiß alles …", fügte er hinzu.

Wir beschlossen aufzustehen und uns die kleinen Züge aus der Nähe anzusehen. Nach kurzer Zeit fanden wir unsere Rucksäcke in einem davon. Ignat war entzückt und scherzte, dass wir leider nicht wieder wie Hunde schlafen würden, wie es mein Wunsch gewesen wäre, sondern wie Menschen in unseren Schlafsäcken.

Wo die Angst ist, da ist der Weg.

Japanische Weissheit

GESPENSTISCHE VISIONEN
(Am Fuß des Berges, 16.-17. Juli)

Ignat:

Die Felsspalte, in der wir schlafen und wohnen wollten, war verhältnismäßig groß. Eigentlich war es eine riesige Höhle, die in den Felsen gehauen worden war, damit darin das Rad und der letzte Mast eines der Ski-Schlepplifte montiert werden konnten. Sie war 15 Meter lang, 6 bis 7 Meter hoch und 7 bis 8 Meter breit. Sie war ideal und würde uns vor Wind und Regen perfekt schützen. Allerdings war sie feucht und hier und da tröpfelte es, weil es in den letzten Tagen geregnet hatte und das Wasser offensichtlich durch die Decke eindrang.

Wir waren schrecklich müde, hatten wir doch ganze drei Tage lang nicht geschlafen. Deshalb bemühten wir uns, unsere „Betten" schnell zu richten und uns hinzulegen. Wir glätteten den Boden, legten die größeren Steine beiseite und legten den Platz mit der Zeltplane aus. Darauf legten wir unsere Isomatten und darüber unsere Schlafsäcke.

In dieser Nacht schlief ich wie ein Toter mit einer kurzen Unterbrechung, ein kleiner Augenblick, an den ich immer wieder zurückdenken werde und der mich jedes Mal über die unnatürlichen Erscheinungen nachdenken lässt. Ich weiß nicht wie und warum, aber irgendwann wachte ich plötzlich auf und bekam am ganzen Körper Gänsehaut. Ich war absolut sicher, dass in der Höhle etwas oder jemand war, ich fühlte jemandes Anwesenheit. Leider hatte ich die Batterie aus der Stirnlampe herausgenommen und konnte kein Licht machen. Es war stockfinster, und ich lag im Schlafsack mit erhobenem Kopf und versuchte zu verstehen, was da geschah oder wollte wenigstens etwas sehen. Ich spürte, wie sich das Wesen zum Ausgang bewegte und war absolut sicher, dass ich leise Schritte hörte. Mir schauderte, aber ich wagte nicht, etwas zu sagen oder zu tun. Ich bildete mir ein, das wären die Seelen oder die Gespenster der Menschen, die an dieser unheimlichen Wand ums Leben gekommen waren. Ich bin weder abergläubisch noch glaube ich an solche Dinge, aber das war eine Wand mit traurigem Ruhm, an der sich unglaubliche Tragödien ereignet hatten, eine schrecklicher als die andere. Wie sollte man sich da nicht irgendwelche Dummheiten einbilden? Am Ende beschloss ich, dass es keinen Sinn hatte, mich zu plagen. Was immer es auch war – ich legte mich wieder hin und beachtete es nicht weiter.

Den Rest der Nacht verbrachte ich in tiefem Schlaf. Bis heute kann ich mir das Geschehene nicht erklären. Wahrscheinlich hatten die Müdigkeit und die Gruselgeschichten, die ich über den Eiger gelesen hatte, meine Phantasie beflü-

gelt. Hinzu kam der Anblick der Nordwand vom vorigen Tag, die Eislawine, mit der uns der Eiger empfing, und die Tatsache, dass an den Hängen dieses Gipfels tatsächlich viele den Tod gefunden hatten. Oder aber war das irgendein Tier? Später spielte eine kleine Maus mit Steinchen und ließ uns nicht in Ruhe schlafen. Ohnehin konnte ich am Morgen danach, aber auch an den nächsten Tagen den Gedanken nicht loswerden, dass der Geist eines verstorbenen Bergsteigers versuchte, uns aufzuhalten und zu verunsichern. Überhaupt wird man, wenn man unter einer so großen und unheilvollen Wand mit der festen Überzeugung steht, sie zu bezwingen, von Tausenden von Gedanken verfolgt. Gedanken, vor denen man nicht fliehen kann und die einen tage- oder monatelang quälen. Plötzlich gewinnen die kleinen Dinge des Lebens und vor allem die Beziehungen zu den Menschen, besonders zu seinen Nächsten, außerordentlich große Bedeutung. Vielleicht lässt die Tatsache, dass das Risiko groß ist und alles passieren kann, sogar das Schlimmste, den Menschen nachdenken über seine Taten, über seine Beziehungen zu den anderen und über Wahrheit und Güte. Man möchte – und das passiert manchmal sogar unbewusst – in die Vergangenheit zurückblicken und fragt sich: „War ich gut, war ich immer ehrlich?" Vielleicht ist es eine Notwendigkeit, dazu eine besonders große, dass sich der Mensch vor der gefährlichen Tour geistig reinigt, um sie dann ohne jegliche Gewissensbisse und böse Gedanken anzutreten. Das ist eine Art moralische Reinigung, die ganz unbewusst passiert, bevor man sich überhaupt auf den Weg zu einer Wand macht, die nach Tod riecht. Ich weiß nicht, ob das Bergsteigen die Menschen besser macht, aber offensichtlich ist es so – besonders beim richtigen Alpinismus, wenn man am Fuße solcher kolossalen und unübersehbaren Wände steht. Wände, für deren Besteigung es keine Erfolgsgarantie gibt, wo eine Besteigung tödlich enden kann, wo viele Gefahren wie Lawinen, Steinschläge und plötzliche Stürme lauern. Man will mit reinem Herzen und reiner Seele losgehen, als ob man damit die Gunst des Gebirges erflehen möchte. Der Alpinist mag auch nicht gläubig sein, aber vor so einer Herausforderung ist es unmöglich, nicht innerlich zu jemandem zu beten, sei es zu Gott, dem Schicksal oder den Geistern der umgekommenen Alpinisten, denen er sich auch bald anschließen könnte. Das schlechte Gewissen ist noch ein weiterer Rucksack, den man den schwierigen und gefährlichen Weg nach oben mitschleppen muss und der Bergsteiger möchte sich von dieser zusätzlichen Last auf dem Wege befreien, den er selbst gewählt hat und den er ab einem bestimmten Augenblick nicht mehr aufgeben kann. Selbstverständlich tun das die Menschen ununterbrochen und denken sich eine moralische Ausrede für ihre Taten aus, damit sie ein reines Gewissen und ein ruhiges Leben haben. Aber wenn der Mensch dem Tod ins Gesicht sieht oder beabsichtigt, auf eine Wand zu klettern, wobei der Ausgang weder klar noch sicher ist, kann er sich nicht mit irgendwelchen ausgedachten Ausreden seinen bösen Taten entziehen. Deshalb muss die Reinigung echt sein. Ich persönlich empfand schon seit zwei Monaten so ein Bedürfnis, aber hier, in der Schweiz, in den Tagen vor der Besteigung, war es am stärksten.

Wir hatten bis zum späten Morgen geschlafen. Nach dem Aufstehen frühstückten wir schnell und machten uns auf den Weg zum Fuß des Eigers. Wir kletterten sogar ein paar Meter vom Anfang der klassischen Route. Den ganzen Tag hatte ich die Wand teilweise vor Augen. Sie zeigte mir ganz zaghaft ihre düstere Schönheit, ähnlich wie eine Frau. Ich konnte das Zweite Eisfeld sehen, dann auch die berühmte Spinne, aber der Gipfel blieb den ganzen Tag im Nebel versteckt. In mir kämpften gemischte Gefühle. Einerseits war sie sehr interessant und ich freute mich unheimlich, endlich meinen Traum zu sehen, aber andererseits machte mir der Gedanke, in ein paar Tagen auf ihr zu klettern, etwas Angst. Gerade als wir an der Wand waren, überraschte uns ein kurzer Regenschauer, und wir stellten fest, dass sie sehr sauber war und sogar bei Nässe unsere Schuhe fest hielten.

Auf dem Rückweg in unser provisorisches Haus hielten wir oft an, um die Wand zu betrachten. Aus dieser Perspektive sah sie sogar ziemlich klein aus. Man hatte das Gefühl, dass man nur die Hand ausstrecken musste, um die Eisfelder und sogar die Spinne zu berühren. Wir befanden uns direkt unter der Wand und die genauen Maßstäbe schwanden; es sah aus, als ob die Eisfelder nur ein paar Seile entfernt wären, vielleicht 100 oder 200 Meter. In Wirklichkeit waren es ungefähr 1000.

In der Höhle packten wir alles aus und ordneten unsere Sachen. Auf der einen Seite stellten wir die ganze Verpflegung auf ein langes Brett. Wir richteten unsere Schlafstellen ein und darüber, genau über den Köpfen, bastelten wir aus Brettern ein primitives Nachttischchen. Dann zauberten wir aus Holz und Steinen einen Tisch mit zwei Bänken. Und zuletzt bestimmten wir auf einem Steinhaufen den Platz für den Abfall, damit wir am Ende alles einsammeln und unser Domizil reinigen konnten. Man kann sagen, dass wir uns einen wahren Luxus herbeigezaubert hatten. Nur irgendwelche Gebirgsvögel waren mit unserem Besuch nicht einverstanden und weckten uns von nun an morgens mit ihrem zornigen Kreischen. Abends ließen sie von der Decke, wo sie hausten, kleine Steine fallen. Sie taten es ganz absichtlich und versuchten uns wirklich zu treffen. Wir nannten sie einfach „die Biester", aber mit ihrem Lärm brachten sie uns morgens wahrhaft auf die Palme.

Emil:

So verwandelte sich das graue, düstere und feuchte Loch in unser helles Zuhause. Das Heim, von dem aus wir uns auf den Weg zur Wand machen wollten in der Hoffnung auf eine glückliche Wiederkehr, gab uns das Gefühl von etwas, das uns gehörte, das auf uns wartete, während wir unserem gemeinsamen Traum nachjagten und unsere Freundschaft stärkten.

Ich fühlte Ignats Anwesenheit immer stärker, wir waren bereits wie ein Ganzes, wir hatten dieselben Gedanken und handelten auch gleich.

Ignat:

Nachdem wir unser „Haus" einigermaßen in Ordnung gebracht hatten, beschlossen wir, unsere Ausrüstung zu kontrollieren. Als Erstes mussten wir die Eispickel wieder zusammenfügen, die wir in Sofia zerlegt hatten, um sie auf der Reise leichter transportieren zu können. Emo montierte seine ganz schnell. Bei meinen Pickeln mussten die Bolzen auf spezielle Art und Weise festgeschraubt werden und ich versuchte sie gut zu befestigen. Ich spannte sie etwas an und …
KNACK! Der Bolzen ging entzwei! Mich schauderte! Ohne zu wissen, warum, nahm ich auch den zweiten Eispickel, und als ich etwas mehr Kraft anwendete, ging auch dieser Bolzen kaputt. Mir wurde regelrecht schlecht. Konnte ich meine Kraft denn gar nicht kontrollieren? Was sollten wir nun tun? Ohne Eisäxte konnte man weder die klassische Route noch alle anderen Alpenrouten klettern. Ich war total verzweifelt und sämtliche Lust war mir vergangen. Aber dafür sind ja die Freunde da. Emo blieb ganz ruhig und packte die Sachen wie immer selber an. Er ging mit den Eispickeln zum kleinen Bahnhof. Mir blieb nichts anderes übrig als ihm zu folgen – ohne große Hoffnung auf Erfolg.

Emil:

Wir fanden einen Bahnhofarbeiter, ein Mann, der im Gebirge arbeitete und vor dem sich Menschen wie wir nicht schämen mussten. Ich erklärte ihm die Situation und er ging in die Werkstatt, öffnete einen Schrank, der mit Dutzenden von Bolzen und Muttern verschiedener Größe gefüllt war, fand zwei passende und hatte somit unser Problem gelöst. Ignat konnte wieder lächeln und dankte seinerseits dem guten Mann. „Hey, gute Menschen, schau mal, schau! Wann passiert einem so etwas in Bulgarien?", wiederholte er immer wieder.

Ignat:

Die Geräte, die bis heute genau diese Bolzen tragen, haben mir nie wieder Probleme bereitet. Die „Originalbolzen" waren aus einer sehr weichen Legierung und ich war an ihrem Kaputtgehen überhaupt nicht schuld, wie ich anfangs dachte. Eigentlich war es auch besser so, denn ich will mir gar nicht vorstellen, was passiert wäre, falls sie während des Kletterns gebrochen wären – und das an einer langen und steilen Eiswand. Wir dankten dem Mann und wieder einmal überzeugte ich mich vom Wohlwollen aller, die wir trafen und die uns halfen, so gut sie nur konnten. Die Menschen hier waren ruhig, weil sie auch so lebten, und das machte sie gutmütig. Wir wussten, falls sie „Nein" sagten, so bedeutete das auch „Nein". Aber wenn sie „Ja" sagten, so halfen sie uns und verlangten keine Gegenleistung. Außerdem arbeiteten sie im Gebirge und waren mehr oder weniger auch Bergsteiger. Sie verstanden auch unser Vorhaben als Alpinisten und keiner machte eine Bemerkung darüber, dass wir in der Felshöhle schliefen. Die Tatsache, dass wir extra angereist sind, um ihre unheilvolle und todbringende Wand zu besteigen, bedeutete ihnen etwas.

Nachdem wir uns von diesem unangenehmen Ereignis erholt und daraus gelernt hatten, wie hochwertig und echt die Ausrüstung war, die man in Bulgarien verkaufte, machten wir Abendbrot und gingen danach früh ins Bett.

Am nächsten Morgen wachten wir zusammen mit den „Biestern" auf, frühstückten und beschlossen, dass es endlich an der Zeit war, nach Grindelwald hinabzusteigen, um Brot und andere Lebensmittel zu kaufen. Da wir aus Bulgarien kein Brot mitgenommen hatten, hatten wir schon ein paar Tage lang nichts von diesem für den Bulgaren so wichtigen Lebensmittel gegessen.

Um ins Dorf zu kommen, gingen wir auf einem Pfad, der unter der Eigernordwand verläuft. Viele Trekker nutzten diesen Pfad, und wir begrüßten alle, wie es im Gebirge üblich ist. Diese Route ist besonders interessant, da sie es ermöglicht, die Wand aus verschiedenen Perspektiven zu sehen.

Emil:

Eine Frage ließ mir seit unserer Ankunft keine Ruhe. Ich hatte sie noch nicht mit Ignat erörtert, weil ich sie erst für mich selbst klären wollte. Ich fragte mich, welche Route wir wählen sollten. Zur Wahl standen zwei mögliche – die klassische von 1938 und die neue „Le Chant du Cygne", die bereits seit 1996 mein Traum war. Diese Frage plagte mich sehr, aber schließlich hatte mich keiner gezwungen, hierher zu kommen.

Wir gingen weiter nach unten und besprachen, wie wir unsere Zeit am besten nutzen könnten und wann wir eventuell die Wand stürmen sollten. Jeder von uns verspürte aber auch ein bisschen Angst vor dem, was uns bevorstand und obwohl wir so redeten, als ob es sich um Unbekannte handelte, beschloss ich, dass es endlich an der Zeit war, etwas konkreter zu werden. Diese verschiedenen Gedanken bereiteten mir in den letzten zwei Tagen Kopfzerbrechen.

Ignat:

Während wir gingen, blieb Emo plötzlich stehen und drehte sich zu mir um:

„Ich meine, dass wir zuerst die schwierige Route der Kategorie 8+ versuchen sollten. Möchtest du, dass wir sie gehen? Es ist mir eben gerade eingefallen!"

„Sag mir etwas früher bescheid, wenn Dir wieder etwas einfällt!", antwortete ich schroff und verzog das Gesicht. Später aber willigte ich ein.

Emo erklärte mir, dass ihm die Idee tatsächlich in diesem Augenblick eingefallen sei, aber, ehrlich gesagt, so wie ich ihn kenne, denke ich, dass er ganz still für sich diese Variante schon längere Zeit durchdacht hatte, wenigstens unbewusst. Eigentlich stand diese Tour wegen ihrer Schwierigkeit für uns immer an zweiter Stelle nach der klassischen Route. Sie war die schwierigste Route, auf der bis dato die Wand erklommen worden war, 8+ der Schwierigkeitsskala und mit einer Länge von 1000 Metern. Emo hob die Gründe hervor, weswegen wir zuerst sie wählen sollten. Momentan waren wir in Spitzenform und genau auf so eine Art von Klettern gut vorbereitet. Übrigens, ich habe vergessen zu erwähnen, dass diese Tour mit Kletterschuhen und Sommerausrüstung zu begehen war und wir jetzt tatsächlich auf eine Sommerbesteigung besser vorbereitet waren, eine Tour mit sehr wenigen Griffmöglichkeiten und Tritten. Je länger wir uns hier aufhielten, desto mehr würden unsere Finger an Kraft verlieren. Das nämlich waren Emos wichtigste Beweggründe, gerade diese Route der klassischen vorzuziehen. Die klassische Route könnte unsere Reservevariante werden.

In Grindelwald kauften wir groß ein, damit unsere Vorräte für einige Tage reichten. Wir kauften 7 Brote zu je 1 kg, 3 Packungen Margarine, 2 Dosen weiße Bohnen und 1 kg Wurst. Danach packten wir alles in einen der Rucksäcke und verstauten ihn in einem Schließfach am Bahnhof.

▲ Grindelwald mit Blick auf den östlichen Teil des Eigergipfels

Wir bummelten durch das Städtchen und hatten an allem Spaß. Es war wundervoll, es war sonnig, der Himmel war blau und wir fühlten uns besonders glücklich, hier zu sein. Die Straßen waren ziemlich belebt von den vielen Touristen. Alles machte einen sehr sauberen Eindruck, die kleinen Häuschen waren mit Blumen geschmückt und das Wichtigste – die Menschen waren höflich, nett und lächelten stets. Wir besuchten die Läden für alpine Ausrüstung, schauten uns alles an und Emo erklärte mir die Sachen, die ich nicht kannte.

Wir besuchten auch das Alpine Haus, dieses Mal mit einem konkreten Ziel. Wir schauten uns einige Kletterführer an und baten um eine Kopie der klassischen Route und der Tour „Le Chant du Cygne". Wir hatten die Kletterausrüstung mitgenommen und fragten die Leute, wo wir ein bisschen klettern konnten. Man wies uns den Weg zu den Felsen mit Sportrouten am Ausgang des Gletschercanyons. Das war das Ende des Gletschers an der Eigersüdseite. Das Eis endete etwas weiter oben und hier floss ein wasserreicher Fluss, der einen tiefen Canyon in den Felsen gegraben hatte. An diesen Felsen, direkt über dem Wasser, war ein Pfad mit Geländer in den Stein gehauen, der in den Canyon führte. Dort wurde es aber furchtbar kalt.

Emil:

Wir wollten Sportrouten besteigen, um unsere Körper an die Bewegungen während des Kletterns zu gewöhnen und uns so auf das bevorstehende Abenteuer vorbereiten. Wir redeten nicht viel darüber. Wir waren noch nicht bereit. Die Spuren der furchtbaren Reise waren immer noch zu spüren. Aber gleich nachdem wir die Kletterschuhe angezogen, den Felsen berührt und den Duft des Steins gespürt hatten, war alles wieder so wie bei unserem letzten Training in Bulgarien.

Ignat:

Da wir keinen Kletterführer hatten, fragten wir die Bergsteiger, die hier kletterten, nach den schwierigsten Routen, die wir dann bezwangen. Mit deren Schwierigkeitsgrad hatten wir überhaupt keine Probleme. Nach sechs oder sieben Tagen Pause tat uns das Klettern gut.

Am Nachmittag holten wir unser Gepäck vom Bahnhof und schwer beladen gingen wir zur Höhle auf dem Pfad, den wir bereits am ersten Tag kennengelernt hatten. Wir beobachteten die neue Route, und ihre Eleganz verzauberte mich immer mehr. Ich begeisterte mich zunehmend für diese Besteigung. Die Route ging an einem Turm empor, der den Zentralteil der Wand von ihrer rechten Seite umgab. Der Turm selbst oder eher der Vorsprung gefiel mir sehr. Die Route zog am Anfang einen leichten Bogen, danach verlief sie ganz gerade in die Höhe und endete beim westlichen Gebirgskamm. Ich war absolut damit einverstanden, dieser Route zu folgen.

Emil:

Die Entscheidung war getroffen, der Tag der Hinrichtung bekannt, Zeit und Ort ebenfalls. Das war die Route von Michel Piola und Daniel Anker, die an dem 1000 Meter hohen überhängenden Turm rechts der Roten Flur verlief.

Ich teilte Ignat mit, dass wir uns die Verantwortung bei der Seilführung teilen müssen und dass er einen Teil davon übernehmen soll. Ohne Zögern willigte er ein.

Es bestand kein Zweifel daran, dass er es schaffen würde. So konzentrierten wir uns darauf, wie wir später handeln wollten. Unterhalb der Wand gab es noch weitere Schneefelder und wir beschlossen, an einem Tag dorthin zu gehen und Stufen zu graben, die uns den Zugang in der Dunkelheit erleichtern würden. Die Ausrüstung stand fest. Während des Trainings in den vergangenen Monaten hatten wir nur das Nötigste mitgenommen, und dabei blieb es auch.

Wir fragten uns, ob wir versuchen sollten, die Wand an einem Tag zu besteigen oder Biwakausrüstung mitzunehmen und das Klettern auf zwei Tage zu verteilen.

Allen Beschreibungen nach war die Tour schwer, die ersten 15 Seillängen traversierten den unteren Teil des Turms und in der Gegend, wo er überhängend wurde, verliefen die Seile gerade und der Schwierigkeitsgrad stieg bis über 8+ nach der UIAA-Bewertungsskala[1].

Ignat:

Uns war klar, dass diese Tour für uns beide Neuland ist und wir uns auf ein Abenteuer von ungeahnter Größe einlassen. Sie wird für uns ein großer Schritt in unserer Entwicklung als Bergsteiger sein und – falls von Erfolg gekrönt – unseren Erfahrungsschatz spürbar bereichern. Emo hatte natürlich schon Erfahrung gesammelt, aber eine Route mit diesem Schwierigkeitsgrad und von solcher Länge hat selbst er noch nicht geklettert. Wir redeten über alle diese Dinge und kurz vor der Station Kleine Scheidegg, wo wir bereits am Ende unserer Kräfte waren (wir waren den ganzen Tag auf den Beinen), schickte uns Gott plötzlich Hilfe in Form von zwei großen und saftigen Äpfeln, die an einem Holzgeländer lagen. Wahrscheinlich hatte jemand hier Fotos gemacht und später vergessen, die Früchte mitzunehmen. Wir aßen sie auf, ohne uns weiter zu wundern, wie sie hierher gekommen waren und fühlten sofort unsere Kräfte zurückkehren. Wir lachten viel und waren wieder munter. In der Hütte der Station Kleine Scheidegg badeten wir sogar – natürlich illegal. Emo hatte hier im Winter 1995 übernachtet

---

[1] UIAA-Bewertungsskala (Union Internationale des Associations d'Alpinisme): Diese Skala (2 bis 11+) gibt den Schwierigkeitsgrad einer Kletterroute an.

und wusste, wo die Badezimmer lagen. Wir gingen in den dritten Stock, gaben uns für ganz gewöhnliche Gäste der Hütte aus und badeten. Danach zogen wir wieder unsere verschwitzten Kleider an, da Baden nicht vorgesehen war, und zogen langsam zur Höhle. Etwa 40 Minuten Fußmarsch auf ziemlich steilem Terrain lagen vor uns.

„Zu Hause" aßen wir ganz schnell etwas Warmes und Leckeres zu Abend, weil wir vor Hunger schon fast gestorben wären und obendrein todmüde waren. Kein Wunder, waren wir doch den ganzen Tag durchs Gebirge marschiert, die Sportrouten geklettert und durch das malerische Grindelwald gebummelt.

Nach dem Abendbrot kuschelten wir uns in unsere Schlafsäcke und sprachen nur noch über die neue Route. Wir beschlossen am übernächsten Tag loszugehen. Uns blieben weniger als 36 Stunden.

„Das Schicksal ist keine Frage der Chance, es ist eine Frage der Wahl.
Darauf wartet man nicht. Es wird erzielt!"

William Jennings Bryan

NOCH EIN KLEIDUNGSSTÜCK IM RUCKSACK
(Der Tag vor der Besteigung, 18. Juli)

Ignat:

Am nächsten Tag wachten wir spät auf. Wir wollten entspannen und uns auf die Prüfung vorbereiten, die uns erwartete. Wir frühstückten in aller Ruhe und gingen dann wieder zur Wand. Mit Steinen bewaffnet stiegen wir auf die ersten Schneewehen und gruben Stufen in den Firn, um am nächsten Tag in der Dunkelheit besser voranzukommen. Wir begutachteten den Zugang und entdeckten ein paar Spits[1]. Natürlich konnten wir von diesen paar Metern keine Schlüsse auf die gesamte Tour ziehen, aber sie sahen schwierig aus. In wenigen Stunden werden wir sie hochklettern und der Realität in die Augen sehen. Und nicht nur diese paar Meter, sondern die ganze Route werden wir bezwingen. Das hofften wir wenigstens.

Am Anfang der Tour stand ein Stock, um den ein blaues Plastikband gewickelt war. Er diente allem Anschein nach als Markierung. Die Beschreibung der Route, die wir im Alpinen Haus kopiert hatten, bestand aus einer Skizze und einem knappen Text. Wir lasen ihn mehrmals und versuchten alle wichtigen Informationen herauszufiltern. Die Tour hieß „Schwanengesang" (das Original ist auf Französisch) und wurde in den Jahren 1991 und 1992 von Michel Piola und Daniel Anker zusammengestellt. Sie ist eine Extremroute, für die Bergsteiger imstande sein müssen, Routen des Schwierigkeitsgrades 9- zu besteigen. Die Route selbst ist von der Kategorie 8+, aber wahrscheinlich wegen ihrer großen Länge von 1000 Metern erfordert sie von den Alpinisten immense Kräfte. Die zu bewältigende Höhendifferenz beträgt etwa 900 Meter und die Zahl der Kletterseile 22. Auf der Skizze war das Wichtigste vermerkt – typische Besonderheiten der Felsen, zwei mögliche Biwakstellen, aber auch der Schwierigkeitsgrad jeder einzelnen Seillänge. Es gab kein einziges unter der sechsten Kategorie, Passagen mit 8- herrschten vor. Wir erfuhren, dass uns fester Felsen erwartete mit Ausnahme des 16., 17., 18. und 19. Seils, wo die schwierigsten Passagen waren. Gerade über diese Seile machten wir uns große Sorgen, aber zunächst einmal mussten wir dorthin gelangen. Schlimm daran war, dass sie am Ende der Tour lagen, wo wir keine Kräfte mehr haben werden. Außerdem konnte man dem Text noch entnehmen, dass dort Spits angebracht sind.

---

[1] Spit (Bohrhaken): ein spezieller Felshaken, der in einer zuvor hergestellten Öffnung auf der glatten Felsfläche angebracht wird. Er dient zur Absicherung von Felspassagen mit hohem Schwierigkeitsgrad.

Mitnehmen sollte man Klemmkeile und Friends[2], und das warf die Frage auf, wie die Absicherung aussehen sollte und wie groß wohl der Abstand zwischen den einzelnen Bohrhaken sein könnte. Es könnte sein, dass es eine Sicherung nur an den Standplätzen oder alle 20 Meter gab, während das Anbringen von Friends und Klemmkeilen, also die Eigensicherung, viel Zeit in Anspruch nahm. Bei einer so langen Route zählt jede einzelne Minute. An einem Beispiel möchte ich verdeutlichen, was bei einer langen Tour die Zeit bedeutet und wie sich die Sekunden sammeln und zu Stunden werden. Wenn die Route 1000 Meter lang ist und die Haken alle 3 Meter angebracht sind, bedeutet das 333 Sicherungen für die gesamte Strecke. Nehmen wir an, dass für ein Anbringen im Durchschnitt etwa 5 Sekunden (manchmal mehr) notwendig sind, da man zuerst die Schlinge[3] mit dem Karabiner[4] an den Spit anbringen und danach genug Seil gezogen werden muss, um es am Karabiner einzuhängen, so macht das 333 x 5 Sekunden = 1665 Sekunden oder ca. 28 Minuten – und das nur für die Sicherungen auf der Trasse. Hinzu kommen die Verzögerungen an den Standplätzen usw. Wenn wir auf dem ganzen Weg Selbstsicherungen anbringen müssten, würde uns das zu sehr aufhalten. Davon waren wir überhaupt nicht begeistert.

Weiterhin konnten wir der Beschreibung entnehmen, dass diese Tour normalerweise in 2 Tagen mit einem Biwak zu schaffen ist, dass sie aber auch in einem Tag machbar wäre. Wir waren beide der Meinung, dass wir versuchen sollten, die Tour in einem Tag ohne Biwak zu schaffen, damit wir weniger Gepäck schleppen müssen. Wir wollten klettern und keine Gewichte hochtragen. Wir wollten versuchen, die Wand schnell, elegant und ohne viel Diskussion zu besteigen. Bei den großen Wänden kann es passieren, dass der Abstieg manchmal besonders schwer, ja sogar unmöglich wird. In solchen Situationen ist es besonders schwierig, dem Kameraden zu helfen, falls ihm etwas zustößt. Wir machten uns auf den Weg ohne Handy und ohne jegliche Versicherung. In den letzten Tagen hatte ich Emo erneut auf die Wichtigkeit dieser Versicherung hingewiesen; er aber war allem Anschein nach entschieden dagegen, Geld dafür auszugeben. Wie ich bereits erwähnte, war unsere finanzielle Lage nicht gerade rosig, besonders Emos, der in Sofia monatelang vor unserer Abreise hungern musste, um überhaupt etwas sparen zu können. Seine Schwester hatte ihm 200 Lewa gegeben, wovon er sich ein Bett kaufen sollte, um nicht länger auf dem Boden schlafen zu müssen. Er zog

---

[2] Friend: ein spezielles doppelarmiges Gerät mit beweglichen Backen, das zur Zwischensicherung in parallelen Felsspalten verwendet wird.

[3] Schlinge: zwei Karabiner, verbunden mit einem kurzen Riemen. Der eine Karabiner hängt im Klemmkeil, der andere trägt das Seil.

[4] Karabiner: ein geschlossener kreisförmiger Metallhaken, der an einer Seite geöffnet werden kann. Verwendet wird er vor allem bei der Seilsicherung.

es aber vor, in die Schweiz zu fahren und den Eiger zu besteigen, anstatt in einem Bett zu schlafen. Deshalb wollte er keine Versicherung, und ich, vielleicht von ihm beeinflusst, erinnerte ihn nur daran, beharrte aber nie darauf, diese Versicherung abzuschließen. Und so hatten wir letztlich keine.

Nachdem wir die bevorstehende Tour ausgiebig besprochen hatten, kehrten wir in die Höhle zurück und aßen von den weißen Bohnen, die wir in Grindelwald gekauft hatten. Sie schmeckten unglaublich lecker. Danach setzten wir uns zufrieden hin, um uns auszuruhen und das Essen zu verdauen. Fast die ganze Zeit war Emo schweigsam und sah besorgt aus. Aber worüber? Vielleicht stimmte er sich so auf die große Herausforderung ein, die uns bevorstand. Und dann plötzlich, während wir vor der Höhle in der Sonne saßen, offenbarte mein Freund mit einem einzigen Satz seinen Kummer, der, wie sich sogleich zeigen sollte, mit mir zu tun hatte: „Ignat, bist du sicher, dass du diese Tour machen willst und kannst?" „Ja, ich will", entgegnete ich, „aber jetzt ist es zu früh, um etwas Bestimmtes zu sagen. Es könnte alles passieren. Lass und losgehen und sehen, was auf uns zukommt." Es könnte passieren, dass wir schon am Anfang umkehren müssen. Ich persönlich hatte den großen Wunsch, loszugehen. Heute kann ich gestehen, dass ich mir keineswegs sicher war. Dagegen glaubte ich vorbehaltlos an Emo. In all den Monaten der Vorbereitung konnte ich mich davon überzeugen, dass er nicht nur vorbildlich kletterte und über immense Kräfte verfügte, sondern er stieg immer mit hoch, wenn ich führte und unterstützte mich dabei auch psychisch. Er flößte mir stets Mut ein und besaß die Fähigkeit, sich die Passagen als Bewegungen, Griffe und Schritte zu merken, und er hat mir sehr oft geholfen, indem er mir konkrete Anweisungen gab, wie genau ich eine schwierige Passage bewältigen sollte. Ich hatte das Gefühl, dass ich mit ihm sogar in die Hölle steigen oder, wie in diesem Fall, hinaufklettern könnte.

Unsere nächste Pflicht war die Vorbereitung des Gepäcks für den kommenden Tag. Wir wendeten folgende bewährte Methode an: Wir breiteten eine Plane auf der Erde aus und nahmen die ganze Ausrüstung heraus. Wir überlegten zusammen, was wir brauchten und legten es auf die Plane. Dann sortierten wir aus und stellten schon einiges zur Seite. Das Inventar musste gut geordnet sein, damit wir es bequem nutzen konnte. Wir wollten mit einem Doppelseil klettern – 50 Meter, 8,5 mm; ferner brauchten wir Hilfsseile und Schlingen zum Abseilen, falls wir zurückkehrten. Wir packten 11 Schlingen mit Karabinern, ein Klemmkeil-Set und 2 Hexentric – Nummer 7 und 8 ein. Emo hasste sie sehr, aber diesmal willigte er ein, sie mitzunehmen. Hinzu kamen noch Jümar[5], Klemmkeilentferner und Sicherungsplatten.

---

[5] Jümar: eine spezielle Steigklemme in Form eines Handgriffs. Verwendet wird er zum Selbstklettern am Seil.

An den Sitzgurten trugen wir Selbstsicherungsbandschlingen mit Schraub-karabinern. So würden wir auf den Standplätzen keine Zeit verlieren. Natürlich nahmen wir auch noch Kletterschuhe und Unmengen Magnesia[6] mit, weil die Tour lang und schwierig wird. Ich nahm einen Schutzhelm mit, Emo war kein Fan dieses Artikels und wollte „oben ohne" klettern.

Als Proviant vorgesehen waren 1,5 l Wasser, 8 Waffeln und 8 belegte Brote – 4 mit Wurst und 4 mit Nutella.

An Kleidung nahmen wir je einen Polar[7], einen Windstopper für beide und einen Poncho für alle Fälle mit. Im kleinen Rucksack steckte der Fotoapparat, aber ich weiß nicht mehr genau, ob wir ihn nach dem letzten Aussortieren tatsächlich mitgenommen oder in der Höhle zurückgelassen haben. Vielleicht wäre uns beim Klettern der Sinn nicht nach Fotos gewesen und wir hätten einfach keine Zeit gehabt. Emo war dafür, nicht so viel Gepäck mitzuschleppen und deshalb steckte ich später heimlich seine Windstopper-Hose, seine dünnen Handschuhe und seine Mütze in den Rucksack. Wir besteigen doch den Eiger!

Später fiel uns ein, ein paar Streifen Hansaplast und Aspirin mitzunehmen. Das war unsere gesamte Reiseapotheke, wir hatten keine anderen Medikamente und auch kein Verbandmaterial. Wir hofften, dass wir es nicht brauchen würden.

Wir aßen etwas früher Abendbrot und spazierten dann zur Hütte. Von dort riefen wir mit einer Telefonkarte zuerst zu Hause und dann den „Bulgartabac"-Chef an, um uns zu erkundigen, ob es etwas Neues zum Thema „Sponsoring" gab. Wir waren bereits in der Schweiz und hatten das Budget für diese Reise allein arrangiert, aber wir hatten nichts dagegen, nach unserer Rückkehr etwas Geld zu bekommen. Wir konnten dann gleich eine neue ähnliche Expedition vorbereiten und organisieren, obwohl mir dieses gewaltige Wort im Zusammenhang mit unserem bescheidenen Abenteuer etwas übertrieben schien. Am Morgen wollten wir uns auf den Weg machen, und keiner würde davon wissen. Wir hatten kein Handy dabei, um im Notfall Hilfe rufen zu können.

Aus heutiger Sicht mag die Verwirklichung dieses Abenteuers etwas merkwür-dig und vielleicht sogar verantwortungslos erscheinen, aber gerade darin bestand sein Reiz und deswegen war es als Erlebnis so stark und einmalig.

Der „Bulgartabac"-Chef erteilte uns eine Absage, was aber keinesfalls unsere Laune trübte. Es gab kein Zurück mehr. Deshalb beschlossen wir, früher zu Bett zu gehen, obwohl wir überhaupt nicht müde waren. Aber so würden sich wenigstens unsere Körper entspannen.

---

[6] Magnesia: ein Pulver, das das Schwitzen der Hände vermindert.Es macht das Greifen am Felsen sicherer.
[7] Polarkleidung: leichte Funktionskleidung.

Emil:

Bevor ich in den Schlafsack kroch, zündete ich die Kerzen an, die mir meine Mutter vor der Abreise gegeben hatte. Die Sonne war noch nicht ganz untergegangen. Mein Herz schlug wie wild und ließ mich nicht einschlafen. Ich atmete gleichmäßig, zählte im Gedanken von eins bis zur Unendlichkeit und versuchte dabei, meine Gedanken auf die Zahlen zu konzentrieren und auf keinen Fall zuzulassen, dass mich das Bevorstehende voll und ganz in seinen Bann zog. Ignat hatte es auch nicht leichter; er wälzte sich in seinem Schlafsack hin und her, was mich einigermaßen beruhigte, denn wie heißt es so treffend? – geteiltes Leid ist halbes Leid.

Plötzlich spürte ich, dass irgendein Tier in meinen Schlafsack kroch, was mein Herz noch schneller schlagen ließ. Deshalb wurde ich ganz still. Das Tier spürte das und regte sich für einen kurzen Augenblick auch nicht mehr. Ich dachte zunächst, dass ich mir das alles nur einbildete. Kurz darauf hatte ich das Gefühl, dass dieses freche Wesen in meinem Schlafsack zu zerlaufen schien. Ich sprang wie verrückt auf, öffnete blitzschnell den Reißverschluss, laut fluchend und mit den Füßen stampfend, weil ich auf diese Weise versuchte, das Tier wegzujagen. Das Biest verschwand tatsächlich. „Das war eine Illusion!", schimpfte ich und legte mich erneut hin. Ignat sah mich mit fragendem Blick an, und in seinem Gesicht sah ich die Sorge über die bevorstehende Besteigung. Dann versuchte ich, mich einigermaßen zu beruhigen und schlief endlich auch ein.

Ich hatte einen merkwürdigen Traum, der – statt mich zu beruhigen – mich noch mehr verwirrte. Es gibt Momente, in denen ich an Träume, an Sachen, die zufällig zu passieren scheinen, an Düfte und blitzschnelle Gedanken, an Gespenster und an Welten, die später in der Realität erscheinen, glaubte. So war es auch dieses Mal.

Ich träumte, dass ich mit Borjana bei meiner Mutter in meiner Heimatstadt Biala Slatina, unweit von Vraza, war, in dem Haus, in dem ich aufgewachsen bin. Dort versuchten wir, auf das Dach eines kleinen Gebäudes im Hof zu klettern. Im Traum war dieses Hochsteigen gar nicht leicht. Ich fiel oft vor Angst und versuchte immer wieder hochzuklettern.

Ignat:

In den Schlafsäcken eingemummt und auf dem Bauch liegend sahen wir uns die Skizze der Route wieder gründlich an und versuchten, sie uns möglichst vollständig und genau zu merken. Wir stellten die Uhr auf halb drei. Wir beteten, dass alles gut verlief und die Besteigung von Erfolg gekrönt würde. Jeder von uns hatte gemischte Gedanken und Gefühle. Ich persönlich dachte in diesem Augenblick an schrecklich viele Sachen. An mein Leben, daran, was mich hierher geführt hatte.

An die Hartnäckigkeit, mit der ich diese Idee verfolgt hatte. An Emo und an die Art und Weise, wie ich ihn getroffen hatte, daran, dass er gerade mich zum Freund und Kletterpartner auserwählt hatte, daran, dass er mir momentan der nächste Mensch war.

Ich dachte an meine Mutter, wie sehr sie sich wohl Sorgen machte, an meinen Vater, mit dem ich mich vor der Abreise nicht so gut verstanden und sogar gestritten hatte. Das belastete mich schon lange und machte mir schwer zu schaffen. Innerlich bat ich ihn um Verzeihung und selbst vergab ich ihm alles. Ich dachte auch an meinen Bruder, der, obwohl er nichts vom Bergsteigen verstand, mich immer unterstützt hatte, als ich ihm begeistert über den Eiger und die bevorstehende Fahrt erzählte. Ich dachte an Oma und Opa und überhaupt an alle, die auf irgendeine Weise mit meinem Leben in Verbindung standen und es beeinflusst und darin Spuren hinterlassen hatten.

Wieder hatte ich das Gefühl, dass es hier spukte. Als ob jemandes Geist versuchte, uns zu entmutigen und zu stoppen. Ich stellte mir vor, dass die an der Wand Verunglückten als Gebirgsvögel wiedergeboren werden, uns morgens weckten und uns auslachten.

Die Entscheidung war aber gefallen und am nächsten Tag, dem 19. Juli, 4 Tage nach unserer Ankunft, wollten wir aufbrechen. Trotz der Aufregung und dieser bedrückenden Gedanken befiel uns ein unruhiger Schlaf.

Jetzt blieben nur die wahren Taten übrig. Die Antworten auf alle Fragen würden nach ein paar Stunden klar sein.

Wohin Du auch gehst,
geh mit Deinem ganzen Herzen.

Konfuzius

Der Weg ist nicht schwer,
die Schwierigkeit ist der Weg.

Die Route „Le Chant du Cygne"
Die Eigernordwand

Erstbesteiger: Daniel Anker, Michel Piola,
29.-30.07.1991 und 17.-18.07.1992
Schwierigkeitsgrad: 7a+
Höhenunterschied: 900 m
Unglaubliches Freeclimbing an einer der
beeindruckendsten Wände der Alpen

(1) die erste passende Biwakstelle
(2) die bröckeligen Passagen
(3) die schwierige Verschneidung
(4) die zweite passende Biwakstelle
(5) der schwierige Spalt mit dem Sprung
(6) der Absturz
(7) das Biwak

R9: neunte Seillänge

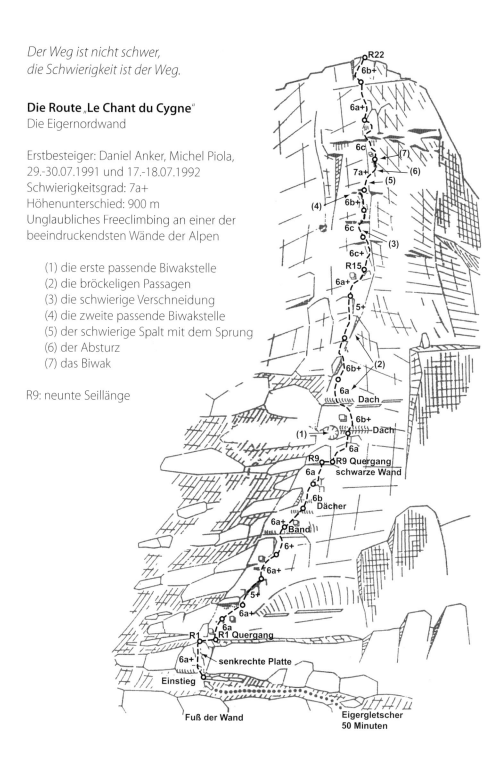

IN DEN FESSELN UNSERES EIGENEN URTEILS
(Die Besteigung, 19.-20. Juli)

Ignat:

19. Juli 1998 – für uns ein unvergessliches Datum.

Emos Uhr klingelte um halb drei. Ich erwartete dieses Zeichen zum Aufstehen mit größter Ungeduld. Alles ist eine Frage der Einstellung und der psychischen Vorbereitung. Es gab kein Zögern, es wäre in diesem Moment fehl am Platz gewesen. Alles in uns war auf das Ziel gerichtet, unsere Motivation für die Besteigung war unerschütterlich. Eben deswegen stand ich trotz der frühen Stunde ganz leicht auf. Ich fühlte mich wie ein Energiebündel, als ob ich in eine Schlacht ging. Dieses Gefühl habe ich noch einmal verspürt, einige Jahre später beim Besteigen der Nordwand von Civetta, und bin mir absolut sicher, dass Soldaten, die in den Kampf auf Leben und Tod ziehen, sich ähnlich fühlen. Die geistige Energie lässt keinen Platz für Zögern und Zweifeln, sie zwingt Dich, wie eine Maschine zu funktionieren und Dich wie ein Fels zu fühlen. Ich glaubte, ich könnte tagelang gehen und klettern, ich sprühte vor Energie und Elan.

Emil:

Nachdem die Uhr den Tag – unseren Tag! – eingeläutet hatte, stand Ignat schnell auf und bereitete unseren Morgentrunk zu. Ich genoss noch kuschelnd die Momente im Schlafsack und wünschte mir, die Zeit anhalten und so verweilen zu können, um die Wärme und Behaglichkeit länger auszukosten. Ignat nötigte mich zum Aufstehen und durchkreuzte so meine Wünsche. Zwangsweise aßen wir eine Kleinigkeit. Jeden Bissen musste ich mühevoll kauen, langsam und ohne Lust, bis ich irgendwann in der Lage war, ihn hinunterzuschlucken. Ich hatte keinen Appetit, riss mich aber zusammen, denn später würde ich die Energie jedes einzelnen Happen bitter nötig haben.

Ignat:

Bald wurde es halb vier und erst jetzt sahen wir ein, dass es noch ziemlich früh war. Trotz der Dunkelheit hätten wir in einer halben Stunde den Anfang der Tour erreicht, und dort hätten wir nichts gesehen. Der Schwierigkeitsgrad, der uns erwartete, war nicht zu unterschätzen, und das Klettern mit Stirnlampen wäre nicht gerade angenehm gewesen. Außerdem gab es dort nicht alle zwei bis drei Meter Spits, die uns in der Dunkelheit den Weg weisen konnten. Deswegen setzten wir uns für eine Weile hin und warteten darauf, dass die Zeit etwas vorrückte.

Doch wir hatten keine Geduld. Wir wollten so früh wie möglich aufbrechen, um genug Zeit zu haben.

Und dann, um vier Uhr, hielten wir es nicht länger aus, machten uns auf den Weg und verließen unser „Haus" für ungewisse Zeit in der Hoffnung, wieder zurückzukehren.

Emil:

Wir brachen zur Wand auf. Es war noch dunkel und ganz still. Ein leichter Wind streichelte unsere Gesichter und wir gingen mit mäßigem Tempo den Pfad hinunter. Nach ein paar Kurven führte der Hauptpfad weiter zum Grindelwaldtal, aber wir bogen rechts ab zu den Eiswehen, die unter der Wand eine Art weiße Barriere bildeten.

Die von uns angelegten Stufen waren fast verschwunden, weil es warm war und am Tag der Schnee schnell taute.

Ganz vorsichtig stiegen wir zum Ausgangspunkt, und nach der Eisbarriere gelangten wir zum Anfang der Route. Während wir gingen, sprachen wir nicht. Es gab auch nichts, worüber wir reden konnten, jeder versuchte auf seine eigene Weise sich auf das bevorstehende Klettern zu konzentrieren. Wir gehören zu denjenigen Menschen, die ihre Umwelt mit dem Herzen und den Gefühlen wahrnehmen. Alles, was wir über diese Wand gelesen hatten, hatte sich in unser Gedächtnis tief eingeprägt. Ich dachte an absolut nichts, ging einfach den Weg zur Wand, schnallte den Sitzgurt an, band mich an das Seil und sagte: „Okay, mal sehen, was wir hier machen können." Dann ging es los. Mit dem Licht der Stirnlampe konnte ich die nächsten paar Meter besser sehen und mich darauf konzentrieren. Dort, wo es Bohrhaken gab, klinkte ich mich ein und ging weiter. Wir waren hier und handelten. Die Energie, die sich jahrelang angesammelt und konzentriert hatte, fokussierte sich genau auf diesen Augenblick der Ewigkeit, den Augenblick der Verwirklichung. Ich kletterte, und das Seil schien mir endlos. Kurz vor seinem Ende schrie Ignat laut. Das bedeutete, dass ich ganze 50 Meter zurückgelegt hatte. Der Standplatz war breit, aber mit feinen Steinchen übersät, weshalb mein Hinaufsteigen eher einem Kriechen als einem Klettern glich. Ganz vorsichtig stützte ich meinen Körper ab und erreichte die beiden Spits, an denen ich mich selber absicherte, und dann rief ich Ignat zu, dass er losgehen soll. Als Zweiter trug er den Rucksack, damit ich es nicht so schwer hatte. Meine Aufgabe bestand darin, den Weg nach oben zu sichern und so die Probleme an der Wand schnell und ohne Risiko zu lösen. In diesem Augenblick fühlte ich mich in vollem Einklang mit den mich umgebenden Felsen. Die Tatsache, dass ich dort war, erfüllte mich mit einer inneren Überzeugung und Sicherheit, die auch meine Kondition beeinflussten. Ich war ein Teil des Felsens und er war ein Teil von mir. Es gab keine Spur von quälenden Fragen wie: Wofür tust Du das? Wer braucht das? Als Ignat zu mir kam, sagte er, dass ich einen Haken verpasst hatte. Wahrscheinlich hatte ich ihn in meiner Trance während der Bewegungen auf dem Felsen nicht bemerkt und mich auf den nächsten Griff konzentriert, statt nach dem nächsten Spit zu suchen.

Die Sicherungen waren gut, mit großem, aber ausreichendem Abstand. Und wie würde es weiter oben aussehen? Insgeheim hoffte ich, dass es bis zum Ende der Route so aussäh, aber uns standen noch Hunderte von Metern Felsen voller Fragezeichen bevor.

Ignat:

Mein Freund führte auch die zweite und die dritte Seillänge. Vom starken Wind hatten wir eine zeitweilige Magenverstimmung bekommen, was aber teilweise auch mit der psychischen Anspannung und dem frühen Aufstehen zusammenhing. Aber in Wirklichkeit waren wir zu leicht angezogen. Emo trug zunächst nur ein dünnes Shirt und hatte schon am Anfang einen der Reservepolars übergezogen; und ich trug nur ein T-Shirt und einen Polar.

Wir mussten bald zur Toilette und waren froh, dass die Standplätze doch etwas breiter waren. Eigentlich waren sie 2 bis 3 Meter breit und je 20 bis 30 Meter lang, abfallende Simse, mit Steinen übersät. Diese schob das Seil hinunter, aber da die Tour diagonal verlief, stellten sie für den Zweiten in der Seilschaft keine Gefahr dar. Nachdem wir uns erleichtert hatten, führte ich die vierte Seillänge und im Wesentlichen auch die nächsten an. Wenn ich heute zurückdenke, hatten wir beide fast die gleiche Zahl Seile geführt, nur hatte ich sie bis zur Kategorie 7- geführt, Emo alles darüber.

Glatte Platten und Vorsprünge wechselten sich ab mit kleinen Vordächern. Der Fels war unglaublich sauber, glatt und massiv. Die Griffe waren aufrecht und hielten fest, besonders, wenn man sie etwas tiefer fasste. Wenn wir dann mit den Füßen nachrückten, musste man sie immer mehr anspannen, was logischerweise die Müdigkeit in die Hände trieb. Die Sicherungen waren gute Spits an den Standplätzen, und bis zum 10. Seil gab es auch einen Abseilkarabiner an jedem Stand. Die Zwischenspits waren 7 bis 10 Meter voneinander entfernt und ich kann fest behaupten, dass keine Möglichkeit für eine zusätzliche Sicherung durch Friends und Keilklemmen bestand. Hier und da gab es ein paar Löcher, aber weiter unten wurden sie enger, so dass die Friends darin kaum hielten. Eigentlich war das alles für uns ganz gut, da wir sonst viel wertvolle Zeit vergeudet hätten. Jetzt kletterten wir schnell und sauber. Und die permanenten Bohrhaken waren so angelegt, dass sie die schwierigsten Passagen danach unmittelbar sicherten. Deshalb hatte ich auch keine Probleme mit dem 7. Schwierigkeitsgrad.

Und so, mit 4 bis 5 Spits pro Seil, kletterten wir mit maximaler Geschwindigkeit und kamen schnell vorwärts. Unabhängig davon, ob ich als Erster oder Zweiter stieg, dachte ich vor allem daran, flott zu klettern, da es immerhin 22 Seile oder fast 1000 Meter waren und wir einfach keine Zeit zu verlieren hatten. Zwar hatte ich noch keine klare Vorstellung davon, wie wir diese Strecke in einem Tag schaffen würden, aber ich wusste, dass hier jede Sekunde zählt. Ich tat meinen Job und der bestand darin, zu klettern.

Die Tour war außerordentlich schön, das Klettern elegant, rein und ohne viele Stopps. Das machte uns unglaublich großen Spaß und verlieh uns ein Gefühl der Freiheit, die gerade auf dieses schnelle Vorwärtskommen zurückzuführen war. Seltene Sicherungen und Freeclimbing – das ist der Schlüssel zum Glück. „Tempo, Tempo", wiederholte ich mir ununterbrochen. Ich weiß nicht warum, aber in meiner Phantasie stellte ich mir vor, dass ich Michel Piola wäre (der Erstbesteiger dieser Tour), weil ich mir einbildete, wie ein Franzose gekleidet zu sein. Damals wusste ich noch nicht, dass er Schweizer war. Vielleicht hatte mir der Klang des Namens gefallen – Michel Piola. In Wirklichkeit hatte ich einen Polar an – nicht einmal Markenware –, den mir meine Mutter unmittelbar vor unserer Abfahrt in Bulgarien geschenkt hatte. Sie hatte ihn von mir zum Namenstag bekommen und ich wollte ihn nicht annehmen, aber schließlich ließ ich mich überzeugen, dass ich ihn hier, genau an der Eigernordwand, doch brauchen könnte. Da ich den ganzen Tag fror, bemühte ich mich, möglichst schnell zu klettern.

Emil:

Und so ging es immer weiter. Der Turm erhob sich rechts von uns, und mit jedem weiteren Seil entfernten wir uns von unserem Startpunkt nicht nur senkrecht, sondern auch waagerecht. Das bedeutet, dass der Zweite, der den Rucksack trug, in der Tat absolut keine Möglichkeit hatte, die Route zu beeinflussen und voll und ganz auf die Sicherheit des Seils vertrauen musste. Dabei musste er sich ebenso konzentrieren wie der Vorsteiger, denn bei einem Sturz hätte er nicht wieder zur Route zurückkehren können. Die endlosen Traversen und seltenen Sicherungen würden zu einem seitlichen Sturz führen, bei dem man sich ernsthaft verletzen könnte.

Inzwischen war es hell geworden. Wir sahen, dass die Sonne das Tal erleuchtete, wir aber kletterten im Schatten. Die Windstöße ließen unsere Körper auf den glatten Platten hin und her schwingen, wobei wir uns nur mit den Fingerspitzen an den klitzekleinen Griffen hielten. Ich weiß nicht, ob es an der Aufregung oder am dürftigen Essen lag, aber ich musste dringend aufs stille Örtchen. An einem der Standplätze hielt ich es nicht mehr aus und mit verschiedenen Zirkustricks gelang es mir, meine Hose auszuziehen und meinen Darm zu erleichtern. Ignat schloss sich an, weil auch sein Magen streikte. Wie wir wohl in diesem Augenblick ausgesehen haben?

Ignat führte an und ich nahm den Rucksack. Ich wunderte mich, womit wir ihn wohl gefüllt hatten, weil er so schwer war.

„Hey, sag mal, was haben wir alles in diesen Rucksack gesteckt, er ist so schwer? Gestern Abend schien er mir leichter!?"

Er zählte alles auf, was wir abgemacht hatten mitzunehmen, dazu noch einen Poncho und einen Pullover. Ich war empört, worauf er mir entgegnete, dass wir keinesfalls einfach so mit nichts hätten aufbrechen können, wie zu einer „Hochzeit", weil das eine große Wand sei. Ich selber bin nicht so schwer, und jedes zusätzliche Kilo im verdammten Rucksack nervte und strengte mich ungeheuer an.

Ich kletterte und stöhnte, schleppte das Gewicht Meter für Meter zum nächsten Standplatz und nahm die Sachen so hin, wie sie waren. Ich konnte den Rucksack nicht einfach vom Rücken nehmen und ihn mit gutem Gewissen in den Abgrund schmettern. Damit hätte ich zwar ein Problem gelöst, gleichzeitig aber viele andere geschaffen.

Ignat:

„Tempo, Tempo, ich bin Michel Piola!" Inzwischen waren 5 Stunden vergangen und 10 Seile oder etwa 480 Meter überwunden. SPITZE!!! Die schwierigsten Seile aber lagen noch vor uns. Würden wir noch genug Kraft haben? Wie ein Blitz schoss mir dieser Gedanke durch den Kopf.

In diesem Teil führte ich die meisten Seile an, Emo musste seine Kräfte für die schwierigen Passagen im oberen Drittel der Tour sparen. Offensichtlich geschah aber genau das Gegenteil. Der Rucksack war ziemlich schwer und statt sich auszuruhen wurde Emo als Zweiter schneller müde. Immerhin verlief die Tour über lange Strecken im Schwierigkeitsgrad 7, und mit einem 8 kg schweren Rucksack ist das kein Zuckerschlecken. Doch bisher waren wir mit unserem Tempo sehr zufrieden. Wir erreichten den ersten Biwakplatz. Das war eine wirklich bequeme Nische unter einer riesigen Decke, wunderbar geschützt vor Steinschlägen und Regenfällen. Wir hatten nicht vor zu biwakieren, sondern aßen nur eine Waffel und tranken einen Schluck Wasser. Da wir nicht wussten, was noch kommen wird, mussten wir mit unserem Wasser sparsam umgehen. Wir hatten die Hälfte der Tour geschafft. Hier waren wir vom „Rest der Welt" schon weit entfernt. Den Pfad, der unter der Wand verlief, konnten wir nicht mehr sehen, und auch die Menschen nicht, die in diesem Augenblick sicher darauf spazieren gingen.

Wir sahen nur die schiefen Platten der Felsen als weiße Flecken und einen tiefen Abgrund, der im Nichts verschwand.

Falls ich um Hilfe rufen müsste, würde mich keiner hören. Das waren wirklich kolossale Dimensionen. Sogar diese Worte scheinen mir zu schwach, um die Ausmaße dieser monströsen Wand zu beschreiben. Sie ist ja fast 2 km hoch und nahezu ebenso breit. Das, was von unten wie ein etwas größerer Standplatz aussieht, hat tatsächlich Ausmaße eines Fußballplatzes. Die Darstellungen im Kletterführer machten uns glauben, dass die einzelnen Routen ganz nah nebeneinander verlaufen und man ganz leicht von einer Route zur anderen wechseln kann. In Wirklichkeit sind die Abstände zwischen ihnen riesengroß.

Wir hatten zwar noch reichlich Kräfte, aber zwangsläufig ermüdeten wir allmählich – sowohl physisch als auch psychisch. Und es lag noch so viel vor uns. Emo führte das 11. und das 13. Seil an, sie waren wesentlich schwieriger. Als ich als Zweiter in der Seilschaft eine Decke passierte, brach eine Stufe ab und ich hing erschrocken über dem Abgrund. Aber es gab keine Zeit für Angst und Panik, ich rief meinem Freund zu, er solle mich festhalten, zog mich schnell hoch und kletterte weiter. Mit steigender Höhe wurde die Aussicht immer schöner und unglaublich bezaubernd. Das war eine andere Welt, die mich verzauberte und in ihren Bann zog. Besonders interessant war es für mich, ab und zu links auf die klassische Tour dieser Wand zu schauen, der Route aus dem Jahr 1938, mit den Eisfeldern, allen anderen typischen Plätzen und der Überquerung. Sehr oft hörte man Steine herunterfallen, was von dem die Wand hinabfließenden Wasser verursacht wurde. Gut, dass wir nicht dort waren. Aber auch an dieser Route hier war es nicht einfach. Die Rampe wurde sogar von der Nachmittagssonne beleuchtet. Sie wärmte uns aber nicht.

Ich führte das 14. und das 15. Seil an und war fast am Ende meiner physischen und psychischen Kräfte. Ich kletterte das letzte Seil und hielt beim Spit an, um auszuruhen. Nachdem ich genug Kräfte gesammelt und die nächsten 7 bis 8 Meter ins Auge gefasst hatte, ging ich schnell hinauf und erreichte in einem Atemzug die nächste Sicherung. Ich hängte die Schlinge ein, hielt mich an ihr fest, klinkte mit allerletzter Kraft das Seil in den Karabiner ein und ließ mich wieder hängen, um nach Luft zu schnappen. Immerhin ermutigte mich mein Freund mit Zurufen und Lob, und irgendwie bewältigte ich meine Aufgabe.

Jetzt waren wir schon am Anfang des 14. Seils, mit dem die schwierigen und bröckeligen Passagen begannen. Bis zu dieser Stelle war der Fels ausgezeichnet, fest und sauber außer an den bereits erwähnten schiefen Simsen, die mit Steinen übersät waren. Die Schwierigkeit bestand vor allem im Hinaustreten auf diese Platten, da die Griffe auf ihnen frei anliegende Steine waren, die sich dort auf merkwürdige und unerklärliche Art und Weise angehäuft hatten. Aber das hatten wir hinter uns. Jetzt erwartete uns endlich das Wesentliche der Tour, die Schlüsselstelle. Die schwierigsten Seile häufen sich gerade hier, wo auch der Bergsteiger am Ende ist – am Ende seiner physischen und psychischen Kraft. Obendrein noch waren die beiden nächsten Seile ziemlich bröckelig und verliefen senkrecht und sogar überhängend.

Emo führte und ruhte sich an jedem Haken aus, und ich sah ganz deutlich, dass auch er total erschöpft war. Dass er als Zweiter mit dem Rucksack geklettert war, hatte ihn nicht weniger als mich kaputt gemacht und er atmete schwer, rang nach Sauerstoff, der seinen schlaffen Muskeln neue Kraft einflößen sollte. Die Energie, die wir am Anfang fühlten und die uns unerschöpflich schien, war irgendwo in den unteren Seilen verschwunden. Die Zeit verging und obwohl wir die ersten 10 Seile sehr schnell hochgestiegen waren, kletterten wir jedes weitere immer langsamer. Ich hatte das Gefühl, dass wir schon seit einer Ewigkeit klettern und dieser Fels kein Ende nehmen wollte. Tatsächlich verlangsamten wir das Tempo mit jedem weiteren Meter. Emo atmete immer schwerer und ruhte sich an den Spits immer länger aus. Da begann ich mir ernsthaft Sorgen zu machen, dass wir es nicht schaffen würden. Das war ein grausamer Schwierigkeitsgrad, so einer, den ich auch mit frischen Kräften und ohne Rucksack nicht schaffen würde, geschweige denn in meinem jetzigen Zustand. Deswegen begann ich mir zusätzlich mit dem Jümar zu helfen. Ich schloss ihn direkt an beide Seile an, und es war mir egal, ob das richtig war oder nicht. Ich sah, dass es funktionierte und wollte nicht an die Lehrbuchregeln denken. Nur mit der Kraft meiner Hände erreichte ich den nächsten Haken. Dort hängte ich mich an und befreite die Seile, damit Emo sie einsammeln konnte. Auf diese Weise blieb keine lange Schlaufe übrig, die, falls sie sich irgendwo verfing, mir großen Ärger bereiten könnte. Das erschöpfte mich noch mehr und bald begannen meine Finger sich zu verkrampfen.

An einer Stelle gab es drei Spits in nur zwei Metern Abstand und wir freuten uns sehr. Leider währte unsere Freude nur kurz, da sich herausstellte, dass danach 20 Meter Klettern mit Selbstsicherung folgten. Da brauchten wir die Klemmkeile[1] und die Friends.

Emil:

Ich hatte erneut die Führung übernommen. Die Verschneidung, zu der ich gelangen musste, war von einer Decke versperrt. Sie war nicht so schwer, wie es zunächst aussah, aber ich fühlte, dass ich schnell atmete und dass ich allmählich ermattete. Ich ging auf die Verschneidung, kletterte rhythmisch mit aufeinanderfolgenden Bewegungen, legte meine Finger in den schmalen Spalt, der sich in der Ecke des Winkels gebildet hatte und der seiner Ideallinie folgte. Nach etwa 10 Metern verschwand der Riss, ich hatte unterwegs zwei Klemmkeile angelegt, um mich zusätzlich abzusichern und oben sah es schlecht aus. Ich musterte die Wand fieberhaft von allen Seiten und suchte

---

[1] Klemmkeil: Metallhilfsmittel in Form eines Pyramidenstumpfs, der in den Felsspalt geklemmt wird. Hergestellt wird er in verschiedener Größe und Form. Er dient als Hilfsmittel auf Felsflächen ohne permanente Sicherung.

nach dem richtigen Weg, fand aber nichts Passendes, und das ließ mich regelrecht verzweifeln.

„Das gibt's doch nicht!"

„Verdammt, wohin jetzt!?"

„Überleg, Emo! Schau mal! Kopf hoch!", sagte ich mir.

„Ignat, siehst Du irgendeinen Bohrhaken?", rief ich Ignat zu, erhielt aber eine negative Antwort.

Ich kletterte ein wenig hinunter und hielt ein paar Zentimeter unter dem letzten Klemmkeil inne. Dann schaute ich mich aus einer anderen Perspektive um, suchte nach irgendeiner Greifmöglichkeit oder nur einem Spit, der mir den richtigen Weg zeigte. Kurz darauf sah ich ihn. Er war an der linken Seite der Verschneidung fest angebracht. Ich nahm den letzten Klemmkeil und kletterte vorsichtig noch paar Meter hinunter, und von dort stieg ich auf die glatte Platte links.

Wir hatten fast nichts gegessen. Wir waren dermaßen müde und atmeten so schnell, dass nach ein paar Sätzen jeder von uns stehen bleiben musste, um seinen Atmen zu beruhigen und zu Ende sprechen zu können. Das war meine Schuld, denn ich dachte überhaupt nicht ans Ausruhen, nachdem Ignat vorgeschlagen hatte, eine Pause einzulegen und ein Butterbrot zu essen. Schließlich willigte ich ein. Wir aßen nur eine Waffel und gingen dann weiter. Ich träumte davon, den Gipfel zu erreichen und dann möglichst schnell wieder zu verschwinden.

Ignat:

Ich war so erschöpft, dass ich jedes Mal, wenn wir zusammenkamen, den Wunsch äußerte, eine etwas längere Pause einzulegen. Wir kletterten bereits seit 12 Stunden ohne Unterbrechung, aber Emo bestand darauf, weiterzusteigen. Immerhin willigte er dann doch plötzlich ein, anzuhalten und eine Waffel zu essen, die zweite an diesem Tag. Wir verließen uns auf unsere Kräfte und auf unsere starke Psyche, wie es bei allen großen Besteigungen üblich ist. Bei solchen Extremrouten verspürt man normalerweise keinen so großen Hunger.

Zur Waffel tranken wir einen Schluck Wasser, aber das stillte keinesfalls den schrecklichen Durst, der mich zu quälen begann. Doch das war eher ein psychisches Problem nach dem Motto: Wenn ich sowieso sterben muss, dann wollte ich wenigstens nicht durstig sterben. Ich bat Emo anzuhalten, damit ich einen Schluck Wasser trinken kann. Aber er lehnte ab. Ich fand mich damit ab, weil man das Wasser gleichmäßig verteilen muss, was bedeutete, dass wir immer zur gleichen Zeit tranken. Als ich an der Reihe war, den Weg aufwärts zu finden, konnte ich es nicht mehr aushalten und trank ein paar Schlückchen. Das half einigermaßen, aber nur bis zum nächsten Standplatz.

Wir waren beide schon todmüde und ich machte mir ernsthaft Sorgen, dass uns in diesem Zustand etwas passieren könnte. Ich spürte selbst, dass ich mich beim Sichern nicht mehr so richtig konzentrieren konnte.

Mit großer Mühe gelangten wir bis zum Ende des 18. Seils, wo der zweite Biwakplatz liegt. Dieser Platz bestand im Wesentlichen aus riesengroßen Felsblöcken, die aussahen, als würden sie jeden Augenblick in den Abgrund stürzen. Vielleicht musste man das Biwak zwischen ihnen und der Wand aufbauen, was mir allerdings absurd vorkam. In diesem Augenblick gingen wir auf diesem Haufen spazieren und allein sein Aussehen ließ uns vor Angst zittern. Emo war total erschöpft und forderte mich auf, wenigstens noch bis zum nächsten Bohrhaken anzuführen, d.h. noch etwa 10 Meter. Ich lehnte entschieden ab, weil ich fürchtete, dass ich bei der Führung abstürzen würde. Um ihn machte ich mir auch ernsthafte Sorgen. Er war so ermattet, dass sich die Gefahr eines Sturzes auch bei ihm mit jedem weiteren Meter erhöhte.

Allmählich begann ich nicht nur von einer längeren Pause, sondern auch von einem möglichen Biwak zu reden. Ich war total k.o.! Schon bei der kleinsten Bewegung wurden meine Hände steif und meine starke Psyche hatte sich in Wohlgefallen aufgelöst.

Hatte diese verdammte Wand, diese schreckliche Route, diese Qual überhaupt kein Ende?! Wir waren doch schon eine Ewigkeit geklettert! War das unser seelischer Reinigungsort? Und wohin bewegten wir uns – ins Paradies oder in die Hölle?

Wahrscheinlich hatten wir uns überschätzt – dachte ich mir – ja, stimmt! Wir waren einfach nicht darauf vorbereitet und allem Anschein nach hörte für uns der Weg hier auf. Wollten wir zu viel?

Diese Wand ist nicht jedermanns Sache!

Die Verzweiflung übermannte mich immer mehr. Ich wusste nicht, wie wir hier wieder herauskommen würden. Als ob sich etwas oder jemand an uns rächen wollte. Oder sühnten wir jemandes unheilvollen Fluch?

WARUM HATTE DIESE VERDAMMTE WAND KEIN ENDE?

Emil:

Das Wetter hatte sich verschlechtert, der Wind blies immer stärker.

Wir traten in die Zone des Telegrafierens. So nannte ich den Zustand, wenn die Angst während des Kletterns nach und nach über die Ruhe die Oberhand gewinnt. Meine Füße zitterten. Dann wurden die Schritte und Griffe immer unsicherer. All das endet mit einem Sturz in den Abgrund, getragen von der Hoffnung, dass das Seil und die Felshaken halten.

„Hört doch auf … hört auf zu zittern … ach, verdammt … hört auf zu zittern …", sagte ich zu meinen Füßen. Sie gehorchten mir nicht und das ärgerte mich, brachte mich aber gleichzeitig auch zum Lachen. Dieses Gespräch mit meinen Füßen half mir ein wenig.

Diese absurde Situation verstärkte sich noch dadurch, dass danach Seile an brüchigen Passagen folgten, die die Lage noch komischer – ja tragisch – machten. Die Sicherungen verschwanden irgendwo und ich musste so vorsichtig wie nur möglich klettern, die Wände nur zart berühren. Diese Wände waren gar keine Wände, sondern bestanden aus vom Fundament losgelösten und völlig willkürlich angehäuften Felsstücken. Ich streichelte sie in der Hoffnung, so ihre Sympathie zu gewinnen und bat sie standzuhalten, wenn ich sie mein Gewicht spüren ließ. Diesen Passagen folgten Platten, die einen ausgezeichneten technischen Kletterstil erforderten. Vom Kontakt mit dem Felsen wurden meine Finger etwas feucht, so dass das Magnesia zu einer glitschigen Substanz wurde, die das Festhalten am Felsen noch unsicherer machte. In solchen Fällen verlässt man sich vor allem auf die festen Griffe, klammert sich an sie wie ein Blutegel und hofft, sie nicht zu zerstören. Natürlich kostete uns das unglaublich viel Kraft. Und die war nicht unerschöpflich, sondern verließ uns allmählich. Wir erreichten den zweiten Biwakplatz – das war vier Seile vor dem Ausstieg. Hier begannen auch die schwierigsten Passagen der Route. Mein Atem ging unglaublich schnell. Wenn ich kurz stehen blieb, beruhigte ich mich bald wieder und dachte: „Okay, Du hast Dich ausgeruht; alles ist in Ordnung. Also weiter!" Aber sobald ich losging, fing mein Herz wie auf Kommando an zu klopfen, mein Atem wurde immer schneller und meine Hände gehorchten mir einfach nicht mehr. „Emo, was ist nur mit Dir los", fragte ich mich im Stillen, „reiß Dich zusammen, bis zum Ziel bleiben doch nur noch schäbige 200 Meter."

Ich kletterte vor, es folgte eine glatte und senkrechte Platte und unter mir war nur Luft. 800 Meter unter meinen Füßen war nur gähnende Leere. Nichts! Die Platte war durch einen Spalt getrennt, der zuerst so schmal war, dass ich nur mit den Fingerspitzen zugreifen konnte. Mit zunehmender Höhe wurde er breiter. Seine Kanten waren abgerundet. Ich wollte das Losgehen vom Standplatz etwas verzögern. Einerseits wollte ich in die Mystik dieses Abschnitts tauchen, andererseits wollte ich es aber auch nicht. Natürlich hatte ich Angst, aber ich hatte keine Wahl – ich musste los. Ich atmete tief ein und ging los. Nach zwei Metern Traverse rechts klemmte ich meine Finger so stark in den Riss, dass sie schmerzten. So kletterte ich ein paar Meter, bis der Spalt etwas breiter wurde. Doch seine Ränder wurden immer runder, womit das Festhalten immer schwieriger wurde. Mein Atem raste. Sofort schaute ich hinunter, vom letzten Spit war ich nur ein paar Meter entfernt. Abstürzen wollte ich nicht und es gab keine Möglichkeit, zu ihm hinabzuklettern. Ich klemmte meine Hände noch fester und musste für den nächsten dynamischen Schritt meinen Fuß fast bis zur Brust anheben. Mit dem Schrei der Verzweiflung richtete ich mich auf und ergriff die nächste Kante. Während ich diese Bewegung ausführte, berührte mein Körper für Bruchteile von Sekunden den Felsen überhaupt nicht. Das aber wurde mir erst klar, als meine Hände erneut auf etwas Hartes trafen. Es war ein guter Griff. Groß und bequem, gab er mir kurz die Möglichkeit, mich auszuruhen, um dann mit allerletzter Kraft den Standplatz zu erreichen. Ich war total erschöpft. Meine Finger waren halb geöffnet, als ob ich mich immer noch am Felsen festhielt. Ich versuchte, sie zu bewegen. Auch Ignat war in einem schrecklichen Zustand. Er konnte die Felsen nicht weiter besteigen und versuchte, mit einem Jümar am Seil hochzuklettern. Das war keineswegs leicht, wenn man bedenkt, dass die Wand, die wir bestiegen, überhing und er dazu noch den Rucksack trug und nur einen Jümar zur Verfügung hatte. Zum Vorwärtskommen musste er allein mit Händen etwa 50 cm hochklettern und dann schnell den Jümar am Seil entlang nachholen. Meine Aufgabe bestand darin, das freie Seil, das übrig blieb, einzusammeln, und das kostete mich noch zusätzliche Kraft. Wir stöhnten schon heftig. Meter für Meter kam er mir immer näher.

Ich war verärgert. „Wie kannst Du nur so kaputt sein", sagte ich mir, „nimm Dich doch zusammen. Du bist so bescheuert!", wiederholte ich mir in Gedanken. „Streng Dich an, es sind doch nur schlappe 150 Meter zu überwinden, streng Dich an!" Mein Atem raste, und je mehr ich mich anspornen wollte, desto mehr widersprachen die Müdigkeit und der Wahnsinn dieses Zustands meinen Vorstellungen, noch am selben Tag den Ausstieg zu erreichen. Ich schlug Ignat die Führung vor, woraufhin er mich mit einem bösen Blick musterte und entschieden ablehnte. Ich wusste selbst, wie beknackt dieser Vorschlag war, suchte aber einfach nach einem Grund, mich zum Weiterklettern zu motivieren.

Ich begann zu fluchen, nahm aber die Ausrüstung und ging los. Hier musste ich rechts zur Felskante traversieren und von dort weiterklettern bis zum nächsten Standplatz, den ich bis zu diesem Augenblick aus dieser Perspektive nicht sehen konnte. Ich brach auf, und nach ein paar Metern begann ich laut zu mir zu sprechen.

„Okay, halt fest … Okay … So, beweg Dich … Okay, atme … atme … Dummkopf! Streng Dich an … Tempo, Tempo, weiter! So. Okay, weiter so, häng Dich ein." Dieses ganze Theater dauerte etwa 10 Meter. Dann kam ich zu einem Griff, der die Form eines runden Lochs hatte, etwa 5 Meter über dem letzten Haken, und hier packte mich die Panik.

Ignat:

Ich schimpfte immer öfter, mal laut, mal im Gedanken. In gewisser Weise ergaben wir uns unserem Schicksal, obwohl unser Wunsch, zu überleben und Erfolg zu haben, immer noch sehr stark war. Wir hatten bloß keine Kraft mehr. Und genau dann, beim 19. Seil, begann das echte Desaster. Schon lange kletterte Emo nur auf einen Spit Abstand. Dort hielt er an und sammelte mein Seil ein, damit ich den Spit unter ihm erreichen konnte. Er wollte, dass ich ganz nah bei ihm war und ihm zusah.

Mir war es unerklärlich, wie er überhaupt kletterte. Er atmete besonders schwer und sah wie ein Gespenst aus oder eher wie von einem bösen Felsgeist besessen, dessen einziges Ziel darin bestand zu klettern. Am Spit hängend reichte ich dieser Klettermaschine das Seil. Ich war total verzweifelt! Ermattet und völlig apathisch gegenüber meiner Umwelt sicherte ich ihn ab, als ich dann plötzlich Emo in den Abgrund stürzen sah.

Emil:

Meiner Meinung nach musste ich einen Klemmkeil oder einen Friend dort anbringen, wo meine Hand war. Zuerst probierte ich einen Keil. Es klappte nicht. Ich hielt ihn mit den Zähnen fest, denn ich hatte keine Kraft mehr, ihn am Sitzgurt festzumachen. Dann nahm ich einen Friend heraus. Auch ihn konnte ich nicht anbringen. Dann wechselte ich wieder zu den Keilen, probierte einen, einen zweiten, einen dritten … Meine Beine zitterten, unter mir konnte ich keine bequemen Tritte erkennen. Dem Schicksal voll und ganz ergeben stürzte ich einfach ab. Alles passierte innerhalb weniger Sekunden. Mir war klar, dass ich abstürzte, aber in gewisser Weise wunderte ich mich doch darüber. Vielleicht hoffte ich auf irgendwelche außerirdischen Mächte, die mich einfach so lange festhalten würden, bis ich mich etwas ausgeruht hatte. Danach würde ich weitermachen und den ersehnten Haltepunkt erreichen.

Ich hing 10 Meter weiter unten am Seil, pendelte in einer Höhe von 1000 Metern, weinte vor Wut, schrie wie verrückt und fluchte abwechselnd auf Bulgarisch und Deutsch, je nachdem, welches Schimpfwort in der entsprechenden Sprache überzeugender klang und mein Bedürfnis befriedigte, die angesammelte Spannung abzubauen. Meine linke Wange brannte und als ich sie betastete, verstand ich, dass das Seil sie beim Absturz wund gerieben hatte. „Es geschieht Dir recht!", sagte ich zu mir. Ich wunderte mich, wo bloß die Keilklemmen waren, die ich anzubringen versucht hatte. Ignat erinnerte mich daran, dass ich sie vor dem Sturz mit den Zähnen festgehalten hatte und dass sie jetzt wahrscheinlich tief unten an der Wand lagen.

Ignat:

Noch heute bekomme ich Gänsehaut, wenn ich an diese hoffnungslosen und verrückten Augenblicke zurückdenke. In Wirklichkeit hatte ich nicht viel Zeit zum Überlegen und eigentlich tat ich auch nichts Besonderes. Zum Glück hielt ich die

Seile fest in den Händen. Zehn Meter Absturz und Emo blieb am Seil hängen! Wegen der Vorsprünge und der Seilreibung fühlte ich keinen starken Zusammenprall, aber vielleicht war ich auch darauf vorbereitet, weil ich ihn fallen sah und sofort wusste, dass ich handeln musste. Sofort fragte ich ihn: „Wie geht's, hast Du Dir weh getan?" Zum Glück war der Sturz am Überhang, und er war mit einem blauen Auge davongekommen, Gott sei Dank! Emo war überreizt und verärgert. Ich wunderte mich, woher er nur die Kraft schöpfte, sich aufzuregen. Wenn ihm damals etwas zugestoßen wäre, vielleicht nicht einmal das Schlimmste, wäre es mit uns aus gewesen. Ich hätte die nächsten Passagen mit dem Schwierigkeitsgrad 8 nicht anführen können. Und genau das hatte mir immer so viel Kopfzerbrechen bereitet, wenn ich über unser Klettern nachgedacht hatte.

Ich zog meinen Freund bis zum Bohrhaken, dann bat er mich, zu ihm zu kommen. Jetzt hingen wir beide an einem einzigen Spit, und zwar an demjenigen, an dem Emo abgestürzt war. Was war nur los mit uns? Verloren wir unseren Verstand? Erneut schlug ich vor, anzuhalten, damit wir uns gebührend ausruhen konnten und danach unser Biwak einrichteten. Aber wo? Wir befanden uns an absolut glatten Platten und Emo bestand immer noch darauf, das Klettern noch am selben Tag zu Ende zu bringen. Er riet mir, zu versuchen, aufwärts zu klettern, mit Hilfe der Himmelshaken[2] die Passage mit künstlichem Klettern zu erklimmen. „Du hast doch in diesem Kletterstil Erfahrung", sagte er mir, um mich aufzumuntern und mich herauszufordern. Darauf entgegnete ich: „Emo, Du kannst es nicht; Du glaubst doch nicht ernsthaft, dass ich es schaffen werde; wir sind müde, total kaputt, wir müssen anhalten und uns ausruhen." Emo ließ sich nicht beirren. In Wahrheit ist er standhaft und hat einen unglaublich harten und starken Charakter. Er gab nie auf nach einer Niederlage. So geschah es auch in diesem Augenblick. Er ärgerte sich über meine Absage, aber beschloss immerhin zu handeln.

Emil:

Ich wurde immer aufdringlicher und versuchte ihn zum Weitermachen zu motivieren. Das war der absolute Wahnsinn und nachdem ich mich etwas beruhigt hatte, beschloss ich, mich erneut zu bemühen, es zu schaffen. Das war ein Entschluss ohne Alternativen. Der Weg führte aufwärts. Jetzt hatte ich aber eine andere Taktik. Ich wollte mit letzter Kraft erneut das ovale Loch erreichen, an dem ich abgestürzt war, mich danach an den Himmelshaken hängen, den mir Ignat in Bulgarien geschenkt hatte und ein paar Sekunden verweilen. Nachdem ich neue Kraft gesammelt hatte, wollte ich weiterklettern zum rettenden Standplatz.

---

[2] Himmelshaken (Skyhook): dreieckiges Metallstück, das in seinem oberen Teil wie ein Haken gekrümmt ist. Benutzt wird er für ein zeitweiliges Einhängen an winzigen Felsvorsprüngen. Er verhindert einen eventuellen Sturz des Führers in der Seilschaft und ermöglicht ihm kurze Pausen.

Ignat:

Emo beruhigte sich allmählich und ließ mich zum unteren Spit klettern, damit wir nicht beide an einem Haken hingen, falls Emo wieder abstürzte.

Nach einer kurzen Pause, in der Emo seine Atmung wieder unter Kontrolle bekam, machte er sich auf den Weg nach oben.

Emil:

Ich erreichte den Haltepunkt, holte schnell den Skyhook heraus und hängte ihn wenige Millimeter vom Rand der Spalte ein. Dann belastete ich ihn mit meinem ganzen Gewicht und verweilte so, festgeklebt wie ein zerquetschter Schlammklumpen, etwa eine Minute lang, ohne mich zu bewegen. Ich versuchte, meine Atmung wieder unter Kontrolle zu bekommen. Mein ganzer Körper zitterte. Das Einzige, was ich sah, war der magische Haken, an dem ich hing, und nur diese zwei Millimeter Felsen, an denen er festhielt, trennten mich von einem erneuten Sturz ins Leere. Gleichzeitig mit einer halbdynamisch langen Bewegung stieß ich einen Schrei aus, und nach etwa 5 Metern, die ich wie in Trance geklettert war, erreichte ich den Standplatz. Ich zitterte am ganzen Körper, beugte mich nach vorn und schloss meine Augen. Lauthals stöhnte ich, während ich meine Gedanken und Kräfte erneut sammelte. Dann erst gelang es mir, Ignat zuzurufen, er sollte mir folgen. Bis zum Gipfel blieben noch drei Seillängen. Nur noch 150 Meter bis zum Ende der Route! Aber die mehr als 800 Meter, die hinter uns liegen, hatten unsere Kräfte völlig aufgezehrt.

Die Sonne ging schon unter und es war noch kälter geworden. Der Wind hatte nicht nachgelassen. Auf diesem Vogelnest spürte man ihn noch mehr.

Ein Weiterklettern kam überhaupt nicht infrage. Es war uns völlig klar, dass wir biwakieren mussten. Der Standplatz war ein Stein, etwa 1 m lang und 50 cm breit, der vom Felsen etwa 10 cm Abstand.

Auch Ignat kam mit allerletzter Kraft, wobei er sich am Seil hinaufzog und sich nach jedem Meter ausruhte.

Ignat:

Weiterzuklettern wäre reiner Wahnsinn gewesen und sogar Emo sah das ein. Ich hatte den Eindruck, der Sturz hatte ihn aus einem merkwürdigen Zustand gerissen, dem er verfallen war, weil er sich fest vorgenommen hatte, die Tour unbedingt an einem Tag zu schaffen.

Emil:

Wir bereiteten uns auf das Biwak vor. Wenn wir nach unten sahen, mussten wir uns an den Bändern unserer Sicherung festhalten, damit uns nicht schwindlig wurde. Es so war so schön und bezaubernd.

Alles wurde rot, die Strahlen der untergehenden Sonne färbten den Felsen feuerrot und mit der einbrechenden Nacht zeichneten sich die Lichter von Grindelwald und der Station Kleine Scheidegg noch deutlicher ab.

Wir wollten unsere Kletterschuhe aus- und dann die Turnschuhe anziehen, die wir mittrugen, um es bequemer und wärmer zu haben. Wir reichten uns einander die Schuhe – nicht ohne die Kommandos „Halt fest" – „Lass los". Die Schuhe waren Teil der für uns lebenswichtigen Ausrüstung und allein der Gedanke, dass wir etwas fallen lassen könnten, machte mich verrückt. Damit hätten wir unser Leben riskiert. Während ich meine Notdurft verrichtete, stützte Ignat mich ab, damit ich nicht in den Abgrund fiel.

Wir aßen je ein Butterbrot und eine Waffel. Und dann mussten wir uns ausruhen. An ein Nickerchen, geschweige denn an Schlaf, war überhaupt nicht zu denken, da wir die Zuckungen unserer gepeinigten Körper nicht kontrollieren konnten.

Ignat setzte sich vor mich und ich stellte meine Füße in den Spalt zwischen dem Stein, auf dem wir uns befanden, und der Wand. So gab es mehr Platz für uns beide. Er band sich ein weiteres Seil um die Brust, damit er nicht umkippte und herunterfiel, und ich steckte meine Hände in seine Taschen und lehnte meinen Kopf an seinen Rücken.

Wir deckten uns mit dem Poncho zu und warteten die lange und kalte Nacht ab. Mein Herz schlug immer noch auf Hochtouren und es dauerte lang, bis ich auch meine Atmung in den Griff bekam und sich mein Körper endlich entspannte. Doch noch zuckte er unkontrolliert. Der Sturz saß mir noch in den Knochen und die Müdigkeit quälte mein Bewusstsein und verstärkte in diesem Augenblick meinen inneren Kampf. Doch ich gab nicht nach und stellte mich diesem Kampf. Trotz der physischen Schwäche hoffte ich, dass wir es schaffen werden – waren wir doch schon so weit gekommen.

Kindheitserinnerungen wurden wach, ich dachte an meine Lebensweise, die Studienzeit, die Menschen, die ich so liebte. All das war so weit weg, gleichzeitig aber auch so nah. Ich dachte an den Kampf und daran, wie wir hierher gekommen waren, bis zu einem kleinen Stein. Wir hatten vieles durchgemacht, waren aber immer noch am Leben.

Mit Trauer dachte ich an die vielen Enttäuschungen in meinem Leben. Ich dachte an die Freunde, die in Deutschland geblieben waren und an jene Tage, als ich ihnen den Rücken zukehren musste, weil die Gesetze mir verbaten, dort zu leben und zu sterben, wo ich mich wie zu Hause fühlte. Ich atmete all diese Erinnerungen, Wünsche und Erregungen ein und beobachtete die riesengroße untergehende Sonne.

So war ich eingenickt.

Ignat:

Wir befanden uns etwa 900 Meter über dem Grund, und wenn wir dazu auch noch die Hänge unter der Wand hinzurechneten, kam am Ende die unglaublich schreckliche Höhe von wenigstens anderthalb Kilometern zustande. Wir waren so hoch, mutterseelenallein, fern von aller Welt, auf einem kleinen Standplatz, der sich auf einem Vorsprung befand. Er lag auf einer abgetrennten Platte, die über den Abgrund ragte. Es bestand kaum die Gefahr, dass sie umkippte, aber wir bemühten uns möglichst dicht an der Wand zu sitzen.

Irgendwie mussten wir die Zeit totschlagen. Die Nächte sind zwar kurz im Sommer, können trotzdem aber sehr, sehr lang werden. Zuerst zogen wir alles an Kleidung an, was wir mitgenommenen hatten. Wir hatten ohnehin den ganzen Tag gefroren. Ich zog mir einen weiteren Polar über und eine zweite Hose. Emo nahm den einzigen Windstopper, den wir mitschleppten. Sowohl vor als auch während der ganzen Tour hatte Emo über den schweren Rucksack gemeckert. Jetzt aber war er ganz froh, dass wir uns noch zusätzlich etwas überziehen konnten. Wir setzten uns hintereinander, Emo hinter mich. So konnten wir unsere Füße strecken und mussten sie nicht über die Kante des Felsens baumeln lassen. Ich nahm den Rucksack zwischen meine Beine und begann ganz vorsichtig die Butterbrote auszupacken, damit wir endlich etwas zu uns nehmen konnten. Wir tranken einen Schluck Wasser, aber auch nicht mehr, denn es musste ja für den nächsten Tag noch reichen – falls es für uns einen nächsten Tag gibt. Dann nahm jeder eine Aspirintablette, die uns für die Nacht aufwärmen und unsere steifen Gelenke entspannen sollte. Wir lösten weder die Sicherungen noch nahmen wir unsere Sitzgurte ab. Ich gab Emo eine leichte Mütze, ich selbst hatte an meinem T-Shirt – eigentlich ein altes Sweatshirt meines Bruders – eine Kapuze. Ein Paar dünne Handschuhe schützte meine Hände und Emo steckte seine Hände in die Taschen meines Polars. Schließlich bedeckten wir uns mit dem Poncho, was aber nicht viel nützte, da der Wind ununterbrochen wehte und von überall eindrang. Aber er gab uns wenigstens moralisch und psychisch das Gefühl der Geborgenheit. Hätten wir kein Gepäck mitgenommen, so hätten wir die Tour auch ohne Biwak geschafft, dachte ich mir. Aber da wir nun einmal Proviant und Kleidung mitgenommen hatten, konnten wir uns dieses Biwak kurz vor dem Ausstieg leisten. Wir waren bis ans Ende des 19. Seils gekommen, und das war schon ein sehr gutes Ergebnis.

Ich versuchte Füße und Hände zu entspannen, aber immer wenn ich zusammenzuckte wurde mir klar, dass sie total verkrampft waren, so, als ob ich immer noch kletterte und ihre volle Kraft brauchte.

Ab und zu blickten wir zur Station Kleine Scheidegg und nach Grindelwald, die in der Dunkelheit noch heller leuchteten. Dort gab es Leben und die Menschen genossen es in vollen Zügen, sie amüsierten sich und sie lachten. Für uns nimmt das Leben wieder seinen gewohnten Gang, wenn wir nur die restlichen 100 Meter schaffen, dachte ich entmutigt. In diesem Augenblick träumte ich weder von der behaglichen Hütte noch vom Stimmengewirr des Kurortes, sondern ich dachte an unsere Lieblingshöhle, an unser „Zuhause". Wann werden wir wohl an diesen Ort der Ruhe zurückkehren, weit weg von den Gefahren, den fallenden Steinen und den bröckelnden Passagen? Was wird uns der morgige Tag bringen, werden wir überhaupt jemals hier herauskommen? Während ich an all das dachte, bereits total erschöpft, fiel ich in einem unruhigen Schlaf. Ich zuckte von Zeit zu Zeit, schaute hinunter und versuchte, meine Glieder ganz locker zu halten. Dann bemühte ich mich erneut einzuschlafen, weil das die einzige Möglichkeit war, meine Kräfte einigermaßen wiederherzustellen.

Aber was war das?! Was war los?

Ich hörte, dass etwas ganz leise auf der Plane trommelte, mit der wir uns bedeckt hatten. Mir schien sogar, als ob es wetterleuchtete. Was könnte das wohl sein? Etwas beunruhigt fragte ich: „Was ist denn das?" Emo war ganz ruhig und im Halbschlaf antwortete er, dass von oben Staub oder kleine Sandkörnchen fielen. Offensichtlich wollte er mich beruhigen. Doch dann wurde das Trommeln lauter. Endlich wachten wir auf und sahen, dass es regnete und ein Sturm heraufzog!

Emil:

„Hey, Emo, es regnet, ein Sturm naht, was machen wir nun?"

„Es regnet nicht, das ist nur Staub oder sind Steinchen, die der Wind von oben herabweht, schlaf doch wieder ein", murmelte ich im Schlaf.

„Emo, es regnet, das ist ein Sturm, es donnert schon", wiederholte er mit zitternder Stimme.

Seit meiner Antwort waren nur wenige Sekunden vergangen, als mir klar wurde, was Ignat gesagt hatte. Als ob jemand in diesem Augenblick den Sicherungshebel einer Bombe gezogen hatte, die in meinem Herzen tickte. Sofort wachte ich auf und erkannte die Lage, in der wir uns befanden. Es begann zu regnen und laute Donnerschläge zerrissen die Nacht. Oh Gott, was machen wir jetzt?

Wir rafften uns auf und begannen fieberhaft die beste Lösung zu diskutieren. Ich schlug vor, mit Hilfe der Stirnlampen weiterzuklettern, solange der Fels nicht ganz nass geworden war. Mit den Worten „Das ist reiner Wahnsinn" brachte Ignat mich zur Vernunft. Dann versuchte ich ihn zu überzeugen, dass wir uns mit den magischen Haken von Haltepunkt zu Haltepunkt künstlich vorwärts bewegen und so von Haken zu Haken den Gipfel erreichen könnten. Dann schaltete sich der Verstand wieder ein. Wir könnten uns auf die Dächer zwei Seile unter uns abseilen, um dort die Nacht zu verbringen, aber das war auch nicht vernünftig. Wir wussten beide, dass wir unserem Schicksal völlig ausgeliefert waren. Aber in so einer Situation will man sich nicht geschlagen geben und bei all den verrückten Ideen, die einem einfallen, ist man gezwungen, die Verantwortung für eine bestimmte Entscheidung zu übernehmen und sie bis zum Schluss zu verteidigen. Unsere einzige Reaktion auf die neue Situation bestand darin, dass wir unsere ganze Ausrüstung einsammelten und sie ein paar Meter abseilten, um so wenigstens weit weg von allen möglichen Metallgegenständen zu sein, die die Blitze anziehen könnten. Das war unsere Entscheidung und wir glaubten daran.

Ignat:

Wir konnten und wollten es nicht wahrhaben, dass nun das Schlimmste nahte. Zu unserem Unglück hörte man bald dröhnende Donner und kurz darauf begann es widerlich und Unheil verkündend in unserer unmittelbaren Nähe zu blitzen. Augenblicklich hatte die Angst uns voll im Griff. Total verzweifelt sagte ich: „Das war's, alles wiederholt sich, wie viele andere kommen auch wir hier um." Und tatsächlich hatten sich die meisten Tragödien wegen des schlechten Wetters ereignet. Deswegen wird sie die „Mordwand" genannt, die erste 2000-Meter-Barriere der Alpen, die die aus Norden kommenden Luftmassen aufhält, und genau das war der Grund, dass hier plötzlich Furcht erregende Stürme losbrechen.

Emo war nicht weniger erschrocken und in diesem Augenblick schien uns, dass unsere Stimmen merkwürdig klangen. Als ob wir die Stimme des anderen zum ersten Mal hörten. An und für sich reichte allein die Situation aus, die Stimme selbst des tapfersten Menschen zittern zu lassen. Emo zählte die möglichen Varianten auf. Erstens: Abstieg bis zur Biwakmöglichkeit am Ende des 18. Seils bei jenen unglückseligen abgetrennten Felsen und Fixieren der Seile, damit wir uns am nächsten Tag wieder bis zu dieser Stelle hochziehen konnten. Der Grund dafür war, dass wir dort vor dem Wetter etwas besser geschützt wären. Dieser exponierte Platz lag denkbar ungünstig, und ein in der Nähe einschlagender Blitz hätte uns auf der Stelle ins Jenseits befördert.

Zweitens: Mit den Stirnlampen weiterklettern, solange der Felsen noch nicht völlig nass ist. Ein total verrückter Gedanke! Doch Emo redete einfach so vor sich hin, damit wir irgendeine Entscheidung treffen konnten. Oder besser – wir zählten die Möglichkeiten auf, um sie dann als inakzeptabel abzulehnen und uns schließlich mit unserer momentanen Situation abzufinden. Ich persönlich sah keine andere Möglichkeit als dort zu bleiben, zu warten und zu beten. Denn für einen Aufbruch hätten wir mindestens eine Stunde gebraucht, um uns vorzubereiten und das zerstreute Gepäck wieder einzusammeln. Und in der Finsternis hätten wir uns beim Abseilen nur schwer orientieren können, da das letzte Seil mit diagonalen und horizontalen Traversen verlief. Eben aus diesem Grund beschlossen wir dort zu bleiben, wo wir waren.

Wir dachten fieberhaft darüber nach, was wir am nächsten Tag machen soll-
ten, falls das Gewitter andauerte. Beide waren wir der Meinung, dass wir diese
Tour nicht mit Abseilen verlassen konnten, gerade wegen der bereits erwähnten
diagonalen Übergänge und Traversen. Heute, viele Jahre später, bin ich nicht
absolut sicher, glaube aber, dass unsere damalige Entscheidung richtig war. Ich
denke, dass von diesem Ort ein Abstieg erheblich riskanter gewesen wäre als das
Weiterklettern. Außerdem hatten wir auch keine Kraft mehr, und das Abseilen an
einem nassen Felsen kommt einem Albtraum gleich.

Durch meinen Kopf ging ein rettender Gedanke, mit dem ich Emo etwas
aufzumuntern hoffte. Mein Plan sah folgendermaßen aus: Wenn wir bis zum
Nachmittag des nächsten Tages aushalten und der Regen aufhört, wird der Felsen
schnell trocknen, da er nachmittags in der Sonne liegt. Gleichzeitig damit war uns
klar, dass ein Abstieg von diesem Ort unglaublich schwierig und kräftezehrend sein
wird. In diesem Fall blieb uns nichts anderes übrig, als voneinander Abschied zu
nehmen und zu Gott und zum Gebirge zu beten, uns gnädig gestimmt zu sein.

Emil:

Wir kauerten uns zusammen und begannen, auf unseren letzten Tag auf
Erden zu warten.

Dann nahmen wir voneinander Abschied und jeder vertiefte sich in seine
eigenen Gedanken. Ich betete zu Gott: „Oh, mein Gott, Heilige Mutter Gottes,
helft uns hier wegzukommen und zu überleben, und ich verspreche Euch, nie
wieder zu klettern. Ich bitte Dich, verschone Ignat, verschone uns beide." Wir
waren den Naturgewalten ausgeliefert und sahen so aus wie wir uns fühlten:
unglaublich erbärmlich. Wir waren ein Teil der Natur und sie ein Teil von uns.
In nur einem einzigen Augenblick konnte sie uns zu Asche verwandeln.

Ignat:

Ja, das tat ich auch, ich betete zu jemandem. Vielleicht wieder zu diesen imagi-
nären Geistern, die mich in meinen Gedanken verfolgten. Diese Menschen waren
kühn und mannhaft wie wir und hatten auch gewusst, was sie aufs Spiel setzten,
aber sie waren immer vorwärts gestrebt. Sie hatten an sich, an die Freunde und
an das Gebirge geglaubt. Und sie hatten für ihre Träume ihr Leben geopfert. Das
ist Bergsteigen! Freundschaft, Vertrauen in das Gebirge und ein Traum, für den
der Mensch bereit ist, alles zu geben, um ihn zu verwirklichen. Erst dann kann er
ruhig schlafen.

Vielleicht war das unser Ende. Ich dachte an alles, an mein Leben, an meine
Nächsten und nahm im Gedanken Abschied von ihnen. In solchen Augenblicken
hat der Mensch das Gefühl, dass alles in seinem Leben, ja sogar jedes einzelne
Ereignis, dazu beigetragen hat, ihn zu dem zu machen, was er geworden ist. Die
Tatsache, dass ich eine Lawine überlebte, die mich 70 Meter mitgeschleppt hatte,

war kein Zufall und hatte sicher ihren Sinn. Gott hatte mit mir etwas vor. Und später dann meine Begegnung mit Emo, unsere Freundschaft und die Idee vom Eiger, die er mir vorschlug. Ich erinnerte mich daran, dass meine Mutter am Anfang Angst hatte, als ich mit ihm zusammen loszog, und gesagt hatte, dass ich ihn nicht gut genug kannte. Aber ich kannte ihn bereits gut genug, da das alpine Seil ein guter Test ist, es bringt die Menschen schnell einander näher und macht sie zu Freunden. Bereute ich jetzt, dass ich ihn getroffen hatte und seinen „Eiger"-Traum zu meinem eigenen gemacht hatte? Nein, keinen einzigen Augenblick hatte ich bereut. Aber offensichtlich hatten wir uns überschätzt, wir wollten einen viel zu großen Schritt in unserer Laufbahn als Bergsteiger machen. Das war unsere Entscheidung, die auch alle möglichen Risiken in sich barg. Heute frage ich mich, ob wir uns tatsächlich überschätzt hatten, weil wir die Tour nicht an einem Tag schafften? Wir hatten Hervorragendes geleistet. Auf das Wetter hatten wir keinen Einfluss, die Wand war berüchtigt für die plötzlich losbrechenden Gewitter und Schneestürme, die sogar im Sommer Schnee und Temperaturen unter Null mit sich brachten. Deswegen verließen wir uns – wie jeder Bergsteiger – auf unser Glück.

Und siehe da, ein Wunder geschah!

Zu unserer großen Erleichterung hörte der Sturm ebenso plötzlich auf wie er begonnen hatte.

Wir beruhigten uns einigermaßen und konnten wieder einnicken.

Heute denke ich, dass man viel über unsere und insbesondere über Emos „Unerfahrenheit" geredet hätte, falls wir umgekommen wären – dass wir dieses oder jenes nicht hätten tun sollen usw. In Wirklichkeit wird alles vor Ort nach Prüfung der Bedingungen und Abschätzung aller Möglichkeiten von zwei Menschen entschieden – den Menschen in der Seilschaft. Vielleicht war dieser Sturm nur ein kleines Bonbon des Gebirges, damit wir es so in Erinnerung behielten, wie es ist – finster, mürrisch und unheilvoll, und nicht hell erleuchtet, anmutig und harmlos. Zwischen 2 und 3 Uhr in der Nacht nahm jeder von uns eine Aspirintablette und für den Rest der Nacht mussten wir nicht mehr vor Kälte zittern. Um den Brustkorb herum festgebunden zu hängen war ebenso unbequem und ermüdend wie im Sitzen zu schlafen. Es hätte aber viel schlimmer kommen können. Hauptsache, es hatte aufgehört zu regnen. Alles andere war bedeutungslos.

Emil:

Der Morgen brach leutselig und sonnendurchflutet an.

Das Aufstehen war ein totales Fiasko. Wegen des langen stillen Hockens an ein und demselben Platz war jede Bewegung von Schmerzen begleitet. Unsere Gelenke gehorchten uns nicht und sicher haben wir wie zwei alte

Männer ausgesehen, die versuchten, nach einem langen Schlaf vom Bett aufzustehen.

Noch zwei Seile bis zum rettenden Westkamm. Ich führte an, war aber total ermüdet, alles in mir schrie – jetzt ist aber genug, lass mal, ruh Dich aus. Meine Psyche hatte unter all dem auch sehr gelitten, und das Einzige, worauf ich mich konzentrierte, war der nächste Haken. Ich sammelte meine ganze Energie oder wenigstens das, was von ihr geblieben war, überwand die nächsten zehn Meter mit dem Schwierigkeitsgrad 8, erreichte mit zitternden Beinen den rettenden Spit, hängte mich ein und ruhte mich aus. Ich wollte Ignat in meiner Nähe haben und an den Stellen, wo sich der Weg hinter Felsrücken oder Felstürmen wand, ließ ich ihn hinter mir klettern, wobei wir zur größeren Sicherheit zwei Hakenabstände zwischen uns ließen. So erreichte ich nach und nach den letzten Standplatz, und jetzt war er an der Reihe anzuführen. Plötzlich wurde mir klar, dass wir es schaffen werden. Ich wollte schreien, aber ich riss mich zusammen und sagte mir: „Noch ein bisschen, dann müssen wir den Gebirgsrücken unversehrt hinabsteigen und dann kannst Du schreien, so viel Du willst."

Ignat:

Das nächste Seil führte ich an. Es gab keine Spits, aber die Wand war bröckelig und ich beschloss, dem leichtesten Weg zu folgen. Laut Beschreibung hatte dieses Seil die Kategorie 6+/7-. Ich kletterte und zitterte, weil es überhaupt keine Spits gab. Nur der Gedanke, dass wir schon ganz nah am Ausstieg waren, gab mir Kraft zum Klettern und zum Konzentrieren. Nach den Ereignissen der letzten Nacht hatte ich die Hoffnung schon fast aufgegeben. Aber offensichtlich stand Gott auf unserer Seite, und diese letzte Herausforderung meisterten wir ganz gut. Und jetzt, nachdem ich Emos Seil gepackt hatte, betraten wir gemeinsam den Eigerwestkamm. Das war das Ende. Das war das Ende des Hochsteigens. Wir hatten die Eigernordwand auf einer sportlich-alpinen Tour erklommen, die momentan schwierigste für ein Freeclimbing an der Wand. Vor uns hatten das nur drei Seilschaften geschafft.

Emil:

Ignat führte an. Er kam zu einer kleinen Decke, die so heikel war, dass sie jeden Augenblick einzustürzen drohte. Nachdem er sie ganz vorsichtig überwunden hatte, entschwand er meinem Blick. Ich reichte ihm das Seil Meter für Meter und wartete ungeduldig auf seinen Schrei, dem Zeichen dafür, dass er bis ans Ende gelangt war. Als fast kein Seil mehr übrig geblieben war, zerriss ein freudiger Schrei die Stille. Dieses letzte Seil überwand ich mit jenem Triumph, der das Ende eines verwirklichten Traums krönt. Ich kletterte wie verzaubert, Schritt für Schritt, erreichte das Ende des Turms, der auf den

Westkamm führt. Ich beobachtete jede Bewegung, jeden Tritt und jeden Griff, genoss all dies im Bewusstsein, dass sie die letzten an dieser Wand waren, die letzten auf dem Weg zum Finale eines langen Beginns.

Jeder wusste, dass das Aufsteigen die Hälfte der Realität und der Abstieg nicht weniger gefährlich ist, und so machten wir uns nach einer kurzen Pause auf den Weg nach unten.

Wir mussten links traversieren und von dort nach unten klettern. Das war nicht so angenehm. Wir waren müde, und die Platten, auf denen wir das Gleichgewicht zu halten versuchten, waren mit zahlreichen kleineren und größeren Steinchen bedeckt, die unsere volle Konzentration forderten.

Ignat:

Natürlich jubelten wir, aber vor allem innerlich und eher im Stillen, dass wir glimpflich davongekommen waren. Wir wollten nicht sofort unsere Emotionen zeigen (vielleicht hatten wir auch nicht die nötige Kraft dazu), um das Gebirge nicht zu kränken, das im Begriff war, uns aus seiner Falle zu entlassen.

Emil:

Die abfallende Wand vereinigte sich mit dem Westkamm und bildete so eine Art Rinne, gefüllt mit altem Schnee. Wir schlichen um ihn herum wie kleine Kinder um eine Pfütze, in die sie treten wollen, aber es nicht wagen.

Wir hatten keine andere Wahl. Jeder von uns bewaffnete sich mit zwei spitzen Steinen und ließ sich – der Schneewehe zugewandt – hinuntergleiten. Mein Herz schlug mir im Halse und drohte mich zu ersticken, weil ich mir in diesem Augenblick vorstellte, wie mein Körper ein paar Meter weiter unten an den Felsen zerschmettern würde, wobei ich diese verdammte Schneewehe als Beschleuniger benutzte. Es wäre so doof gewesen, auf diese Art und Weise ums Leben zu kommen, ohne die Möglichkeit zu haben, das Erreichte zu genießen.

Irgendwann landeten wir dort, wo wir wieder aufrecht gehen konnten. Es war ein wunderschöner Tag, hell erleuchtet von den Strahlen der Morgensonne, warm und freundlich. Ein paar Meter rechts von uns erhob sich die Nordwand, die uns unversehrt gehen ließ – kalt und unfreundlich, aber inzwischen fühlten wir uns ihr verbunden. Wir spürten auch den Klimaunterschied zwischen ihr und dem Gebirgskamm, den wir hinunterstiegen waren, und damit bestätigte sie zum letzten Mal ihren unheilvollen Ruhm.

▲ Eigergletscher

"Nur ein unsichtbarer Schatten trennt dich vom Tod!
Was machst du jetzt mit deinem jämmerlichen Augenblick?

Ich lebe ihn weiter. Dafür sind doch die Augenblicke …"

Robert Scheckley

DER ZAUBER EINES TRAUMS, DER REALITÄT WURDE

Emil:

Ich ging weiter. Von diesem Augenblick an wurde mein Schritt langsamer, meine Gedanken und vor allem meine Gefühle richteten sich auf die Tatsache, dass wir uns einen Traum erfüllt haben.

„Hey, wir hatten es geschafft, ja, geschafft! Geschafft … Geschafft! Wir sind zu einem kleinen Teil der Geschichte dieser unheilvollen Wand geworden, hey, wir hatten es geschafft!" Ich wiederholte das mehrmals und fühlte mich glücklich. Alles, was mich jahrelang traurig gestimmt oder enttäuscht hatte, existierte nicht mehr, es war einfach verschwunden. Ich suchte in meinen Gedanken auch nicht danach, ich brauchte es nicht. Die Vormittagssonne, die Wärme ihrer Strahlen verbreitete eine unbeschreibliche Harmonie. Ich freute mich, war selig, dass Ignat bei mir war, dass wir zusammen waren. Ich freute mich darüber, dass all diese Fragen, die man uns in Bulgarien gestellt hatte über die verrückte Idee, über das Misstrauen, über unsere Chancen an dieser Wand – vor allem auf dieser Route –, genau in diesem Augenblick ihre Antworten erhielten, ohne dass dabei etwas kommentiert werden musste. In den vergangenen Monaten hatten wir sehr hart gearbeitet, immer schwierigere Routen ausprobiert und so oft und so viel wir konnten trainiert. Gearbeitet haben wir auch an jener Freundschaft, die ich jedem Menschen auf dieser Welt nur wünschen kann. Das war eine Harmonie, Harmonie in uns und Harmonie untereinander.

Man soll eine Freundschaft nicht auf künstliche Art und Weise prüfen, man muss nur offen sein gegenüber den Prüfungen, denen uns das Leben selbst unterzieht, sie zulassen und verteidigen. Man soll möglichst viel geben, aber auch möglichst viel nehmen. Wir hatten alles gegeben und es geschafft. Ich drehte mich um und traf seinen Blick. Alle diese Momente hatte ich schon tausendmal heimlich in meinen Gedanken erlebt, schon lange bevor ich Ignat kennengelernt hatte. Bis dahin war sein Platz in meinen Vorstellungen von einer unbestimmten Silhouette besetzt, aber in meinem Bewusstsein war alles so stark und real. Und nun war dieser Augenblick gekommen, in dem die Augen diese Träume live sahen, mit ihrer ganzen Üppigkeit – Duft, Tränen, Farben, Licht, Müdigkeit, Schmerz und Glück.

Eine Umarmung, eine kurze Begrüßung, ein aufrichtiges Lächeln. Danke und Gratulationen! Ich fühlte, dass ich wieder geboren wurde, dass mein Körper und vor allem mein Geist neue Horizonte erreicht hatten, weil wir während dieser ganzen vergangenen Zeit uns aufeinander verlassen konnten.

Wir erklommen diese Wand für uns selbst, das war unser Wunsch. Wir suchten nicht nach Ruhm oder irgendeinem Nutzen, das war ein persönliches Treffen nur von uns beiden an einem Ort, an dem wir uns selbst testen konnten.

Wie in Trance näherten wir uns der Eigergletscher-Station, wo in diesem Augenblick aus dem Tal eine Bahn voller Touristen ankam. Ich fühlte mich wie nach Japan versetzt, weil ein Großteil von ihnen Japaner waren. Als ich mir dann alle nacheinander ansah, hatte ich das Gefühl, sie glichen einander wie ein Ei dem anderen. Nein, nein, nicht, weil ihre Augen eine asiatische Form hatten, sondern weil alle mit wenigstens einer Kamera ausgerüstet waren, weiße Handschuhe und große Sonnenhüte trugen und immer über das ganze Gesicht grinsten. Wahrscheinlich lachten sie auch im Schlaf, weil das Lachen keinen einzigen Augenblick von ihren Gesichtern wich.

Unser Äußeres erweckte ihre Aufmerksamkeit und wir fühlten uns sofort von vielen Augen gemustert. Für sie waren wir eine kostenlose Attraktion. Der Weichensteller schaute uns kritisch an und wunderte sich: „Woher kommen die denn? Schau nur ihre Schuhe … mit Turnschuhen. … verrückt …"

„Wo seid Ihr denn geklettert, Jungs?"

„Wir kommen von der Route 'Le Chant du Cygne'."

„A-a-a, ahaaa….", war das Erste, was er murmeln konnte und ein paar Sekunden später schien er ganz verändert, er lachte und wiederholte: „Bravo! Gratulation! Spitzenmäßig!"

Wir gingen an ihm vorbei und kamen zu unserer alten Freundin, der Felsenhöhle. Ich wusste, dass sie jetzt unseren Träumen die nötige Unterkunft und Ruhe sichern und ihnen jenen Frieden zurückbringen würde, der uns helfen wird, erneut nach vorn zu blicken und unseren leidgeprüften Körpern Entspannung zu gewähren.

Ignat:

Wir waren zufrieden und glücklich. Wir befanden uns wieder unter Menschen, wir bezogen wieder unsere Höhle, von der ich schon lange geträumt hatte. Alles darin war unversehrt, niemand hatte unser Gepäck angerührt. Naja, wir befanden uns eben in der Schweiz.

Emil:

Ignat war gerade dabei, anlässlich unserer erfolgreichen Besteigung eine Torte zu kreieren. Das war eine Torte, die er „Emilio" nannte, weil das Rezept eigentlich von mir stammte. Eine einfache Creme aus der Tüte, darin vermischt gewöhnliche Kekse, die in Bulgarien verkauft werden. Hervorgezaubert war sie schnell, die Zutaten waren billig, die Menge genügte für zwei Personen und vor allem, man musste kein examinierter Meisterkoch sein, damit sie in

99 von 100 Fällen gelingt. Mit Rosinen kreierten wir eine Überschrift darauf: „Eiger 98".

Ein japanisches Ehepaar kam vorbei und fotografierte alles, was ihnen vor die Linse kam. Ich begrüßte die beiden und sie äußerten in gebrochenem Englisch ihren Respekt vor dieser riesengroßen Wand. Darauf entgegnete ich, dass wir sie vor wenigen Stunden bezwungen hatten. Du kannst Dir gar nicht vorstellen, werter Leser, welche Verwunderung und welche Töne die beiden über die Lippen brachten. Für sie waren wir wie Helden aus einem alten Film. Sie begannen sich zu verbeugen und äußerten den Wunsch, sich mit uns zu fotografieren. So geschah es auch. Wir tauschten unsere Adressen aus und einige Monate später erhielt ich von ihnen einen Brief mit zwei Fotos.

Wir waren stolz auf uns, die Freude wurde immer größer. Inzwischen hatte sich die Spannung vor der Ungewissheit verflüchtigt. Wir aßen, tranken und beschlossen, zur Station Kleine Scheidegg hinunterzugehen. Wir suchten die Menschen, unter die wir uns mischen wollten. Wir wollten auch die Wand aus der besten Perspektive betrachten. Stimmengewirr, Lachen, Bewegung, Lärm und alles, was die Station Kleine Scheidegg anbot, wollten wir wahrnehmen.

Das rege Leben dort hätte eher in eine Hauptstadt gepasst als ins Gebirge. Wir wollten uns waschen, denn wir hatten bereits vergessen, wann wir zum letzten Mal in den Genuss warmen Wassers gekommen waren. Wir hatten das Badezimmer im kleinen Hotel ins Visier gefasst. Ich ließ das Wasser über meinen müden Körper fließen, um die Spannung und die Anstrengungen, denen er in den letzten Stunden ausgesetzt war, wegzuspülen. Ich fühlte die Welt wieder zurückkehren – noch schöner und noch besser. Ich fühlte, dass ich in den vergangenen Augenblicken einen entscheidenden Schritt in meinem und in Ignats Leben getan hatte – einen Schritt, der uns noch ehrlicher und glücklicher machen würde.

Nach dem Bad gingen wir hinaus, um in der Sonne zu sitzen und die Menschen zu beobachten. Es duftete nach verschiedenen Leckereien, mit denen die Verkaufsstände lockten.

Wir lagen stundenlang auf den Bänken. Trotz des Trubels schien für uns die Zeit stehen geblieben zu sein. Ignats Frisur sah jetzt etwas besser aus, das Bad hatte unser Äußeres vorteilhaft beeinflusst.

Ich beneidete Ignat um sein Haar, weil er damit wie ein echter Bergsteiger aussah. Nun, er war auch so einer, nach dem Training an den Felsen in Vraza und Kominite im Vitoschagebirge hatte er dann die Eigernordwand bestiegen.

Ich trug das Haar kurz, langes konnte ich überhaupt nicht leiden. Bärtig, von der Sonne noch stärker gebräunt, an der linken Wange die Narbe, wo mich das Seil verbrannt hatte – so ähnelte ich eher einem Obdachlosen als einem Alpinisten. „Wo ist denn da der Unterschied?", würde der Passant fragen.

Wir betrachteten die Wand und die Route darauf und – vielleicht um uns immer wieder an unsere Leistung zu erinnern – wiederholten alle paar Minuten: „Hey, guck mal, wo wir gewesen sind. Oje-e-e! Cool! Mensch, ist das aber eine große Mauer." „Mauer" war ein Wort, das uns schon in Bulgarien eingefallen war, und es klang unserer Meinung nach überzeugender; deshalb verwendeten wir es auch häufiger. Das richtige Wort „Wand" klang uns irgendwie zu nebensächlich im Vergleich zum viel überzeugenderen Wort „Mauer".

Erst als wir uns am späten Nachmittag auf den Rückweg machten, spürten wir, wie sehr uns die Müdigkeit in die Knochen gefahren war. Alle paar Schritte mussten wir anhalten, und völlig außer Atem lachten wir darüber, wie kaputt wir in der Tat waren.

Ignat:

Wir konnten es einfach nicht fassen, dass wir vor nur ein paar Stunden dort gewesen waren. In diesem Augenblick schien uns die Route viel länger und der Turm sah viel entsetzlicher aus. Wir waren total entkräftet, aber auch sehr zufrieden. Wir hatten alles gegeben und wir hatten es geschafft. Bei dem Gewitter stand uns zwar das Glück zur Seite, aber der Erfolg war vor allem auf die Freundschaft, die Vorbereitung, unseren starken Willen und den großen Wunsch zurückzuführen.

Wir aßen unser Abendbrot und genossen jeden einzelnen Bissen mit dem Gefühl einer gut erledigten Arbeit. Wir hatten unser Brot verdient und das machte es ebenso lecker wie den warmen Reis, den ich gekocht hatte. Die Torte war bereits abgekühlt und schmeckte spitzenmäßig.

Die Besteigung war zu Ende. Wir waren glücklich! Besonders groß war Emos Freude, der viel länger als ich davon geträumt hatte. Wir hatten gemeinsam eine der schwierigsten und schönsten Routen bezwungen, die bis zu diesem Zeitpunkt an dieser unheilvollen Wand verwirklicht worden waren.

Damit das Mögliche entsteht, muss immer wieder das Unmögliche versucht werden.

Hermann Hesse

Can you remember us ?
We met you Eiger-NW at 19th July.
Thanks to your help we had wonderful
memories in Jungfrau.
We'll send you a picture.
Where do you challenge next time.
We like to travel your beautiful country
in a future
If you come to Japan, inform us please.
                    Sincerely yours

Emil Kostadinov
    With very best wishes for
a Merry Christmas and a joyful
and prosperous New Year

Dec. 1998.   Kotoyo and Hirohiko
  Japan   NISHIGAKI

▲▶ Der Brief der Japaner, mit denen wir uns nach der Besteigung der Eigernordwand am 20.07.1998 vor der Felshöhle fotografierten

▲ Emil und seine Mutter Lasarina

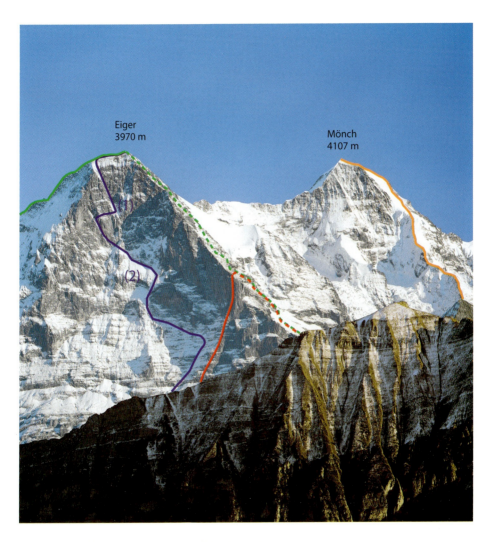

Eiger
3970 m

Mönch
4107 m

(1)

(2)

———— Die Eigertraverse auf dem Mitteleggi-Kamm

– – – – Abstieg über den Eigerwestkamm

———— Die Route „Le Chant du Cygne"

– – – – Abstieg nach der Besteigung der Nordwand

———— Besteigung der Nordostwand des Mönch auf der „Nollen"-Route

———— Die klassische Route auf der Eigernordwand von 1938

(1)   Die weiße Spinne – ein hängender Gletscher in Form einer Spinne
(2)   Das Zweite Eisfeld

▲ Der Turm an der Eigernordwand, über den die Route „Le Chant du Cygne" führt

▲ Die Höhle in den Felsen – unser Zuhause unter der Eigernordwand

▶ Unsere Tafel – mit viel Finesse von Ignat zubereitet

▼ Nachtaussicht von der Felshöhle

▶ Einer der für die Wand typischen Stürme

◀ Unterwegs zu unserer behaglichen Unterkunft in Richtung Eigergletscher-Station

▶ Aussicht auf das Jungfraujoch von der Eigergletscher-Station

▶ Der Eingang des Tunnels der Eisenbahn und ein Teil vom Eigerwestkamm in unmittelbarer Nähe der Eigergletscher-Station

◀ Die Trainingsfelsen in der Nähe von Grindelwald

▼ Grindelwald – kleine Pause vor dem langen Weg nach „Hause"

▲ Der Mitteleggi-Kamm

—— Der Weg zum Abstieg auf dem Westkamm ▶

▶ Der Gletscher, im Hintergrund die Eisenbahnstation

▲ Der Eismeergletscher, unterwegs zur Mitteleggi-Hütte

▲ Der Mitteleggi-Kamm mit der kleinen Hütte

▼ Die Mitteleggi-Hütte, einen Tag vor dem Traverse-Abstieg

▲ Ein paar Meter vor
dem Eigergipfel

▲ ▶ Triumph auf dem
Gipfel

▲ ▼ ► Auf dem Gipfel

▼ Blick auf die Südseite des Eigergipfels

▲ Blick vom Eigergipfel auf den Mönch

▲ Die Guggi-Hütte und die berüchtigte Toilette

◄ Entspannung vor der Hütte

▲◀ Glücklich auf dem Mönchgipfel

▼ Die Mönchjoch-Hütte

▼ Der Mönch von Südwesten

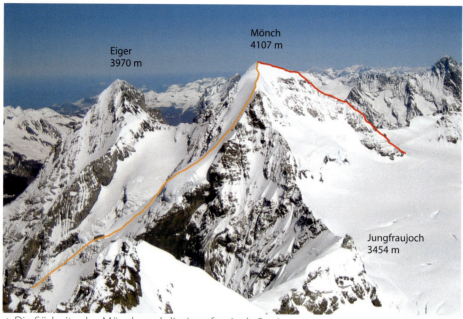

Eiger
3970 m

Mönch
4107 m

Jungfraujoch
3454 m

▲ Die Südseite des Mönch und die Jungfraujoch-Station

— Die „Nollen"-Route auf der
Nordostwand des Mönch

— Der Abstieg von der Route

▼ Das Eismuseum

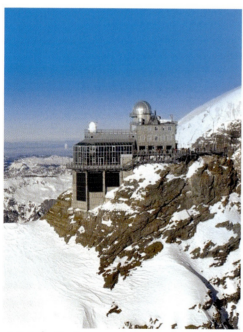

▲ Jungfraujoch

Jungfrau
4158 m

Jungfraujoch
3454 m

Mönch
4107 m

Eiger
3970 m

Konkordia-Hütte
2850 ì

▲ Der Aletschgletscher

 Unser Weg auf dem Gletscher

▲ Die Konkordia-Hütte, im Hintergrund der Konkordia-Platz – Treffpunkt von fünf Gletschern

◄ Parodie eines gemütlichen Biwaks unweit der Konkordia-Hütte

▲ Der Aletschgletscher

▲ Das Ende des Aletschgletschers, bevor wir uns auf den mörderischen und endlosen Weg hinunter zum Dörfchen Brig machten

▶ Zermatt – Schweizer Perle

◀◀ Zermatt – wir mischen uns unter die Menschenmenge

◀ Zermatt – das Alpine Museum

◄ Grindelwald –
hier stillen wir den
Durst nach der
Besteigung

► Station Kleine
Scheidegg – der
Appetit kommt
beim Essen

◄ Station Kleine
Scheidegg –
Kontraste

DER APPETIT KOMMT BEIM ESSEN
(Die Tage nach der Besteigung, 21.-23. Juli)

Ignat:

Am nächsten Tag erlaubten wir uns den Luxus, etwas länger zu schlafen, denn wir brauchten immer noch viel Ruhe. Wir hatten es nicht eilig und wollten uns ausruhen und uns über die erfolgreiche Besteigung freuen.

Wir frühstückten in aller Ruhe und dann lebten wir in den Tag hinein. Jeder konnte tun und lassen, was er wollte. Trotzdem mussten wir uns irgendwie beschäftigen. Deshalb brachten wir unsere Ausrüstung in Ordnung und dann setzten wir uns vor die Höhle, um uns zu sonnen. Wir machten ein paar Notizen in unseren Tagebüchern, aber meine waren nicht so ausführlich. Ich wollte nur den Überblick über die Tage nicht verlieren und später wissen, was jeden Tag passiert war.

Emil:

Ignat kochte ausgezeichnet. Er hatte ein Händchen dafür und es machte ihm großen Spaß. Meine Aufgabe bestand darin, die Hälfte aller von ihm zubereiteten Leckereien aufzuessen, wofür ich ihm immer dankbar war. Während er kochte, faulenzte ich normalerweise oder schmiedete teuflische Pläne über Wände oder Routen, die unser würdig waren und blätterte fieberhaft im Kletterführer. Ignat kochte nicht aus Pflicht, sondern aus Leidenschaft, wobei er oft und kritisch prüfte, was er da hervorzauberte. Und jedes Mal äußerte er sich zufriedenen: „Mhmmm … Klasse … Spitzenmäßig, das wird noch … das wird noch…." Als Vorspeise gab es oft Milch mit Kakao, was uns beiden besonders gut schmeckte. Wirklich! Der Beweis dafür war Ignats Rekapitulation am Ende dieser Odyssee: Während dieser Zeit hatten wir 25 Liter Milch getrunken.

Die Menschen suchen überall ihresgleichen, vergessen dabei aber, dass es unter ihnen nicht Gleiche und Unterschiedliche gibt, sondern dass die Kunst darin besteht, einander zu ergänzen. Bei uns war es jedenfalls so, und ich bin absolut davon überzeugt, dass, wenn ich etwas hätte kochen müssen, es mit Sicherheit für die Katz' gewesen wäre oder ich es hätte selber verzehren müssen. Vor unserer Abreise wusste ich nicht, welche Lebensmittel Ignat mitgenommen hatte, ich hatte ihm voll und ganz vertraut. Das war kein Fehler, wie sich später herausstellte

Ich verließ die Höhle und setzte mich in die Sonne. Viele Touristen kamen vorbei und grüßten. Einige kletterten zu uns hinauf, um einen Blick in die

Höhle zu werfen. Dann kamen sie lächelnd wieder heraus und wunderten sich, dass wir hier hausten. Oft erinnerte uns der Blitz der Kamera daran, dass unser ganzes Hab und Gut sorgfältig auf unzähligen Filmen verewigt worden war.

Ignat:

In diesen Tagen verzichteten wir auf nichts. Ich meine damit Essen und Wasser. Wir aßen und füllten wieder unseren Flüssigkeitspegel auf, der während des Kletterns erheblich gesunken war. Es war warm und wir befanden uns im Gebirge; da ist der Flüssigkeitsbedarf besonders hoch.

Wir faulenzten in den Tag hinein. Als wir so vor unserer Höhle hindösten, kamen plötzlich Leute mit Filmkameras vorbei und marschierten zum Fuß der Nordwand. Wir wunderten uns, wer sie waren und was sie wohl aufnehmen wollten. Später in Grindelwald erfuhren wir von Plakaten, dass eine Besteigung auf der klassischen Tour live aufgenommen wird. Im selben Jahr feierten die Schweizer das 60. Jubiläum seit der Erstbesteigung der Eigernordwand. Auch in Bulgarien gab es einen Anlass zum Feiern: 60 Jahre waren vergangen seit der Erstbesteigung von Maljovizas Nordwand, die 130 Meter hoch ist. Ohne die damalige Leistung der bulgarischen Bahnbrecher zu unterschätzen, zogen wir einen Vergleich zwischen den beiden Besteigungen, die fast zur gleichen Zeit stattgefunden hatten. Er zeigte deutlich den Unterschied in der Entwicklung des Alpinismus in Europa und bei uns. Maljovizas Wand ist technisch schwer zu erklimmen, aber sie ist nicht so hoch und eine Rückkehr ist immer möglich. Deshalb sind an dieser Wand noch keine Menschen ums Leben gekommen. Die Eigernordwand ist 1800 m hoch, und das macht die Rückkehr sehr schwer und gefährlich, und ab der Mitte nach oben sogar fast unmöglich. Das sind die langen alpinen Wände und darin besteht auch ihre Schwierigkeit. Ein weiteres Problem sind die Steinfälle, die manchmal etwa 1000 Meter über den Bergsteigern beginnen und schwer vorauszusehen sind. Ihnen auszuweichen ist fast unmöglich.

Etwa fünf Minuten nach den Kameraleuten kam ein Herr fortgeschrittenen Alters vorbei. Er erkannte uns als Bergsteiger und fragte, ob wir die Absicht hätten, die Wand zu besteigen. Emo antwortete voller Freude und Stolz:

„Wir haben sie bereits bestiegen!!!"

„Das gibt's doch nicht! Wirklich?", rief er begeistert.

„Ja, gestern", erläuterte Emo.

„Bravo! Gratulation!" Der Mann war besonders gerührt, drückte unsere Hände und wiederholte – „Gratuliere, gratuliere!" Es stellte sich heraus, dass er vor 28 Jahren, im Jahr 1970, die Wand auch auf der klassischen Route bestiegen hatte. Dann ging er schnell weiter, um die Leute mit den Kameras einzuholen. Er hatte sich sehr gefreut und vor allem unsere Leistung hoch eingeschätzt, weil er die Wand selber schon einmal bezwungen hatte und den Preis und die Mühe eines solchen

Vorhabens gut kannte. Mir war es unangenehm, wie Emo mit unserer Leistung
geprahlt hatte. Ich bin etwas verschlossener und vielleicht auch zu bescheiden.
Später sah ich, wie er auf dieselbe Art und Weise mit allen anderen Leuten sprach,
denen wir unterwegs begegneten. Er sprach immer mit besonders großem Stolz
über unser Abenteuer und darin sah ich nichts Schlimmes. Es war eine Freude, Stolz
und vor allem reines Vergnügen, an diese wunderbare Besteigung immer wieder
zurückzudenken. Genau so werden gute Nachrichten verbreitet, sonst würde die
Welt nichts von ihnen erfahren. Später genierte ich mich auch nicht mehr und
erzählte mit geschwollener Brust und großer Bereitschaft von unserer Leistung.

Emil:

Zum ersten Mal seit Monaten schlief ich ruhig und lange. Morgens kamen
wieder irgendwelche Vögel, die wir inzwischen hassten. Sie weckten uns
nicht nur in aller Herrgottsfrüh, indem sie sich an der Decke niederließen und
lauthals krächzten, sondern bewarfen uns absichtlich mit kleinen Steinchen
und gingen uns damit auf die Nerven. Sie sahen frech, dreist und hochmütig
aus, waren schwarz mit weißen Füßen und Schnäbeln. Wenn sie am Boden
spazieren gingen, schienen sie uns zu verhöhnen: „Wer seid Ihr denn? Schaut
mich an! Ich fliege jeden Tag, und wenn ich will, auch bis zum Gipfel. Ich kann
mich an jeder beliebigen Stelle auf dieser Wand niederlassen, ohne dass ich
irgendwelche komische alpine Ausrüstung brauche. Ich bin schon mehr wert
als Ihr, kräh, kräh, kräh …"

Zwischen uns gab es aber auch irgendeine geistige Verbindung. Manchmal
lachte ich über sie und achtete nicht auf ihre Anwesenheit, dann wieder konnte ich sie nicht leiden und versuchte, sie mit Schimpfwörtern und Steinen zu
verjagen.

Im Gegensatz zu den Vögeln bereiteten uns die Kühe viel Freude. Schön,
sauber und edel, grasten sie gutmütig den ganzen Tag auf den Wiesen, begleitet vom melodischen Klang der Glocken, die sie um den Hals trugen. Die einheimischen Viehzüchter kümmerten sich um sie wie um Familienangehörige.
Sie leuchteten vor Sauberkeit und machten das Gebirgspanorama perfekt.
Während wir sie beobachteten, träumten wir davon, an ihrer Stelle zu sein,
hier in der Nähe unserer geliebten Gipfel zu leben und jemanden zu haben,
der sich mit viel Liebe um uns kümmerte.

Ignat:

Es war besonders angenehm, das Gebirge zu betrachten, weil es uns viel Kraft
gab – umso mehr, als wir uns in den Schweizer Alpen befanden. Die Berge hier sind
wunderschön und majestätisch. Von großem Interesse waren für uns die hängen-
den Gletscher an den Wänden der umliegenden Gipfel. Abends konnten wir fast
immer die Eisstürze des Gletschers an der Eigerwestseite sehen oder wenigstens

hören. Auch auf den Nebengipfel Mönch mit seiner sehr schönen, stark vereisten und schwierigen Nordwand hatten wir eine gute Aussicht. Alles war sehr sauber. Nirgendwo hatten wir Abfall an den Pfaden gesehen, auf denen täglich Hunderte von Menschen gingen. Hier lebten und verweilten intelligente und gut erzogene Menschen. Wir hielten uns auch für solche und bemühten uns sogar, die Höhle, in der wir wohnten, sauber zu halten.

Der Kontrast zwischen den grünen Wiesen, den Weiden, auf denen Kühe grasten, den wunderschönen Berghütten einerseits und den hohen vereisten Gipfeln, überhäuft mit Gletschern, Felstürmen und Glockentürmen andererseits war ein wahrer Augenschmaus. Man konnte sich ganz klein und nichtig fühlen, aber auch als Teil eines Ganzen, mit dem man in voller Harmonie lebt und woraus man unglaubliche Energie und Lebenskraft schöpft.

Besonders gern scherzten wir darüber, dass es viel besser wäre, eine Kuh in der Schweiz als ein Mensch in Bulgarien zu sein. Der werte Leser möge mich bitte nicht falsch verstehen – ich liebe meine Heimat. Aber in der Schweiz sieht selbst ein Gassenköter nicht so schrecklich aus wie die unglückseligen und dreckigen Hunde in unserer „lieben" Stadt Sofia.

▶ Schweizer Kuh

Emil:

Vom Essen blieb immer etwas am Boden liegen, und wenn wir nicht in der Höhle waren, aß jemand diese Reste heimlich auf. So war unser Tisch immer sauber. Mit „Tisch" meine ich den Stein, der als solcher herhalten musste. Ich tippte auf eine Maus, aber später stellte sich heraus, dass es ein kleiner Vogel war, der zu uns kam, während wir aßen. Er hüpfte ängstlich umher, kam vorsichtig ein Stück näher, pickte den nächsten Krümel und flog dann schnell davon.

Ignat:

Am nächsten Tag, dem 22. Juli, standen wir um 9 Uhr auf und machten uns eine Stunde später auf den Weg nach Grindelwald. Dort kauften wir wieder ein, denn unsere Vorräte waren inzwischen erheblich geschrumpft. Wir brauchten vor allem Brot – etwa 4 Kilo – und Margarine. Jeder schickte eine Ansichtskarte nach Hause. Dann besuchten wir die Felsen am Ausgang des Gletschercanyons, wo wir vor der Besteigung trainiert hatten. Die Sporttouren waren mit zahlreichen Spits wunderbar gesichert. Wie sagten wir so passend: „Wenn Du Dir den Hals brechen wirst, schaffst du es hier bestimmt nicht." Aber was war mit uns los? Wir kletterten und zitterten! Wir fühlten uns überhaupt nicht sicher an den Felsen. Scheinbar hatten wir uns bei der großen Tour moralisch und psychisch völlig verausgabt. Dieser Zustand war mir neu.

Emil:

Ich dachte, ich wäre in Bestform zum Klettern. Bis ich mir den Sitzgurt anlegte und den Felsen berührte. Plötzlich drehte sich alles. An jeden Haltepunkt klammerte ich mich fest wie ein Ertrinkender an einen Strohhalm. Der Hakenabstand betrug einen Meter, und meine Füße zitterten so, als ob ich mich zum ersten Mal an einem Felsen festhielt. Ich versuchte mich zu konzentrieren und zu entspannen, aber es gelang mir nicht, und nachdem wir zwei Routen überwunden hatten, gingen wir zurück in den Ort.

Ignat:

Offensichtlich erinnerten wir uns an irgendwelche schrecklichen Sekunden, und es lief uns kalt über den Rücken. Viele Jahre später erst erfuhren wir, dass ein solcher Zustand nach einer sehr anstrengenden und gefährlichen Tour normal ist. Diese Tour war für uns etwas so Großes und Neues und unterschied sich so wesentlich von allem, was wir bisher gemacht hatten, dass wir unsere Kräfte auf Monate hinaus aufgebraucht hatten. Eine ähnlich extreme Route hätten wir so bald nicht wieder bewältigen können.

Wir stiegen schnell ab, um diese Qual zu beenden, die uns das Klettern bereitete und aßen stattdessen im Ort Erdbeereis, das den Namen „Extreme" trug. Es schmeckte wahnsinnig lecker und ich kann behaupten, dass ich in meinem Leben noch kein besseres Eis gegessen hatte. Trotz seines hohen Preises leisteten wir es uns später noch einige Male.

Im Alpinen Haus schauten wir uns wieder die Kletterführer an und danach machten wir uns zu Fuß auf den Weg nach oben. Wir waren schrecklich müde und ich wusste nicht, wie wir den Nachhauseweg geschafft hätten, wenn uns nicht ein Bauer mit einem Jeep die Hälfte der Strecke mitgenommen hätte. Wenn ich heute darüber nachdenke, glaube ich, dass sich damals während der ganzen Zeit tatsächlich jemand um uns gekümmert hat, denn das Glück wich nicht von unserer Seite.

Als wir nach Hause kamen, war es schon fast dunkel. Zum Abendessen gab es Spaghetti – neuerdings eine unserer Lieblingsspeisen.

Danach gingen wir zu Bett, zufrieden und glücklich darüber, dass wir in der Schweiz waren und dass wir lebten.

Emil:

Wir waren müde und unser Wunsch, zu Fuß zu gehen, hatte sich sehr schnell verflüchtigt. Das bewies einmal mehr, wie sehr erschöpft wir waren, und deshalb beschlossen wir, uns so lange zu entspannen, wie wir es nötig hatten und im Augenblick nicht ans Klettern zu denken. Das aber dauerte nicht lang und bald hatten wir eine neue Idee.

Ignat:

Am nächsten Tag trafen wir eine wichtige Entscheidung. Wir wollten die Eigertraverse zurücklegen, um auch auf diese Weise den Gipfel zu bezwingen. Aufsteigen wollten wir beim Ostkamm Mitteleggi, absteigen über den Westkamm oder besser die Westwand, wie sie meiner Meinung nach heißen müsste. Wir hatten eine unglaublich schwierige und wertvolle alpine Besteigung vollbracht und allein für diese Leistung hatte sich die Reise gelohnt. Aber uns gefiel das Klettern und wir kamen uns untätig vor. Jetzt, nach nur zweieinhalb Tagen Ruhe, hatten wir schon wieder Hummeln im Hintern. Hier gab es so viele Gipfel und Touren. Es gab Sommer-, Winter-, Alpen- und Sportrouten jeglicher Länge und jeglichen Schwierigkeitsgrades.

Wir ordneten sorgfältig unser Gepäck, da das ganze Abenteuer mit der Traverse zwei Tage dauern sollte mit einer Übernachtung in der Schutzhütte auf dem Mitteleggi-Grat. Wieder nahmen wir nur das Nötigste mit: die zwei Seile, vier Schlingen, einen Normalhaken, einen Friend und zwei Eisschrauben; außerdem noch die Sitzgurte, die Helme und die vier Eispickel, da wir nicht wussten, auf welche Art von Eis wir im oberen Teil des Gipfels stoßen würden. Wir wollten mit den Bergstiefeln klettern und nahmen natürlich auch die Steigeisen mit. Die Besteigung, die uns bevorstand, wird sich völlig von der letzten extremen, dafür aber sommerlichen Route unterscheiden. Es wird ein fast winterliches Klettern sein, mit Winterausrüstung auf verschneiten und wahrscheinlich auch vereisten Abschnitten. Der Schwierigkeitsgrad wird nicht hoch sein, gefordert wären mehr Gebirgserfahrung und gute Kondition. Ich glaubte, dass wir beides bereits besaßen und dass wir für eine solche Tour unter genau solchen Bedingungen bereit waren.

Am Abend kamen an der Höhle zwei Brüder vorbei, bepackt mit Kletterrucksäcken, an denen Helme und Pickel hingen. Wir begrüßten sie und kamen ins Gespräch. So erzählten wir, was wir schon geleistet und welche Tour wir als Nächstes geplant hatten. Sie kannten diese Traverse schon und empfahlen sie wärmstens. Sie selber hatten es auf die klassische Tour der Nordwand abgesehen, wobei sie beabsichtigten, die Wand in einem Tag, und zwar bis 15 oder16 Uhr zu besteigen. Das ist schon möglich und von vielen sehr guten Seilschaften gemacht worden, aber in der Tat bedeutet das unglaublich schnell zu klettern und beim größten Teil der Route sich kaum abzusichern. Wir wünschten einander Erfolg und sie gingen zum Fuß der Wand, um dort ihr Biwak einzurichten.

Später erfuhren wir, dass sie ihr Vorhaben aufgegeben hatten. Zum Training waren sie im Wallis geklettert, aber wahrscheinlich erschreckte und wies die Wand die Kletterer mit ihrer finsteren Geschichte und ihrem zweifelhaften Ruhm zurück. Außerdem war auch das Wetter nicht besonders günstig. Überall an der Wand floss Wasser und es fielen Steine hinunter. Wegen des warmen Wetters waren die Eisfelder wahrscheinlich in einem so schrecklichen Zustand, dass man keine gute und zuverlässige Sicherung anbringen konnte.

Wir selbst verzichteten endgültig auf die klassische Tour, weil die Bedingungen zu dieser Jahreszeit äußerst ungünstig waren, weil ich im Klettern an kombinierten und Eispassagen keine so große Erfahrung hatte und weil wir von der vorigen Route noch völlig ausgelaugt waren. Die klassische Tour würde eine unglaublich starke geistige und körperliche Belastbarkeit erfordern, der wir zu dieser Zeit nicht gewachsen waren. Allein der Gedanke, erneut zur Wand des Todes zurückzukehren, war für uns äußerst unangenehm und völlig indiskutabel.

Folge nicht dem Weg – geh dort, wo es keinen Weg gibt und hinterlass eine Spur…

SCHWINDELERREGENDE HÖHEN
(Die Eigertraverse, 24.-25. Juli)

Emil:

Am 24. Juli standen wir früh auf und nachdem wir die nächste Torte „Emilio"
aufgegessen hatten, bestiegen wir die Bahn zum Jungfraujoch. Wir mussten
an der Station Eiger-Eismeer aussteigen. Um die Fahrkarten kamen wir nicht
herum, weil es keine andere Möglichkeit gab, zum südlichen Teil des Gebirges
zu gelangen. Zunächst hatte ich die Idee, in der Nacht davor zu Fuß auf den
Schienen zum Tunnel zu gehen, um so das Geld für die Fahrkarten zu sparen.
Der Tunnel war aber ziemlich schmal, und falls uns jemand erwischt hätte,
hätten wir großen Ärger bekommen, was wir keinesfalls wollten. Wir bekreu-
zigten uns, fanden uns damit ab und bezahlten.

Ignat:

*Die Eisenbahnlinie verlief genau unter dem Gipfel des Eiger durch einen Tunnel,
der mit viel harter Arbeit gegraben worden ist. Genau in der Mitte der Strecke
näherte sich die Bahn der Nordwand und dort gab es sogar eine Station mit Blick
auf den Grindelwalder Talkessel. Die Aussicht war imposant. Die Station befand
sich etwa 600 Meter vom Fundament der Wand entfernt, bei Bedarf wurde sie
für Rettungsaktionen benutzt. Leider war damals die Wand meistens in Wolken
gehüllt, so dass uns die schönste Aussicht nichts nützte. Die Japaner waren ebenso enttäuscht wie wir. Das war zumindest mein Eindruck. Möglicherweise aber
waren sie mit dem Blick auf die Wolken ganz zufrieden, denn sie lächelten wie
immer. Und überhaupt konnte sie alles beeindrucken.*

*An der nächsten Station waren wir beide die einzigen Fahrgäste, die ausstiegen,
weil es hier nichts Interessantes gab (damit meine ich Restaurants und Hotels). Noch
beim Aussteigen entdeckten wir eine Tafel, der wir entnahmen, dass die Schutzhütte,
in der wir übernachten wollten, bewirtschaftet wurde. Das bedeutete, dass wir
unsere Übernachtung bezahlen mussten. Wir hatten aber schon 62 SFR für die
Fahrkarten ausgegeben und dachten deshalb überhaupt nicht daran, unser letztes
Vorhaben aufzugeben. „Hoffentlich kostet das nicht allzu viel", ermutigten wir uns.*

Emil:

Die Eisenbahn fuhr weiter bergauf und wir waren inzwischen die einzigen
Fahrgäste. Vom Süden sah das Gebirge ganz anders aus – große Spalten und
vereiste Gipfel erstreckten sich in alle Richtungen.

Ignat war fasziniert. Zum ersten Mal sah er einen Gletscher aus der Nähe.
Bisher hatte er darüber nur gelesen, aber jetzt erlebte er ihn live. Seine

Faszination äußerte sich in ein paar Sätzen, die er von diesem Augenblick an immer wieder sagte: „Hey, Du hast mich tatsächlich in die Alpen geführt. Heyyyy, das sind also die Alpen!"

Der Gletscher verlief etwa 25 Meter unter der Station, und am Ende des Tunnels entdeckten wir eine Tür. Während ich sie öffnete, dachte ich, dass wir bis zum Gletscher Treppen hinuntersteigen mussten, aber vor uns erstreckte sich ein abfallender Felsen bis zur Oberfläche des Gletschers. „Na", sagte ich, „das ist ja eine Überraschung! Wie kommen wir dort hinunter!?" Wir schauten uns um und ich sah, dass am linken Teil der Tür ein Abseilhaken angebracht war, an dem wir uns abseilen mussten. Wir legten unsere Sitzgurte an, packten das Seil aus und seilten uns schnell ab.

Ignat:

Erst unten bemerkten wir, dass es noch eine weitere Tür gab, die direkt zum Gletscher führte, aber wir waren überhaupt nicht auf die Idee gekommen, nach ihr zu suchen. Es stellte sich heraus, dass wir den Winterausgang benutzt hatten, den man verwendet, wenn auf dem momentanen Niveau des Eises noch zusätzliche 20 bis 30 Meter Schnee liegen. Zum ersten Mal war ich auf einem Gletscher, dazu noch auf einem ziemlich großen. Es gab viele Spalten und Seracs[1], und für alle Fälle hängten wir uns sogleich am Seil ein. Auch die Helme setzten wir auf, denn uns flogen zahlreiche Steine um die Ohren. Emo setzte seine Gletscherbrille auf. Meine normale Sonnenbrille konnte gegen das starke Licht kaum etwas ausrichten; alles um uns herum war weiß, unglaublich hell und blendete.

Wir folgten dem Gletscher in östlicher Richtung. Irgendwo mussten wir links einen Weg auf den Felsen finden, der uns zum Mitteleggi-Kamm mit der gleichnamigen Schutzhütte führte. Nach kurzem Umherirren – wir hatten den Weg bis zum Beginn der Route nicht gut genug erkundet – begegneten wir einer Seilschaft, die uns den richtigen Weg zeigte. Offenbar kamen sie von der Schutzhütte und folgten unseren Fußspuren zur Bahnstation. Wir brachen auf zu den abfallenden und bröckeligen Platten, die dazu noch mit losen Steinen unterschiedlicher Größe übersät waren. Wie wir solche Passagen hassten!

Emil:

Das war kein angenehmes Klettern – Kategorie leicht, aber gefährlich. Meistens krochen wir und versuchten an den Geröllhalden, die den Felsen in seinem unteren glatten Teil bedeckten, das Gleichgewicht zu halten.

Am frühen Nachmittag erreichten wir die fast ausgestorbene Schutzhütte. Das war die Lieblingsroute vieler Bergführer, die ihren Kunden unvergessliche Momente an einem der schönsten Gipfel der Erde versprachen.

---

[1] Serac: Abbruchzone eines Gletschers in steilem Gelände

Für uns war diese Hütte Luxus pur. Die Wirtin kümmerte sich rührend um die eintreffenden Bergsteiger. Sie tat alles, damit sich die Gäste hier, viele Kilometer von der Zivilisation entfernt und von schwindelerregenden Abgründen umgeben, wohl fühlten. Leider konnten wir alle diese Bequemlichkeiten nicht nutzen, denn wir hatten kein Geld und mehr als den Luxus, einfach dort zu sein und auf den nächsten Morgen zu warten, um die Route einzuschlagen, konnten wir uns nicht leisten. Anfangs musterte sie uns ziemlich misstrauisch, negativ war auch ihre Antwort auf meine Frage, ob wir uns auf unserem Primuskocher eine Kleinigkeit zubereiten durften. Ich musste meinen ganzen Charme versprühen, damit sie uns gewähren ließ.

Ignat:

Die Frau verlangte von jedem von uns 50 Franken für die Unterkunft einschließlich Frühstück und Abendbrot. Wir hatten bereits 62 SFR für die Bahn ausgegeben und nun wollte sie von uns 100 SFR für die Übernachtung! Das konnten wir uns überhaupt nicht leisten und deshalb nahm sich Emo der Sache sofort an. Er erklärte ihr, dass wir aus Osteuropa kämen, per Anhalter gereist seien und unser Frühstück im Rucksack hätten!

Zuerst wollte sich die Wirtin durchsetzen, aber schließlich kapitulierte sie vor den Argumenten meines Freundes und willigte ein, nur die Hälfte zu berechnen für die reine Übernachtung. Sogar das war für uns noch zu viel, da wir an nur einem Tag um 112 SFR ärmer geworden waren – für unser bescheidenes „Expeditionsbudget" eine erhebliche Summe. Ich glaube, wenn die Dame in der Hütte nicht nachgegeben hätte, so hätten wir im Freien bei der Schutzhütte biwakieren müssen. Dafür aber waren wir nicht ausgerüstet, wir hatten lediglich den Primus und eine betagte Aluminiumschüssel dabei.

Emil:

An diesem Nachmittag kam ich mit einem Bergführer und seinem Kunden ins Gespräch – es sollte 6 Stunden lang dauern. Wir sprachen über alle nur denkbaren Themen. Er befragte uns über den Eiger und die Route, über die Besteigung selbst, wollte wissen, woher wir kamen, wie wir in die Schweiz gekommen sind, interessierte sich für meine Studienzeit und für das Leben in Bulgarien. Inzwischen gesellten sich weitere Seilschaften dazu, um meinen endlosen Erzählungen mit besonders großer Aufmerksamkeit zuzuhören. Ich sprach ohne Punkt und Komma, alles floss aus meinem Herzen und meiner Seele. Ignat saß neben mir und hörte zu. Er konnte kein Deutsch, aber er orientierte sich an der Art des Erzählens, am Tonfall, an der Mimik, an den einzelnen Wörtern, die in allen Sprachen gleich sind und die jeder versteht, und so ergänzte er die Erzählung mit einem Lächeln und einzelnen Ausrufen wie … Wie, das gibt's doch nicht! … Klasse! … Ja! … Das war aber hart! … Er wusste genau, was ich erzählte, und ich brauchte ihm nichts zu übersetzen. Es war schon dunkel, als wir unsere Konversation beendeten, schließlich wollten wir am nächsten Tag nicht nur früh aufstehen, sondern auch munter sein. Es blieb uns nicht viel Zeit für die Nachtruhe, und so ließen wir die anderen Bergsteiger mit Blicken voller Respekt und Anerkennung zurück.

Ignat stellte fest, dass ich mehr als 6 Stunden ununterbrochen gequasselt hatte. Erst jetzt wurde mir klar, dass ich an diesem Tag mehr als 6 Stunden an einem Platz gesessen und vor meinem bescheidenen Publikum ohne Pause erzählt hatte, mehr als 6 Stunden war ich nicht zur Toilette gegangen und hatte weder gegessen noch getrunken.

Ignat:

Während der ganzen Zeit dachte mein Partner überhaupt nicht ans Essen, außerdem hatten wir beide kein Wasser getrunken. Überhaupt hatten wir an diesem und am nächsten Tag fast nichts getrunken. Wir hatten nur eine fast leere Flasche mitgenommen, weil wir dachten, dass es überall Wasser geben würde. Es stellte sich aber heraus, dass wir die Rechnung ohne den Wirt – in unserem Fall ohne die Hüttenwirtin – gemacht hatten. Offenbar war ihr Mineralwasser nur für den Verkauf bestimmt, denn als wir von ihr Wasser verlangten, schickte sie uns ganz unverfroren den Gebirgskamm hinauf, um nach Schnee zu suchen. Sie selber verwendete den Schnee, den sie per Hubschrauber in großen Plastiksäcken erhielt, zum Waschen und zum Kochen.

Am Abend beschloss ich dann, dass wir etwas trinken mussten und folgte dem Rat der Hüttenwirtin. Oben am Gebirgskamm lag eine schmutzige Schneewehe, auf die ich entschlossen zuschritt. Leider machte ich den Fehler etwas seitlich des Pfades zu gehen. Das weckte in mir unangenehme Emotionen und ließ meinen Körper zittern, weil ich zunächst hinauf- und dann wohl auch irgendwelche steilen und unangenehmen bröckeligen Passagen hinunterklettern musste. Ich trug Hardboots. Die Schüssel mit dem Schnee hatte ich vor meine Brust geschnallt, um die Hände frei zu haben. Ich erkannte meine riskanten akrobatischen Übungen über dem 400 bis 500 Meter tiefen Abgrund und kehrte um. Wir mussten mit dem wenigen Schnee auskommen. Er reichte gerade für zwei Tassen Milch zum Abendbrot. In unserer Plastikflasche blieben ein paar Schluck Wasser übrig, die wir für den nächsten Morgen sparten.

Kurz bevor es dunkel wurde, kam eine Seilschaft den steilen Gebirgskamm hinunter und mich beeindruckte besonders, dass die Leute total müde waren. Was stand uns wohl bevor? Den ganzen Tag sahen wir zum spitzen und unglaublich imposanten alpinen Gebirgskamm hinauf, den wir am nächsten Tag stürmen wollten. Ich muss gestehen, dass mir allein der Anblick reichlich Respekt einflößte. Hoffentlich war die Route nicht zu extrem, hatte ich mich doch eher auf ein leichtes und angenehmes Klettern eingerichtet. Was wird uns wohl erwarten?

Uns stand ein schwerer Tag bevor. Laut der Information, über die wir verfügten, mussten wir 4 bis 5 Stunden bis zum Gipfel klettern und danach ebenso viel Zeit für das Absteigen an der Westwand einplanen. Eigentlich machten wir uns, wie auch die meisten Seilschaften, vor allem Sorgen über den Abstieg, der immer schwieriger und gefährlicher ist. Außerdem sind die Bergsteiger dann auch erschöpfter, was manchmal zu dummen Fehlern und damit zum Verlust des Wertvollsten führt – des Lebens. Zwei Deutsche, mit denen wir uns heute unterhalten hatten, baten uns, am Gipfel auf sie zu warten, damit wir uns beim Absteigen bei Bedarf gegenseitig helfen konnten. Wir mussten frisch und entspannt sein und beschlossen deshalb, uns früh hinzulegen. Den Wecker stellten wir auf 4.10 Uhr und ließen uns im engen Raum nieder, wo es zwei Reihen Etagenpritschen gab – für 25 SFR pro Kopf! In dieser Nacht konnte ich fast kein Auge zumachen, weil irgendjemand neben mir fürchterlich laut schnarchte und mich die ganze Nacht schubste.

Gegen halb vier am Morgen hörte man draußen eine Tür ins Schloss fallen und allmählich erwachte die Hütte zum Leben. Voller Elan standen wir auf, frühstückten, tranken einen Schluck Wasser, besuchten das stille Örtchen, vor dem sich bereits eine Schlange gebildet hatte, packten schnell die Rucksäcke und um 5 Uhr brachen wir auf. Noch war es dunkel, so dass wir die Stirnlampen aufsetzen mussten.

Am Anfang machten alle Tempo und ich fühlte mich wie bei einem Wettkampf. Dabei erwartete uns am Gipfel nichts Außergewöhnliches, und Preise wurden auch keine verliehen. Jeder wollte nach vorn, um dann später an den Plätzen mit Fixseilen nicht auf die anderen warten zu müssen. Emo hatte bereits ähnliche Erfahrungen bei der Matterhornbesteigung gesammelt, wo er den Hörnli-Kamm solo geklettert war und mir später mehrmals von diesem Erlebnis erzählt hatte. Dort hatte jeder versucht, vorn zu gehen, um sich so vor den herabfallenden Steinen zu schützen, die die Seilschaften weiter oben lostraten. Hier gab es nicht so viele Steine und das Gelände war verhältnismäßig leicht. An den schwierigen Stellen waren Hilfsseile angebracht.

Wir beide hatten uns eine erfolgreiche schnelle Fortbewegungsmethode angeeignet. Wir gingen in gleichmäßigem Tempo und ließen 15 Meter Seil zwischen uns. An den Fixseilen wartete ich, dass Emo vorausging. Dann ging auch ich los, wobei ich mich seinem Tempo anpasste und darauf achtete, dass zwischen uns nicht so viel schlappes Seil blieb.

Emil:

Vor uns beleuchteten schon einige Seilschaften den Weg mit den flackernden Lichtern ihrer Stirnlampen.

Wir waren ziemlich schnell und holten bald die letzte Seilschaft ein. Die beiden sicherten sich alle paar Meter ab, wodurch sie erheblich langsamer waren als wir. Nach etwa hundert Metern hielt ich es nicht mehr aus und bat den Zweiten, er möge 5 Minuten warten und uns überholen lassen. Danach hatten wir genug Freiraum und überwanden ohne Probleme die Felstürme und -brücken am Gebirgskamm, die sich vor uns erstreckten. Es gab eine Stelle, wo wir uns bis zu einem schmalen Standplatz abseilen mussten, der nur 20 cm breit war und den Kamm entlang bis zur gegenüberliegenden Seite verlief. Hintereinander und sehr vorsichtig passierten wir diese Himmelsbrücke. Nach und nach holten wir auch die anderen Seilschaften ein.

Der Bergführer war mit seinem Gast auch auf dieser Route unterwegs. Der Kunde hatte sich an einem der Fixseile an der Wand wie ein Blutegel festgesaugt und stöhnte laut. Er war nicht nur sehr müde, sondern hatte auch höllische Angst. Der Bergführer stand relativ ruhig über ihm und sammelte das Seil so geschickt wie nur möglich, um ihn zu erleichtern. Wir begrüßten einander und gingen an ihnen vorbei.

Ignat:

Unsere Taktik sah folgendermaßen aus: Emo sollte, so lang er konnte, anführen, und er konnte das wirklich lange tun. Ich sollte ihn absichern, wo nur hie und da einmal ein schäbiger Klemmkeil in den bröckeligen und verwitterten Fels fest eingeschlagen war. Ich sollte den Rucksack mit dem gesamten Gepäck tragen, während mich mein Freund von oben absicherte und das Seil einsammelte. Das wäre ausreichend gewesen, um mich festzuhalten, falls ich ausrutschen oder irgendein Griff abbrechen sollte.

Wir waren sehr motiviert, alle zu überholen und deshalb kletterten wir sehr schnell, aber trotzdem auch besonders vorsichtig. Unsere Körper waren ausgezeichnet akklimatisiert und wir hatten keinerlei Probleme mit der dünnen Gebirgsluft. An den Klettersteigen rannten wir regelrecht den senkrechten Felsen hinauf oder zogen uns am Seil in die Höhe.

Nachdem wir den Bergführer und seinen Kunden überholt hatten, waren wir die Ersten und erlebten ein neues Gefühl der Freiheit und Unabhängigkeit, denn manchmal ist es ziemlich nervig, in fremde Fußstapfen zu treten und dem vom anderen gewählten Weg zu folgen. Und was würden wohl die anderen von uns denken, wenn wir ihnen am Abend erzählten, welch tolle Bergsteiger wir seien, dagegen jetzt aber an jedem Geländer länger als nötig verweilten und vor Angst zitterten? Und dort, wo Fixseile fehlten, war die Route eher bröckelig und gefährlich, aber nicht schwierig. Solche Passagen verlangten eine starke Psyche und erhöhte Vorsicht. Ein älterer Engländer, der die Traverse allein bezwang, hatte sich besonders über unsere Leistung gefreut. Das stärkte natürlich unser Selbstbewusstsein. Die Aussicht nach Süden war überwältigend und unter uns klaffte ein 400 bis 500 Meter tiefer Abgrund. Zum Norden wurde er noch tiefer – bis zu 2000 Meter; leider hatten wir in diese Richtung keine gute Sicht, aber dass die Nordwand im Nebel lag, war ja normal. Während unseres ganzen Aufenthalts in der Region lag sie immer im Nebel außer ausgerechnet an den beiden Tagen unserer Besteigung. Im Moment hatte der Nebel seine Vorteile. Wir mussten so manchen schmalen und spitzen Gebirgskamm passieren und für mich persönlich war es gut, dass ich den riesengroßen und endlosen Abgrund im Norden nicht sehen konnte.

Wir näherten uns dem oberen Teil und entdeckten die ersten Steigeisenspuren auf den Felsen. Kurz darauf erreichten wir die Vorgipfelschneewehen und -vorsprünge. Wir brachten schnell unsere Steigeisen an und hielten die Eispickel griffbereit.

Der nächste Schneekamm war ziemlich spitz und steil. Nur ein Ausrutscher, und wir wären am Fuß der Nordwand gelandet. Hinter uns kletterte eine ziemlich gut einge-spielte deutsche Seilschaft. Da wir immer öfter anhielten, um die Aussicht zu genie-ßen, hatten sie uns sehr schnell fast eingeholt. Mit Erstaunen stellte ich fest, dass sie unmittelbar hintereinander kletterten mit nur 1 bis 2 Meter Seil dazwischen. Noch heute kann ich nicht beurteilen, ob das richtig war, aber ich persönlich würde nie eine ähnliche Fortbewegungstechnik anwenden. Bei ihnen schien das gut zu klappen, sie kamen flott voran und allem Anschein nach vertrauten sie auf ihr Glück.

Emo kletterte 6 bis 7 Meter vor mir, als er sich plötzlich umdrehte und glück-lich aufschrie, dass das schon der Gipfel sei. Spitze! Wir waren sehr zufrieden und richtig aufgewühlt. Ich fotografierte ihn, wie er beide Eispickel über seinem Kopf schwenkte. War das der Höhenkoller? Wir erlebten eine Situation, in der der Mensch in Euphorie verfällt und sich froh, glücklich und trügerisch ruhig und geborgen fühlt. Wir befanden uns an einem steilen und glatten Hang und ich hatte überhaupt keine Ahnung, woher dieses Gefühl der Sicherheit kam – ganz zu schweigen davon, dass der Schnee von der Sonne weich geworden war und den Steigeisen keinen sicheren Halt mehr bot.

Doch dann meldete sich der Verstand wieder zurück und wir kletterten ein Stück nach unten, wo es eine verhältnismäßig flache und Ruhe einflößende Stelle gab. Wir waren unglaublich glücklich, weil wir soeben auch den Eigergipfel mit seinen 3970 Meter ü.d.M. erklommen hatten. Für mich war das der höchste Punkt, den ich je erreicht hatte.

Emil:

Nach vier Stunden ununterbrochenem Klettern traten wir auf den Gipfel. Vom Norden her kamen mal Wolken, mal Nebel und vom Süden her beschien die Sonne die Gipfel. Das war ein einmaliges Schauspiel, das ich sehr genoss. Aber ich machte mir große Sorgen um den Abstieg.

Die meisten Seilschaften gingen weiter und folgten dem Gebirgskamm, der Eiger und Mönch verband. Von dort aus erreichten sie bequem die Station Junfraujoch.

Wir konnten uns aber die Fahrt nach Grindelwald nicht leisten.

Ignat:

Emo wollte sofort wieder absteigen. Ich aber sträubte mich: „Nein! Wir bleiben hier wenigstens 5 Minuten, um die Aussicht zu genießen; schließlich steigen wir nicht jeden Tag hier hinauf." Mein Freund gab meinem Wunsch nach. Es war so schön und überwältigend, dass wir fast 20 Minuten lang blieben. In dieser Zeit holten uns fast alle anderen Seilschaften ein, sogar die langsamere, über die ich mir Sorgen gemacht hatte, ob sie überhaupt den Gipfel erreichen würde. Wir gratulierten einander und machten noch ein paar Fotos. Danach aßen wir eine Kleinigkeit, weil wir während unseres vierstündigen Hochkletterns überhaupt nicht angehalten hatten. Die beiden Deutschen, mit denen wir den Gipfel fast gleichzeitig erreicht hatten, spendierten uns frischen Saft, nachdem wir ihnen durch die Blume gesagt hatten, dass wir mehr als 24 Stunden lang kein Wasser getrunken hatten. Mich quälte der Durst schon lange, aber trotzdem beherrschte ich mich und trank nur ein bisschen. Die Deutschen hatten auch keine allzu großen Getränkevorräte dabei.

Es war gegen 9 Uhr am Morgen. Im Süden war die Aussicht imposant. Überall konnte man steile verschneite Gipfel und Gletscher sehen. Im Süden gab es wieder Nebel und die „Mordwand rauchte", als wäre sie ein Kessel, in dem eine alte Hexe ihren Zaubertrank kochte und einen unheilvollen Dampf aufsteigen ließ.

Auf der gegenüberliegenden Seite, genau vor uns, bemerkte ich an der Nordwestwand des Mönchgipfels zwei schwarze Punkte, deren Position mir sehr merkwürdig erschien. Vor dem Hintergrund der schneeweißen Wand, die aus 70% bis 80% ewigem Eis bestand, sahen sie mir ziemlich unnatürlich aus. An ihrem Fuß war die Wand durch einen Spalt vom Gletscher getrennt. Als ich später wieder dorthin sah, waren die Punkte verschwunden und ich brauchte eine Weile, bis ich kapierte, dass das Bergsteiger waren. Die Wand sah eher verschneit als vereist aus und ich fragte mich mehrmals, mit welcher Ausrüstung sie sich wohl an diesem steilen und unsicheren Hang absicherten. Ich hielt diese beiden Bergsteiger für lebensmüde. Damals wusste ich noch nicht, dass uns beiden eine ähnliche Tour auf einer solchen Eiswand bevorstand, und das schon in wenigen Tagen.

Doch zurück zur rauen Wirklichkeit. Ich dachte an den bevorstehenden Abstieg, der uns alle sehr beunruhigte. Zunächst war der Hang mit Firn bedeckt, verhältnismäßig leicht und nicht so steil. Hier konnte man sich leicht überschätzen. Und wir waren immer noch von unserem „Sieg" über den Gipfel berauscht. Das Schwierigste stand uns noch bevor, und wenn wir nicht wollten, dass uns der Eiger „bestrafte" und aus diesem Zweikampf als Sieger hervorging, mussten wir uns schwer zusammenreißen. Der Abstieg gestaltete sich unglaublich schwierig und gefährlich. Später, wenn ich meinen Bergsteigerfreunden davon erzählte, begann ich normalerweise mit den Worten: „Das war der schwierigste, gefährlichste und mühevollste Abstieg, den ich jemals erlebt hatte!"

Emil:

Mein Bein schmerzte schrecklich wegen der Hardboots. Ich wusste, dass sich nach einer großen Anstrengung oder nach einem Schmerz mein Bein wieder entspannte, aber beim nächsten Versuch, es zu beanspruchen, spürte ich wieder einen stechenden Schmerz und musste mich hinsetzen. So ging es Stück für Stück vorwärts.

Am Gipfel wurde ich schnell ungeduldig und schlug Ignat vor abzusteigen. Das enttäuschte ihn ein bisschen, weil er länger bleiben und diese unglaubliche Welt der Berge und Gipfel ausgiebig genießen wollte.

Wir hatten kein Wasser mit und der Durst quälte uns zusätzlich. Wir gingen hinunter. Das verdammte Bein tat höllisch weh! Bei jedem Schritt dachte ich, ich würde ausrutschen und stürzen. Ein paar andere Bergsteiger folgten uns, und jeder versuchte, den leichtesten und direktesten Weg zu finden, geleitet von dem Wunsch, diesem Desaster möglichst schnell zu entkommen. Wir erlebten ein Chaos aus Steinen, Geröllhalden und senkrechten Türmen, die wir umrundeten auf der Suche nach dem richtigen Weg. Schneewehen und nasse Felsen versperrten uns den Weg. Solche Auf- und Abstiege auf einem leichten, aber gefährlichen Felsen raubten mir schon immer den letzten Nerv. Wie ich sie hasste! Auf ihnen fühlte ich mich wie eine Ameise, die den Naturgewalten hilflos ausgesetzt ist. Alles, was Dich umgibt, ist unsicher und unstabil, aber es gab keinen anderen Weg. Nach ein paar Stunden nahm der Schmerz im Bein wieder zu und wollte nicht mehr aufhören. Außer Müdigkeit spürte ich auch Hass gegen das alte Trauma. Mein Bein tat weh und es war ihm völlig egal, dass ich noch Hunderte von Metern absteigen musste, bis es endlich die ersehnte Ruhe bekam.

Ignat:

Unten öffnete sich der Abgrund der Westwand. Das Gelände, das folgte, war steil und gemischt – Felsen, Schnee und Eis. Zum Glück entdeckten wir ein Stück Bewehrungsstahl, das in den Felsen zementiert war und etwa einen Meter herausragte. Wir stiegen gemeinsam mit den beiden Deutschen ab und wir beschlossen, uns abzuseilen. Allem Anschein nach wurde das Eisenstück genau zu diesem Zweck dort fest angebracht – warum also hätten wir es nicht benutzen sollen? Der eine Deutsche äußerte den Wunsch, sich als Erster abzuseilen und für die richtige Position der Seile zu sorgen. Wir holten das Doppelseil heraus und unser neuer Freund begann langsam hinunterzuklettern. Gleichzeitig nahm der Wind spürbar zu und bald schüttelte er uns kräftig durch. Das Wetter verschlechterte sich dramatisch. Von der Nordwand kam Nebel heran und hüllte uns ein. Offenbar wollte der Gipfel, dass wir ihn so in Erinnerung behielten. Während sich der Deutsche mit den vom Wind durcheinandergebrachten Seilen abmühte, überraschte uns Schneeregen. Es wurde sehr kalt und wir mussten unsere Mützen aufsetzen und die Handschuhe anziehen. Plötzlich fanden wir uns in einer Winterlandschaft wieder. Wir waren erschrocken und fragten uns, ob der Eiger irgendeine grausame Rache im Schilde führte, weil wir seiner Nordwand unversehrt entkommen waren.

Jetzt waren wir an der Reihe, uns abzuseilen; dabei wurde uns ein wenig warm. Bald erreichten wir das nächste Eisen, und weil das Gelände immer steiler wurde, beschlossen wir, uns weiter abzuseilen. Ich fragte mich, ob wohl die ganze Strecke so aussah und wie lang wir brauchen würden, um diese verdammte Wand hinunterzuklettern. Der Deutsche kletterte wieder langsam hinunter, wobei er die Seile ordnete. Solange wir auf ihn warteten, sahen wir, wie drei Personen, die zusammen mit uns den Gipfel bestiegen hatten, 20 Meter neben uns ohne Seile abstiegen. Dass sie nicht per Seil miteinander verbunden waren, hatte seinen Sinn, denn wenn einer gestürzt wäre, hätte er die anderen zweifellos mit in die Tiefe gerissen. Der Älteste unter ihnen, der Engländer, war offensichtlich auch der Erfahrenste, weil er als Erster abstieg, und zwar schnell und sicher. Er stützte sich auf seinen langen Eispickel wie auf einen Spazierstock und weil er hockend hinunterkletterte, hatte man das Gefühl, dass er den Eispickel über seinem Kopf hielt. Er kam uns vor wie ein kleines Männchen, das den Eispickel eines Riesen gefunden hatte. Wir beneideten ihn ein wenig wegen seiner Gelassenheit und seiner Zuversicht. Der Letzte von ihnen war ein junger Mann – genau das Gegenteil. Er vertraute seinen Kräften überhaupt nicht und tastete den Felsen nervös ab. Doch wir mussten uns auf unsere eigenen Probleme konzentrieren. Eins dieser Probleme waren die unvermeidlichen Steinschläge, denn der steile Hang und die abfallenden Standplätze waren reichlich mit Felsstücken übersät. An den Felsen gab es keinen einzigen bequemen Haltepunkt. Sie waren entweder viel zu rissig oder sie bestanden aus großen Steinplatten, die wie Ziegelsteine auf einem Dach angeordnet waren und keine Haltepunkte boten. Außerdem sahen wir nirgendwo Löcher oder Spalten für das Anbringen eines Klemmkeils oder eines Friends. Es stellte sich heraus, dass unsere Ausrüstung bis auf die vier Schlingen überflüssig war.

Das Abseilen hielt uns ein wenig auf und bald spürten wir, dass uns die anderen einholten. Ich sage „spürten", weil Steine verschiedener Größe an uns vorbeiflogen. Erschrocken sah ich hinauf und sah einen solchen Stein – faustgroß – auf mich zukommen. Mein Ausweichmanöver misslang, so dass der Stein meine Hand traf. Es gab keine ernsthaften Verletzungen, aber es tat höllisch weh.

„Wir müssen sofort von hier weg und schnellstens hinunterklettern!"

Ich ließ mich als Letzter hinuntergleiten und bald war ich bei den anderen. Dann ging es kletternd und gehend weiter.

Wir beide waren mit dem Seil verbunden und hielten einen Abstand von etwa 20 Metern. Wir trugen noch immer die Steigeisen, denn auf den nassen und glitschigen Passagen fühlte ich mich damit sicherer.

Der Nebel war mit uns zusammen hinuntergekrochen, weshalb uns die Orientierung auf diesem riesengroßen und endlosen Hang ziemlich schwer fiel. Irgendwann ging ich voran, richtete mich nach links und näherte mich dem hängenden Gletscher im oberen Teil der Westwand. Zuerst hatte ich ihn mit einem der Schneehänge im unteren Teil verwechselt, die wir von unserem Abstieg vor ein paar Tagen kannten. Aber das war wohl Wunschdenken, denn in Wirklichkeit hatten wir einen ziemlich langen Weg dorthin. Der eine Deutsche war vorausgegangen und rief uns zu, wo der richtige Weg war. Wir bemühten uns, ihm schnell zu folgen und richteten uns nach rechts, wo es im ersten Augenblick aussah, als ob wir über die Nordwand springen würden.

Der andere Deutsche blieb während der ganzen Zeit bei uns. Einerseits kam mir das merkwürdig vor, dass sie sich getrennt hatten, denn sie waren doch eine Seilschaft und müssten normalerweise aufeinander warten. Andererseits aber war das eine gute Lösung, denn der Vorangegangene folgte dem Engländer und rief von Zeit zu Zeit, um uns den richtigen Weg zu weisen. Wir hatten dem Deutschen mehrmals vorgeschlagen, sich an uns einzuhängen, aber er wies diesen Vorschlag entschieden zurück. Ehrlich gesagt, wollte ich mich nicht unbedingt an einen Unbekannten anhängen; er sah zwar erfahren aus, aber die Situation hier war mehr als ernst.

Kleine Steinpyramiden wiesen uns den Weg, aber im Winter werden sie durch die häufigen Lawinen, im Sommer durch die Steinschläge zerstört. Deshalb fehlten sie oft oder sie waren schwer zu erkennen zwischen den riesengroßen Steinhaufen, mit denen die ganze Route übersät war.

Der anstrengende Abstieg und die vorgerückte Stunde ermüdeten uns. Die psychische Anspannung zeigte langsam Wirkung, und die vielen Steinschläge machten uns schrecklich nervös. Kein Wunder, dass ich mich kurz darauf mit Emo stritt. Das war einfach unvermeidlich. Wir beide wussten, dass in dieser Situation – ständige Lebensgefahr, die kein Ende nehmen wollte – ein Streit völlig verständlich war. Diese Gefahr konnte verschiedene Reaktionen hervorrufen und in den Bergsteigern tief verborgene Ängste erwecken. Jeder Teilnehmer dieser Traverse fühlte sich bedroht, und deshalb interessierte er sich fast nicht für die anderen. Jeder musste sich selbst zurechtfinden, so gut er konnte. Emo und ich nahmen immer aufeinander Rücksicht, denn wir waren eine richtig gute Seilschaft. Natürlich muss man auch Kompromisse machen. Sehr schwer ist es, dem Partner zuzustimmen und seine Meinung als richtig und angemessen anzunehmen, wenn die Situation gefährlich erscheint. Ein Beispiel: Es gibt zwei Abstiegsvarianten. Jeder favorisiert seine persönliche Variante, ist von ihr überzeugt und sich ziemlich sicher, dass die andere falsch ist und in den Tod führt. Wie soll man in diesem Fall eine Entscheidung treffen? Wichtig ist, dass überhaupt eine Entscheidung getroffen wird. So sah auch die Situation bei uns aus, dort am steilen und gefährlichen Hang.

Emil:

Ich wollte mich mit Ignat anseilen, um die Sicherheit und Ruhe bei diesen akrobatischen Kunststücken zu erhöhen. Er aber lehnte ab mit der Begründung, dass dann beide umkommen würden, wenn einer stürzt. Und es wäre doch schön, wenn wenigstens einer von uns den Tag überleben würde. Ich war wütend! Obwohl mir seine Antwort nicht gefiel, musste ich zugeben, dass er Recht hatte. Wir setzten unseren Weg fort.

Ignat:

Ich wollte das Seil, das uns verband, ablegen, weil es mich störte. Es hing mir zwischen den Füßen, ich stolperte darüber und es hakte stets an den Steinen, was zu Emos Sturz führen könnte. Er aber führte weiter an. Falls ich gestürzt wäre, hätte das Seil überhaupt nichts genutzt. Im Gegenteil – es hätte meinen Partner in den Abgrund mitreißen können.

Falls Emo ausgerutscht wäre, hätte ich die Chance gehabt, seinen Sturz zu verhindern. Er verspürte Schmerzen im Knöchel des vor Jahren gebrochenen Beins, die sich durch das lange Absteigen verstärkt hatten. Und jetzt bestand er darauf, angeseilt zu bleiben. Ich musste zustimmen, ich hatte keine andere Wahl. Die Müdigkeit ließ mich dieses Seil immer deutlicher als Last verspüren. Ich bestand darauf, uns loszubinden. Das Gelände war nicht allzu schwer und an den unbequemen Stellen hätten wir nicht aufeinander warten müssen. Irgendwann störten mich die Steigeisen, die wir immer noch trugen. Bald nahmen wir sie ab. Wir irrten bereits auf abfallenden Platten und Simsen herum auf der Suche nach den leichtesten Kletterstellen. Ich fragte mich, ob wir alle diese Fehler wegen der Müdigkeit machten oder ob wir plötzlich völlig durchdrehten. Fehlte nur noch, dass wir unsere Rucksäcke wegwarfen, um endlich den unangenehmen Druck auf unsere Schultern loszuwerden.

Emil:

Ich rutschte die Felsen hinunter und irgendwann war mir alles egal. Selbst als ich nicht richtig trat und das Gefühl hatte, als ob jemand ein Messer in meinen Knöchel stößt, freute ich mich und sagte mir im Gedanken: „Na, es geschieht Dir recht, Du Dummkopf." Vielleicht half mir das, denn plötzlich erreichten wir einen Ort, den wir schon vom Abstieg von der Nordwand kannten. Ab hier kannten wir den Weg.

Ignat:

Plötzlich sah ich, dass uns eine schwere Passage bevorstand. Ich beschloss voranzugehen, konzentrierte mich und konnte unversehrt absteigen. Etwas weiter unten begegneten wir drei Japanern, zwei Männern und einer Frau, die in der festen Absicht hochkletterten, den Gipfel zu erklimmen. Ich beneidete sie keineswegs. Von der mindestens 10-stündigen Tour hatten sie noch nicht einmal die Hälfte zurückgelegt. Als sie uns sahen, kehrten sie um. Das war meiner Meinung nach die einzig richtige Entscheidung.

Die Westflanke wird als eine der leichtesten Touren zum Gipfel beschrieben. Ursprünglich wollten wir sie zuerst machen, um so den Abstieg zu erkunden. Jetzt freuten wir uns, dass wir darauf verzichtet hatten; sonst hätten wir ein psychisches Desaster erlebt.

Emil:

Ich war immer noch wütend auf alle und alles und ging die letzten paar Meter mit einer finsteren Miene. Ignat spürte ganz genau, was los war, schwieg aber zunächst. Schließlich sagte er: „Lass uns gratulieren!" Wir gratulierten uns zur erfolgreichen Besteigung. Das beruhigte mich zwar, linderte aber keineswegs meinen Schmerz im Bein. Ich fühlte mich ein wenig verraten durch Ignats Weigerung, uns mit dem Seil zusammenzubinden, und zur Entspannung trällerte ich das Lied „The End" von „The Doors" laut vor mich hin. Schließlich fragte er mich, was das soll, und ich hörte auf. Ich fühlte deutlich die Spannung zwischen uns. Sie war das Ergebnis unserer Lebensweise, die wir uns selbst aufgebürdet hatten. Diese Spannung wird sich zwar legen, suchte im Moment aber nach einem Ventil, das leider nicht in Sicht war. Wir fühlten uns wie im Theater – Darsteller und Zuschauer zugleich.

Ignat:

Wir luden die beiden Deutschen in unsere Höhle ein, und ich kochte Kakao für alle. Sie spendierten kleine Schokoriegel. Emo unterhielt sich kurz mit ihnen und dann gingen wir zusammen zur Station Kleine Scheidegg. Dort nahmen wir voneinander Abschied und sie setzten ihren Weg zu Fuß hinunter nach Grindelwald fort. Sie hatten wenigstens drei Stunden Fußweg bis dorthin und ich konnte es einfach nicht glauben, dass sie nicht die Bahn nehmen wollten, da diese Strecke nicht allzu teuer war. Sie sparten offensichtlich auch ihr Geld, wofür es einen Grund gab. So eine Eigerbesteigung kostet etwa 250 Euro pro Person einschließlich Unterkunft in der Schutzhütte und Bahnfahrt hin und zurück. Nicht eingerechnet sind die Kosten für An- und Abreise, Verpflegung und Unterkunft. Sie kamen aus Deutschland und waren anscheinend hier, um ganz schnell übers Wochenende den Gipfel zu besteigen. Nun mussten sie zurückkehren und es hätte mich nicht gewundert, wenn sie am nächsten Tag wieder ihrem Beruf nachgingen. Vor ihnen lag noch eine lange Heimreise.

Emil:

Nach unserer Besteigung der Nordwand hatte ich den Wunsch, mich endlich einmal in Ruhe hinzusetzen, etwas Leckeres zu essen und zu feiern. Wir beschlossen, dass dafür jetzt die Zeit gekommen war. Nachdem wir die Nummer mit dem Baden in der Station Kleine Scheidegg wiederholt hatten, nahmen wir neben all den Leuten Platz, die es sich leisten konnten, in so einem Lokal zu speisen. Wir bestellten Spaghetti mit fünf unterschiedlichen Saucen. Ignat trank Bier. Ja, das war Luxus! Die Spaghetti hatten einen speziellen Geschmack, den Geschmack des Geldes, das wir monatelang gespart hatten. Wir vergossen ein paar Tropfen unserer Getränke, um der Menschen zu gedenken, die nicht mehr am Leben waren, damit ihnen Gott ihre Sünden vergab.

Mit langsamen und schlappen Schritten kehrten wir in die Höhle zurück und versuchten dabei nicht so viel Energie aufzuwenden, damit wir das leckere Essen noch lang genießen konnten.

Ignat:

Wir hatten es uns verdient und es hat uns ausgezeichnet geschmeckt. Nur hatten wir uns beim Essen etwas übernommen und deshalb war der Weg hinauf zur Höhle anstrengend und unangenehm.

Wir blickten auf Eiger, Mönch und Jungfrau. Der Pfad war uns bekannt, selbst einzelne Steine erkannten wir wieder. Wir fühlten uns immer mehr als ein Teil dieser Gegend und wünschten, wir könnten für immer bleiben und hier leben. Sogar das Loch, in dem wir schliefen, war inzwischen ein richtiges Zuhause geworden, wo wir müde und zufrieden mit dem Geleisteten einschliefen.

Auch dieses Mal hatten wir es geschafft und überlebt. Ich hatte das Gefühl, dass ich diesen schönen Gipfel langsam lieb gewonnen hatte, der uns seine Gunst erwies. Vielleicht war ich sogar im Begriff, mich in ihn zu verlieben.

DER BULGARISCHE PLAN
(Die Tage vor Mönch, 26.-29. Juli)

Emil:

Den nächsten Tag verbrachten wir mit Schlafen und Faulenzen. Das hatten wir auch dringend nötig. Kurz vor Sonnenuntergang schlenderten wir zum Eigergletscher, genossen die letzten Sonnenstrahlen und spürten dabei, wie sich unsere Seelen öffneten. Wir sprachen über die wahren Werte im Leben, lüfteten die wenigen Geheimnisse, die wir noch voreinander hatten und wiederholten Sachen, die wir uns bereits tausendmal mitgeteilt hatten. All das machte die Sonnenuntergänge noch spezieller für uns. Die Einheimischen hatten sich bereits an uns gewöhnt. Ganz ungeniert füllten wir in den Toiletten des Restaurants unsere Wasserflaschen auf, und saßen auf den Bänken, um den Gletscher zu betrachten, der durch das rhythmische Geräusch der Eislawinen ständig an sich erinnerte.

Ignat:

Wir konnten uns nicht satt sehen an den Riesen um uns herum, und allmählich verspürten wir den Wunsch, unsere Kräfte an einem anderen Gipfel zu messen. Die Besteigungen waren anstrengend und dazwischen mussten wir unbedingt Pausen einlegen. Das hier war nicht Maljoviza, wo man jeden Tag einige Routen nacheinander klettern konnte, zur Not auch einen ganzen Monat lang. In diesem Augenblick war uns das nicht klar und wir schmiedeten Pläne für eine neue Besteigung, wussten aber noch nicht, wo. Wir mussten wieder nach Grindelwald hinuntergehen und uns dort im Alpinen Haus eine Tour aussuchen. Vom Schock am Ende der Route an der Nordwand hatten wir uns psychisch immer noch nicht erholt.

Emil:

Das Wetter wurde schlecht. Am nächsten Tag gingen wir zum Bummeln nach Vengen, eine Feriensiedlung, die etwa drei Gehstunden von der Höhle entfernt war. Wir schlenderten durch die Straßen des kleinen Dorfes, in dem es nichts gab außer Hotels und ein paar Läden.

Ignat:

Ich wollte an meine Eltern und an meinen Bruder Alexander, der bei der Armee war, Ansichtskarten schicken. Aber da stieß ich auf ein unerwartetes Problem: Ich konnte nirgendwo Briefmarken kaufen. Alle Läden machten von 12.30 Uhr bis 16 Uhr Mittagspause und deswegen mussten wir warten. Obwohl Vengen ein Kurort ist und sich dort zahlreiche Touristen aufhalten, sorgen die Einwohner vor allem für ihre Gesundheit und ihre Ruhe.

Emil:

Gegen 16 Uhr überraschte uns ein schreckliches Gewitter. Ratzfatz waren die Straßen menschenleer. Da wir nur einen Satz Garderobe besaßen und diesen schon seit fast zwei Wochen trugen, konnten wir es uns nicht leisten, nass zu werden. Die anderen Touristen hatten es leichter, sie kauften einfach Fahrkarten für die Zahnradbahn. Wir sammelten unser ganzes Geld, zählten es, schwiegen, überlegten, was wir machen sollten, und der blöde Regen wollte nicht aufhören. So befanden wir uns plötzlich bei den Fahrkartenschaltern, doch als wir den Preis für die Fahrt zum Eigergletscher oder wenigstens zur Station Kleine Scheidegg hörten, war unsere Entscheidung klar: Wir konnten es uns nicht leisten. Alternativ dachten wir uns folgenden Plan aus:

Aus dem nahe gelegenen Supermarkt holen wir uns ein paar kostenlose Plastiktüten, die uns einigermaßen vor dem Regen schützen. Dann machen wir uns zu Fuß auf den Weg zur Station Kleine Scheidegg, wo wir das Geld, das wir nicht für die Fahrkarten ausgegeben haben, in ein fürstliches Mahl investieren. Wir waren begeistert von unserer Idee.

Und so eilten wir los, getrieben vom Regen, der erbarmungslos auf uns niederprasselte.

In der Station Kleine Scheidegg stürmten wir sofort das warme Badezimmer. Geduscht waren wir ja schon vom Regen, aber das warme Wasser tat uns gut. Danach ließen wir uns auf den weichen und bequemen Stühlen im Restaurant nieder und genossen unseren zweiten Festschmaus.

Inzwischen hatte der Regen aufgehört, aber am Himmel zogen immer noch dunkle Wolken vorüber und gaben der Sonne keine Möglichkeit, unsere nassen Kleider ganz zu trocknen.

Nachdem nun einige Tage voller Entspannung und Sorglosigkeit vergangen waren, wurden wir allmählich wieder unternehmungslustig. Irgendwie mussten wir diesem seligen Zustand der Ruhe und Entspannung entfliehen. Genau das sollte in den nächsten 24 Stunden passieren.

Wir wollten eine andere Landschaft genießen und versuchten, nach Zermatt zu gelangen, um von dort aus das Matterhorn zu besteigen. Diesen Gipfel, den ich 1995 auf Hörnlis klassischer Route solo bestiegen hatte, wollte ich unbedingt Ignat zeigen. Vielleicht könnten wir ja gemeinsam seine Nordwand besteigen.

Aber wie sollten wir auf die Südseite hinüberkommen? Vor uns erhoben sich drei imposante Nordwände, und Geld für die Eisenbahn hatten wir nicht. Was sollten wir tun?

Bei der kleinen Schutzhütte am Mitteleggi hatten wir zwei Bergsteiger kennengelernt, die einige Tage zuvor die Nordostwand des Mönch auf der „Nollen"-Tour bestiegen hatten. Sie hatten uns versichert, dass das Eis in ausgezeichnetem Zustand sei.

Das war schon eine ziemlich verlockende Idee, und die Entscheidung, die etwas später fiel, war typisch für uns. Während jeder von uns sagte: „Oh, so soll es nun sein", versuchten wir beide, die Verantwortung für die Entscheidung auf den anderen abzuwälzen nach dem Motto: „Nun, wenn er es so beschlossen hat, geht mich das nichts an." Unsere Psyche und unsere Nerven waren überspannt und jedem von uns war klar, in welcher Situation wir uns befanden. Wir hatten weder Geld noch eine Versicherung noch bekamen wir Hilfe oder irgendeine Unterstützung. Einmal waren wir dem Tod bereits knapp entkommen. Würde uns aber jetzt unser Glück nicht eins auswischen wollen und uns verlassen, nur weil wir beschlossen hatten, ein neues Abenteuer mit vielen Unbekannten einzugehen? Doch nur wir beide entschieden, und jeder trug den gleichen Teil an Verantwortung für unsere Entscheidungen. Also los, an die Arbeit!

Ignat:

Der Morgen war neblig und kalt, aber wenigstens regnete es nicht. Wir gingen nach Grindelwald hinunter und sahen uns alpine Ausrüstung und Bücher an – vor allem solche über den Eiger. Wir kauften Brot und einen unglaublich leckeren Joghurt mit Erdbeeren. Natürlich statteten wir auch dem Alpinen Haus einen Besuch ab, um uns nach unserer neuen Route zu erkundigen. Laut Information sollte sie zwei Tagen dauern, mit Übernachtung in einer Herberge. Emo fand heraus, dass der Eigentümer nur samstags hinaufstieg. Falls es dort einen Hüttenwirt gegeben hätte, hätten wir bezahlen müssen und das hätte uns endgültig ruiniert. Höchstwahrscheinlich hätten wir auf dieses Klettern verzichtet oder wir hätten irgendeine Eselei ausgeheckt.

Unser Abendessen war ziemlich üppig: Reis, Wurst, Ketchup und Mayonnaise. Je länger wir uns hier aufhielten, desto größer wurde auch unser Appetit. Wir bereiteten uns immer größere Portionen zu, die dann in Windeseile aufgegessen waren. Dann fragten wir uns, ob wir uns richtig satt gegessen hatten. Emo scherzte damit, dass ich ihn gut fütterte und dass er zunehmen würde. Er freute sich, dass ich für die Verpflegung zuständig war, denn wenn er sich darum kümmern müsste, wären wir wahrscheinlich schon längst verhungert.

Am 29. Juli kletterten wir auf kleine Felsen in der Nähe des Weges nach Vengen, die wir zwei Tage zuvor gesehen hatten. Das waren Sporttouren. Das Wetter wurde besser und die Sonne zeigte sich wieder. Nach diesem kurzen Klettertraining gingen wir zum Duschen zur Station Kleine Scheidegg. Während unseres ganzen Aufenthalts bemühten wir uns, immer sauber und geduscht zu sein. Nur rasieren konnten wir uns nicht, und unsere Bärte sahen bereits wie die abgehärteter Bergsteiger aus.

Wir schauten den Japanern zu und verputzten geröstete Erdnüsse – unsere Lieblingsspeise. Die fritierten sagten uns weniger zu, diese legten wir als eiserne Reserve beiseite. Die Japaner wirkten besonders beruhigend auf mich – wie sie umherliefen, fotografierten, Ansichtskarten schrieben oder Eis aßen. Dabei tankte ich Energie und verspürte den Wunsch, etwas völlig anderes zu tun. Wieder in die Höhle, machten wir uns daran, das Gepäck für die neue Herausforderung zu packen.

Am nächsten Tag wollten wir den Prachtkerl Mönch, den Nachbarn des Eiger, besteigen. Ich freute mich sehr auf diese Besteigung, denn aus mehr als 4000 Meter Höhe würde ich den Eiger von der Seite und von oben sehen. Unlängst hatten wir in einem Werbeprospekt folgendes Angebot über eine Gletschertour gelesen: „Abgang bis zum Eigergletscher, dem größten und längsten in Europa, ganze 22 Kilometer lang." Dieses Angebot hatte unsere Aufmerksamkeit erweckt und brachte uns auf folgende geniale Idee: Wir wollten den Mönch besteigen, dann den Gipfel traversieren und auf der anderen Seite absteigen. Danach wollten wir auf dem obengenannten riesengroßen Gletscher weiter absteigen bis nach Zermatt, jenem kleinen Dorf am Fuß des Matterhorns.

Dazu packten wir sämtliches Gepäck, das wir nicht auf unserer Tour brauchten, in einen der großen Rucksäcke. Am Ende war der Rucksack hoffnungslos vollgequetscht und von außen behängt wie ein Weihnachtsbaum. Diesen wollten wir mit der Zahnradbahn zur Endstation Jungfraujoch schicken, um ihn dann nach der Traverse dort abzuholen.

Emil:

Mit dieser riskanten Idee bewegten wir uns auf des Messers Schneide, und der kleinste Fehler hätte uns ins Jenseits befördern können.

Aber wir sahen keine andere Möglichkeit.

Ignat:

Wir nannten die ganze Idee „die bulgarische Variante". Sie war tatsächlich genial, wir hätten eine perfekte Eistour hochsteigen und bis zum Gletscher weitergehen können – und das alles mit geringen finanziellen Mitteln. Nur eine Frage beschäftigte uns: Würden wir das alles schaffen? Die „Nollen"-Tour war in zwei Tagen zu schaffen und im Kletterführer stand, dass uns am zweiten Tag ein 10-stündiges Klettern auf einer Eiswand erwartete. Dem folgte ein unbekannter Abstieg von 3 bis 4 Stunden, der möglicherweise der Eigertraverse in nichts nachstand. Nicht zuletzt machte uns das Wetter Sorgen, denn wir kannten die Route nicht und schon bei Nebel könnten wir große Probleme bekommen. Natürlich hatten wir auch noch andere Sorgen, aber bald sollte sich alles klären.

Der nächste Tag begann sonnig und angenehm und wir gingen früh los.

EIN LEBEN ÜBER DEN WOLKEN
(Die Mönch-Besteigung, 30. Juli-1. August)

Die Besteigung dieses Gipfels dauerte drei Tage statt der vorgesehenen zwei. Hier unsere Erlebnisse:

Erster Tag, 30. Juli

Ignat:

Am kleinen Bahnhof gaben wir den riesengroßen Rucksack ab, damit er vom Personal mit der nächsten Bahn nach Jungfraujoch geschickt wurde. Der Beamte verlangte 5 SFR, Emo gab ihm aber 10 SFR, weil der Rucksack eigentlich zwei Gepäckstücken gleichkam.

Dann steuerten wir geruhsam unser erstes Ziel an, die Gugi-Hütte in 2880 Meter ü.d.M., wo wir übernachten wollten, bevor wir zur „Nollen"-Tour aufbrachen. Laut Kletterführer war die Hütte 4 Stunden entfernt, wir schafften die Strecke in zweieinhalb Stunden. Schon von unten konnten wir die Hütte sehen. Sie lag an einem einmaligen Felskamm, von beiden Seiten von Gletschern und Steinfällen umgeben.

Wir fühlten uns fit und gingen sehr schnell, obwohl wir es nicht eilig hatten.

Emil:

Von der Hütte aus sah man den Westrand des Eiger mit allen seinen Details. Solange ich ihn betrachtete und auch bei dem Gedanken, dass wir dort unversehrt abgestiegen waren, bekam ich Gänsehaut. Es war ein wunderbarer sonniger Tag. Von der kleinen Hütte aus hatten wir in alle Richtungen einen imposanten Blick. Bevor wir zu ihr aufbrachen, hatten wir uns darüber informiert, ob sie ständig bewirtschaftet war oder ob wir dort übernachten konnten, ohne zu bezahlen. Wir fanden heraus, dass nur einmal pro Woche jemand zur Hütte steigt, um Brennholz hinzubringen und das Geld der ehrlichen Touristen und Bergsteiger abzuholen. Wir waren jedenfalls sicher, dass an diesem Tag niemand kommen würde, lagen deshalb ganz ruhig in der Sonne und nahmen mit allen Sinnen das auf, was sich uns bot und unsere Herzen und Seelen zusätzlich wärmte.

Ignat:

Nachdem wir uns in der Hütte einquartiert hatten, trugen wir uns in das Anmeldebuch ein. Ohne mit der Wimper zu zucken, schrieb Emo, dass wir je 16 SFR für die Übernachtung bezahlt hatten. Das passte uns zwar nicht, weil wir normalerweise ehrlich und gut erzogen sind, aber wir hatten einfach kein Geld.

Eigentlich hatten wir schon welches, aber das war für Notfälle gedacht. Ich rühme ich mich nicht mit diesem Verhalten, aber die Situation damals ließ uns keine andere Wahl. Mit dieser Argumentation konnten wir unser Gewissen einigermaßen beruhigen.

Emil:

Der Weg bis zur Hütte war bekannt. Oft kamen Touristen hierher, verweilten kurz und machten sich wieder auf den Weg hinunter. Wir unterhielten uns mit einem Ehepaar, das am frühen Nachmittag die Hütte besuchte, und baten die beiden um etwas Brot. So konnten wir unseren kargen Proviant etwas aufbessern, der nur für einen Tag berechnet war.

Ignat:

Erst jetzt stellten wir fest, dass wir viel zu wenig Proviant eingepackt hatten. Entweder wollten wir am Gepäck sparen oder wir haben uns einfach nur verkalkuliert. Auf der Eigertraverse hatte uns der Durst geplagt, nun wird uns der Hunger quälen! Na prima! Außer ein paar Waffeln und zwei oder drei 100-Gramm-Päckchen geröstete Erdnüsse hatten wir nichts eingepackt. Dass sich Emo nicht um den Proviant kümmerte, war klar. Aber wo hatte ich nur meinen Kopf bei der Planung? Doch das waren nicht meine einzigen Sorgen. Alles war unklar. Wie lang würde die Besteigung wohl dauern? Würden wir vielleicht biwakieren müssen? Und wenn sich das Wetter verschlechterte? Das alles waren

▲ Über den Wolken

Fragen, auf die wir beide keine Antwort hatten. Und eben deshalb beschlossen
wir, unsere bescheidenen Lebensmittelvorräte zu sparen.

Emil:

Die Toilette war eine ziemlich interessante Anlage und ich bereute, dass ich sie nicht öfter besuchen musste. Der kleine Holzverschlag war fest am Felsen angebracht und hing frei 300 Meter über dem Gletscher, der vom Jungfraugipfel kam.

Über eine Öffnung am Boden verließen die Essensreste den Körper und landeten irgendwo auf dem Gletscher. Als Bergsteiger denkt man oft an einen Sturz, und während man sich hier erleichterte, konnte man die verrücktesten Vergleiche anstellen.

Plötzlich verschlechterte sich das Wetter. Wir machten uns Sorgen um den nächsten Tag, unseren Klettertag. Wir verließen oft die Hütte, um das Wetter zu beobachten. Der Himmel veränderte sich schnell: Zwischen kleineren und größeren schwarzen Wolken zeigte sich gelegentlich die Sonne.

Ignat:

Am Abend waren wir ganz allein, heizten den Ofen und kochten Tee. Dem Buch, in das sich alle Besucher eintragen müssen, entnahmen wir, dass diese Tour nicht so schwierig war, da sie schon von vielen Bergsteigern gemacht wurde. Das beruhigte uns etwas. Natürlich ging daraus nicht hervor, ob sie auch alle das Ziel ihrer Träume erreicht hatten.

Wir wollten früh aufstehen, also gingen wir früh zu Bett. Emo stellte den Wecker auf halb vier und ich ordnete das Gepäck für die Besteigung. Obwohl wir noch nicht müde waren, legten wir uns auf die bequemen und behaglichen Pritschen im Schlafraum der Hütte. Mit unseren Gedanken beim nächsten Tag fielen wir schließlich in einen wohltuenden und erholsamen Schlaf.

Emil:

Es war unglaublich still, nur der Wind sang sein Lied.

Ich träumte, dass ich mit unbekannten Leuten kletterte; ich wusste nicht, ob ich weiter- oder zurückging. Das war ein komisches Gefühl, das mich weckte, kurz bevor es der Wecker tat. Vor uns lag ein Weg voller Ungewissheiten.

Zweiter Tag, 31. Juli

Emil:

Das Gefühl, das unseren Aufenthalt begleitete, lässt sich in wenigen Worten ausdrücken: „Leben über den Wolken." Und tatsächlich – wir lebten über den Wolken. Diese merkwürdige Lebensweise wurde hervorgerufen durch die Fesseln unserer eigenen Wünsche und Ideen, ein Leben ohne Fragen, aber voller Antworten, ohne Worte, aber voller geistiger Romane.

Das Wetter war schlecht – sogar schlechter als wir befürchtet hatten. Der Wind fegte uns um die Ohren und der Gipfel hüllte sich in dunkle Wolken, die die Dunkelheit noch bedrohlicher machten. Wir gingen los. Oft hielten wir an, schauten zum Himmel – kein Stern war zu sehen – und gingen zaghaft weiter. Das war das Reich der Wolken. Das Gebirge hatte sich darin versteckt und unser Gefühl, dass wir gerade an diesem Tag unerwünscht waren, verstärkte sich mit jedem weiteren Schritt.

Ignat:

Wir hatten Angst, die Route bei ungünstigen Wetterbedingungen zu betreten, insbesondere bei dichtem Nebel. Wir kannten weder die Tour noch den Abstieg, und in den endlosen Eispassagen hätten wir uns leicht verlaufen können. Uns war klar, dass wir bei einer weiteren Verschlechterung des Wetters so früh wie möglich umkehren mussten. So ist es bei allen langen Routen. Man erarbeitet sich einen Plan, an welcher Stelle der Tour man zu einer bestimmten Zeit sein möchte und bis zu welcher Höhe eine Umkehr noch sinnvoll ist. Jeder weiß, dass ab einer bestimmten Höhe der Abstieg ziemlich riskant, sehr schwer und oft sogar unmöglich ist. Deshalb ist für mich die regelmäßige Kontrolle von Ort und Zeit obligatorisch. Anhand dieser Kontrollen muss der Bergsteiger auch seine Chancen auf Erfolg einschätzen. Viele sind ums Leben gekommen, eben weil sie die Bedingungen nicht einhielten, die sie sich gestellt hatten. Natürlich bleibt immer ein Risiko, denn ohne Risiko kein Erfolg. Deshalb wird oft vor Ort entschieden, und manchmal ist es nötig, gegen die Regeln zu verstoßen. Wie heißt es so treffend: „Im Alpinismus gibt es keine Regeln, das Wichtigste ist, zu überleben."

Emil:

Nach etwa zwei Stunden erreichten wir den Anfang der Route, legten die Sitzgurte an und nahmen das Seil heraus. Und genau als wir aufbrechen wollten, begann es zu regnen. Wir schauten uns an, schwiegen uns an, packten unsere Sachen und gingen zurück zur Schutzhütte. Wir legten uns wieder hin und schliefen weiter. Als wir aufstanden, hatte sich das Wetter nicht verändert, aber es hatte aufgehört zu regnen.

Ignat:

Wir trugen uns erneut ins Gästebuch ein und packten wieder je 16 SFR Phantasiegeld in die Kasse. Wir beteten zu Gott, dass der Hüttenwirt nicht erscheinen möge. Er hätte sofort gemerkt, dass gerade unser Geld fehlte. Das wäre nicht lustig geworden, aber vor allem hätten wir uns in Grund und Boden geschämt. Leider konnten wir an dieser unbefriedigenden Situation nichts ändern.

Emil:

Uns blieb nichts anderes übrig als zu warten. Das Nervigste am Bergsteigen ist die Untätigkeit. Jede Minute wird zur Ewigkeit. Der Bergsteiger starrt auf einen Punkt und wünscht sich, alles möge sich augenblicklich wie durch Zauberhand verändern. Er wünscht sich nichts sehnlicher als wieder an der Wand zu klettern. Mag dieses Gefühl noch so unbefriedigend sein, so ist es doch wichtig, dass der Bergsteiger sich in Geduld übt, bis die Natur ihm das Recht zugesteht, ihr an der Wand wieder hautnah zu begegnen. Das macht den Alpinismus so erlebenswert.

So allmählich meldeten sich unsere knurrenden Magen. Man sagt, dass die Liebe durch den Magen geht. Ich weiß nicht, woher dieser Spruch kommt, aber von mir selbst kann ich behaupten, dass sich ein großer Teil meiner Tugenden erst dann entfaltet, wenn mein Magen voll ist. Wir hatten nur noch wenig Proviant, und der war für die Tour vorgesehen.

Ignat:

Wir setzten uns ein wenig in die Sonne und bewegten und möglichst wenig, um Energie zu sparen. Wir hatten nichts gegessen und beschlossen, ein 100-Gramm-Päckchen Erdnüsse zu teilen. Ich aß meine eine nach der anderen, um sie länger genießen zu können. Das aber machte Emo nervös. Von zu Hause war er gewöhnt zu hungern und hatte deshalb kein Problem damit. Ich war wirklich schrecklich hungrig. Vielleicht quälte mich das dürftige Essen vor allem psychisch und das verstärkte mein Hungergefühl noch mehr.

Emil:

Plötzlich hörten wir, dass sich jemand näherte, und das zerstreute unsere Gedanken vom Essen.

Es waren zwei Jungen aus Luxemburg, die die gleiche Route geplant hatten wie wir. Ich hielt vergebens Ausschau nach einer Ausrüstung, die ihrem Ziel entsprach. Außer mit vielen anderen sinnlosen Dingen, die sie mitschleppten, waren sie mit je zwei langen Eispickeln bewaffnet, die sicher gut zum Abstützen eines Tomatenstrauchs im Garten einer fleißigen Oma in irgendeinem malerischen Dörfchen taugten, für ein steiles und gefährliches Eisgelände wie auf dieser Route aber völlig ungeeignet waren.

Wir lachten über die beiden, ließen es uns aber nicht anmerken. Auf ihre Frage nach dem Weg zum Anfang der Route antwortete ich ohne zu zögern, dass sie mit dieser Ausrüstung keine Chance hätten. Das war hart, aber ehrlich.

Die Jungen gaben ihre Idee auf. Wir unterhielten uns noch ein wenig und sie beschlossen dann, zu gehen. Während sie zum Aufbruch rüsteten, hatte ich bereits ganz genau ihr Essen fixiert, und mir lief das Wasser im Mund zusammen.

Ich weiß nicht, wie es dazu kam, aber so direkt, wie ich auch meine Meinung über ihre Besteigung nur Minuten davor geäußert hatte, fragte ich sie, ob sie uns etwas von ihrem Proviant überlassen würden, weil wir uns in einer tragischen Situation befanden.

Sie schenkten uns eine Tüte Makkaroni.

Danach waren wir wieder allein. In der Hütte gab es Spielkarten und Ignat schlug vor, zu spielen, damit wir uns wenigstens mit etwas beschäftigten, was unsere Gedanken vom Hunger, dem schlechten Wetter und dem Nichtstun ablenkte.

Nie zuvor hatte ich Karten gespielt und Ignat erklärte mir schnell die Regeln. Während der ersten zwei Spiele, in denen ich absolut keine Gewinnchance hatte, ertappte ich ihn, wie er allmählich zusätzliche, seiner Meinung nach vergessene und halb so wichtige Regeln ergänzte. Damit brachte er mich völlig aus dem Konzept. Seine Spielart ging mir auf den Wecker und kurz darauf begann ich zu schimpfen. Das schien ihm zu gefallen, ich aber wurde immer wütender. Nach ein paar aussichtslosen Spielen sagte er: „Ach, hören wir doch auf; so, wie wir unser Gehirn anstrengen, verlieren wir nur unnötig Energie."

Mir klappte die Kinnlade herunter. So eine Frechheit, dachte ich mir, gerade jetzt, wo ich mir alle Tricks des Spiels angeeignet hatte, gab er auf. Vor Hunger hatte ich keine Kraft, ihm zu widersprechen und damit beendeten wir das Kartenspielen. Ich erhielt nie eine Chance auf Revanche. Noch heute versichert er mir, dass er die paar Regeln nicht mit teuflischer Absicht verschwiegen, sondern nur vergessen hatte. Ich glaube ihm nicht.

Ignat:

Gegen 20 Uhr bereiteten wir ganz ungeduldig die gesegneten Makkaroni zu mit Spaghettisauce, die wir in einer Schublade gefunden hatten. Wir genehmigten uns auch zwei Dosen Coca-Cola – natürlich, ohne sie zu bezahlen. Eine kostete 3,50 SFR! Es gab auch Bier und andere Leckereien. Alles lag auf den Regalen. Das Geld musste man in dieselbe Kasse stecken, die ich bereits erwähnt hatte. Wir waren nicht gierig und rührten am ersten Abend nichts an. Erst jetzt, an diesem zweiten Abend, hielten wir es nicht mehr aus und beschlossen, uns mit ein wenig Coca-Cola zu stärken. Und wie sie uns geschmeckt hat! Der Hüttenwirt möge uns verzeihen!

Gegen 22 Uhr gingen wir zufrieden und endlich satt zu Bett. Der Himmel hatte sich inzwischen wieder bewölkt und erneut plagten uns Zweifel. Am nächsten Tag mussten wir hier auf jeden Fall weg, denn gegen Mittag würde wahrscheinlich der Hüttenwirt hier auftauchen. Außerdem hatten wir nur noch den Proviant, den wir für die Tour zur Seite gelegt hatten. Falls wir wieder ins Tal zurückkehren würden, könnten wir dort Brot kaufen, aber wir hätten keine Ausrüstung zum Übernachten gehabt. Diese nämlich befand sich im Rucksack auf der anderen Seite des Gebirges. Natürlich hätte Emo die Bahnangestellten bitten können, den Rucksack wieder zurückzutransportieren, aber das war zu kompliziert. Am nächsten Tag mussten wir unsere Tour um jeden Preis schaffen. Wir hofften auf unsere Glückssträhne.

Wir waren von der kleinen und sauberen Hütte tief beeindruckt und hatten noch nie zuvor etwas Vergleichbares gesehen. Alles war genial ausgetüftelt. Im Schlafraum hatten auf den Doppelpritschen etwa 30 Personen Platz. Die Küche war verhältnismäßig groß, mit ausreichend Holztischen, -bänken und -stühlen. Der Holzofen – Made in Switzerland – tat hervorragend seinen Dienst. An den Fensterläden und Türen waren Haken angebracht, damit sie bei Wind nicht klapperten. Das Wasser für die Hütte wurde in einer großen Tonne dahinter gesammelt. Das Schmelzwasser des oberhalb der Hütte gelegenen Gletschers floss nur am Nachmittag, wenn das Eis taute. In der Hütte gab es kein Wasser, nur ein großes Waschbecken zum Geschirrspülen. Und zuletzt: Auf dem Dach waren Solarzellen angebracht, die Energie für die Beleuchtung lieferten und das Nottelefon mit Strom versorgten. Das war die genialste und funktionalste Hütte, die wir je gesehen hatten. Hier hätten wir leben wollen. Nun, immerhin wohnten wir hier ganze zwei Tage, hungerten, malten uns das bevorstehende Klettern aus, wärmten uns am Ofen, saßen auf der sonnenbeleuchteten Veranda und schliefen unter weichen und sauberen Bettdecken.

Dritter Tag, 1. August

Ignat:

Um 3.15 Uhr standen wir auf und waren bald startklar. Um 4.00 Uhr machten uns auf den bereits bekannten Weg. Das merkwürdige Wetter verkündete nichts Gutes. Der Himmel war sternenklar, aber unter uns lag ein kräftiger und dichter Nebel. Bald erreichten wir das Eis und legten die Sitzgurte an. Regen überraschte uns. Verdammt! Wir schauten uns mit fragenden Blicken an. „Wir müssen es riskieren. Wir haben keine andere Wahl, wenn wir zum Rucksack kommen wollen!"

„Wir klettern – komme, was wolle!", sagte Emo. Ich konnte ihm nicht widersprechen. Wir hatten ohnehin keinen Proviant mehr, um noch länger zu warten. Am Vortag hatte sich das Wetter etwas gebessert und das gab uns etwas Hoffnung. Wir setzten alles auf eine Karte und brachen auf.

Emil:

Mir wurde allein vom Gedanken schwindlig, dass wir wieder in die kleine Schutzhütte zurückkehren mussten, in der uns nichts anderes als schlechte Luft erwartete, begleitet von der unangenehmen „Musik" unserer nüchternen Magen.

Wir gingen los, und alles klärte sich. Ich war wieder ich, ging auf ausgezeichnetem Eis, schlug die Pickel rhythmisch ins Eis und stieg in die Höhe. Ich blickte über meine Schulter zu den nahegelegenen Gipfeln. Die kleinen

Eisstückchen, die sich beim Schlag des Pickels lösten und in die Tiefe fielen, erzeugten jenes Bild, das ich in meinen Träumen tausendmal gesehen hatte, und mir wurde klar, dass ich diese Träume in diesem Augenblick wieder lebte. Atemberaubend schön!

Wir waren wieder ein Ganzes mit der Natur, ich achtete nicht auf den Regen, kletterte weiter, geführt von einer rasenden Kraft. So überwanden wir Meter für Meter, Seil für Seil. Ich führte und hielt gelegentlich spontan an und legte möglichst schnell eine Eisschraube[1] an, um den Rhythmus dieses Tanzes nicht mehr als nötig zu stören.

Ignat:

Vier ganze Seillängen kletterten wir als Seilschaft. Das Eis war nur etwa 70 Grad geneigt und wir mussten uns mit den Eisschrauben absichern. Die Eispassage ragte etwas über die Nordwestwand des Gipfels hinaus, so dass wir bei einem Sturz 1500 Meter tiefer irgendwo auf der grünen Wiese landen würden. Emo führte wieder an; beim Eisklettern und vor allem beim Anbringen der Eisschraube hatte er erheblich mehr Erfahrung als ich. Wir banden uns nur mit einem Seil fest, da bei einem Sturz keine Gefahr einer großen Belastung bestand. Mein Freund kletterte sehr schnell und legte alle 15 bis 20 Meter die Sicherung an. Unsere fünf Eisschrauben reichten dafür völlig aus. Ich trug den Rucksack und bemühte mich, Emo möglichst schnell zu folgen. Auf den langen Routen ist das ist die Aufgabe des Zweiten. Zusätzlich muss er gut absichern und den Führenden ermutigen. Emo brauchte keine solche moralische Unterstützung, er kletterte schnell und sicher. Ich wurde von Eisgeschossen regelrecht bombardiert, und als mich ein Eisstück heftig am Kopf traf, dankte ich zum tausendsten Mal meinem treuen Schutzhelm. Natürlich kletterte Emo ohne Kopfschutz, aber das war allein seine Entscheidung. Er hasste den Helm und fühlte sich damit wie in einem Raumanzug. Wegen des starken Windes setzte er seine Kapuze auf, seinen persönlichen „Schutzhelm".

Nach der steilen Passage der „Nollen"-Tour kamen wir zu einem leichteren Schneegelände. Rechts sah man die Station Jungfraujoch, gelegen an einem horizontalen Gebirgskamm, der zum gleichnamigen Gipfel führte. Durch gelegentliche Lücken im Nebel konnten wir unten die grünen Weiden um die Station Kleine Scheidegg sehen. Der Kontrast war wirklich beeindruckend.

Wir sprangen über eine Spalte und befanden uns erneut auf einem steilen Hang. Er hatte fast die gleiche Neigung wie die Eispassage weiter unten. Um Zeit zu sparen beschlossen wir, in französischer Seilschaft zu klettern, d.h., wir kletterten beide gleichzeitig ohne anzuhalten und aufeinander zu warten. Dort, wo das Eis

---

[1] Eisschraube: Sie dient zur Absicherung auf dem Eis. Sie ist röhrenförmig, mit Gewinde und einem Endstück für einen Karabiner, und wird ins Eis eingeschraubt.

stabiler und fester war, brachte Emo eine Eisschraube an, damit wir bei einem Sturz nicht von der Wand fielen. Das war die schnellste Fortbewegungsmöglichkeit, die große Aufmerksamkeit und volles Vertrauen in den Partner erforderte. Die großen Wände werden oft so geklettert und darin besteht das Geheimnis des Erfolgs. Es gab Felsabschnitte mit zweitem oder drittem Schwierigkeitsgrad an den einzelnen Schwellen. Doch diese hielten uns nicht auf, denn wir waren noch genauso hoch motiviert wie am Anfang der Tour.

Bald erreichten wir einen Schneekamm und es schien, als ob uns weiter oben keine anderen Hindernisse mehr erwarteten. Wir gönnten uns fünf Minuten Pause, tranken etwas Tee aus der Thermosflasche und aßen je eine Waffel. Auf allen unseren Touren ernährten wir uns fast ausschließlich von diesen Waffeln.

Es war unglaublich kalt geworden, und der Wind hatte fast Orkanstärke erreicht. Um nicht zu erfrieren, setzten wir unseren Weg nach oben fort.

Emil:

Der Wind war nicht mehr auszuhalten. Ich konnte mich nur mit Mühe auf den Beinen halten und musste mich alle paar Schritte hinsetzen und die Pickel in das Eis schlagen, um so einen Sturz zu verhindern. Das Seil, das uns beide verband, flatterte heftig im Rhythmus des Windes. Ich schrie lauthals: „Blase, blase, verdammt noch mal, blase!" Noch wenige Schritte, und wir standen auf dem Gipfel. Wie von Geisterhand bewegt lichtete sich der Nebel, und als ob er uns ein Geschenk machen wollte, gewährte er uns einen Blick auf den Nachbarsriesen, den Eiger.

Ich küsste meinen Eispickel, umarmte Ignat und machte ein Foto von uns. Es zeigt zwei glückliche Gesichter.

Ignat:

Wir jubelten! Die Besteigung hatte fünfeinhalb Stunden gedauert, und die etwa 1300 Meter Höhenunterschied hatten wir fast ohne Pause bewältigt. Es war eine technisch nicht allzu anspruchsvolle klassische alpine Besteigung. Drei Tage lang hatten wir uns große Sorgen gemacht und diesen Gipfel nur im Gedanken bestiegen. In unserer Phantasie hatten wir viele dramatische Situationen erlebt, und wir hatten reichlich gehungert. Deshalb waren wir jetzt hier auf dem Gipfel unglaublich glücklich. Außerdem entdeckten wir im Schnee alte Fußspuren, die uns beruhigten, denn sie sollten uns den Abstieg weisen. In diesem dichten Nebel würde uns das sehr helfen und wir hofften wirklich auf einen erfolgreichen Abstieg. Dieser erforderte ebenso volle Konzentration wie der Aufstieg, und nach der Eigertraverse sind wir sehr vorsichtig geworden. Ich werde erst wieder ruhig schlafen, wenn wir unseren Rucksack gefunden haben. Apropos schlafen: In der letzten Nacht hatte ich einen Albtraum. Ich träumte von einem Streit mit meinem Vater. Vor unserer Abreise hatten wir oft Auseinandersetzungen und es gab Zeiten, in denen wir uns nicht besonders gut verstanden. Auch nach dem Aufwachen konnte ich den schrecklichen Gedanken nicht loswerden, dass zu Hause etwas Schlimmes passiert war! Ich stand immer noch unter dem Einfluss des Eiger und seinen schrecklichen Geschichten. Kein Wunder also, dass ich diesen Traum als eine Mitteilung der mich verfolgenden Geister deutete. Sie wollten mir etwas sagen. Aber was? Vielleicht, dass mein Vater tot war! Ich wusste es nicht, wollte auch nicht daran denken. Aber der Gedanke ließ mich nicht los. Viel konnte ich ohnehin nicht tun. Ich wartete einfach ungeduldig darauf, ein Telefon zu finden, damit ich anrufen konnte. Meinem Freund erzählte ich nichts davon. Nicht, weil ich ihm nicht vertraute, sondern ich wollte ihn nicht beunruhigen. Er merkte aber sofort, dass etwas nicht stimmte und dass ich mehr als gewöhnlich angespannt war. Ich kann mich überhaupt nicht verstellen, geschweige denn lügen. Und da ich sowieso angefangen habe, über diese Dinge zu sprechen, möchte ich noch etwas erwähnen, worüber ich mir Sorgen machte. Sorgen, die mich während der ganzen Zeit, besonders nach der schrecklichen Besteigung der Nordwand, verfolgten. Eigentlich war die Besteigung schön, die schönste in meinem Leben. Bedrückend dagegen waren die letzten Seile, Emos Sturz, die schreckliche Müdigkeit, das Biwak und das Gewitter. Ich war um ihn besorgt, hatte Angst, dass ihm etwas zustößt. Dazu kam noch, dass ich keine Fremdsprache beherrsche. Falls ihm etwas passiert wäre, hätte ich weder Hilfe rufen noch erklären können, was wo passiert war. Unsere alpinen Kletterpartien waren ziemlich riskant – wie überhaupt dieses ganze Abenteuer. Die Anspannung hinterließ ihre Spuren und ich dachte mir, dass ich nie wieder eine solche Reise unternehmen würde – ohne Telefon, ohne einer Fremdsprache mächtig zu sein und nur zu zweit.

Emil:

Auf dem Gipfel blieben wir nicht lang, weil der Nebel uns das Panorama nicht gönnte und der Wind uns bis an den Rand des Erfrierungstodes brachte. Absteigen mussten wir auf der klassischen Route nach Süden. Die Fußspuren früherer Seilschaften wiesen uns den richtigen Weg.

An einigen Stellen konnten wir uns abseilen, an anderen mussten wir uns jeden einzelnen Meter mit riskanten Kletteraktionen an Eis- und Felspassagen erkämpfen.

Ignat:

Wir fühlten, wir spürten jede Tücke des Geländes, jede Marotte oder Überraschung, die uns das Gebirge zu bieten versuchte. Das Seil war dafür da, falls jemand von uns beiden einen Fehler beging. Der andere musste blitzschnell reagieren und seinen Partner festhalten, auch wenn er dafür von der anderen Seite des Gebirgskammes hätte springen müssen.

Etwas weiter unten ging die Wand in einen Felsturm über und sah so aus, als ob man daran unmöglich herunterklettern konnte. Er erschien uns gefährlich und wir beschlossen, ihn zu umgehen. Da wir uns nicht abseilen konnten, stieg Emo seitlich an einer steilen Eiswand hinunter, an der stellenweise der blanke Fels zutage trat. Ich sicherte ihn von oben gut ab und er kam unverletzt hinunter. Als er dann an einer ebenen Stelle am Fuß des Felsturms stand, sicherte er mich ab. Ganz vorsichtig, aber auch mit etwas Angst, kletterte ich hinunter, weil ich bei einem Sturz 25 bis 30 Meter tief fallen und eine wunderbare Pendelbewegung ausführen würde. Doch das wäre nur das kleinere Übel gewesen, denn höchstwahrscheinlich hätte ich Emo mit in die Tiefe gerissen. Solche Gedanken sind sehr gefährlich und ich versuchte sie zu verdrängen. Jetzt musste ich mich so konzentrieren, als würde ich allein klettern. Ich gelangte mit heilen Knochen zu Emo, schlug ein Kreuz und atmete tief ein. Dann setzten wir unseren Weg auf einem etwa 3 Meter breiten Felskamm fort.

Emil:

Am Ende begegneten wir einigen Bergführern mit ihren Gästen, die sich wunderten, dass zu dieser Zeit jemand herunterkam. Sie staunten nicht schlecht, als sie hörten, dass wir über die Nordostwand aufgestiegen waren und jetzt nach Süden abstiegen. Zwei Alpinisten, denen wir begegneten, fragten uns nach den Bedingungen weiter oben.

Ignat:

Wir kamen ins Tal hinunter. Hier war es still und warm. Von Zeit zu Zeit versuchte die Sonne, sich bemerkbar zu machen. Auf einem ebenen und breiten Schneepfad kamen wir zur Mönchjoch-Hütte. Die Konstruktion war interessant. Sie hing an einer Felswand, festgebunden mit Seilen und gestützt von Trägern, die in demselben Felsen verankert waren. Eine andere Möglichkeit der Befestigung gab es nicht. Die ebene Stelle weiter unten war Teil des Gletschers – und darauf konnte man keine Hütte bauen.

Wir traten ein. Die Hütte war gut geheizt. Drinnen mussten wir die Schuhe wechseln – so schrieb es die Hausordnung vor. Wir zogen die großen Bergstiefel aus, mit denen wir uns schon seit 9 Stunden herumquälten, und die Hüttenpantoffeln an. Diese gab es in verschiedenen Größen, und jeder suchte sich einfach das passende Paar aus.

Emil:

Schon an der Tür empfingen uns wohlige Wärme und ein himmlischer Duft nach herrlichen Leckereien. Die Zivilisation hatte uns wieder! Wir setzten uns an einen Tisch, ordneten die Ausrüstung und ließen uns vom einmaligen Duft verzaubern. Wir schauten uns an und ehe wir uns versahen, stürzten wir uns – mit Gabeln und Messern bewaffnet – auf die Portion gebratene Eier.

Das war das Billigste, was das Restaurant anbot, für uns aber das Feinste vom Feinsten. Kurz darauf erschienen die zwei Bergsteiger und ein Führer mit seiner Seilschaft, die wir beim Abstieg getroffen hatten. Sie erzählten uns, wie hart sie trainiert und wie sie sich auf dieses Klettern vorbereitet hatten, wie viele Tage sie in einer Höhe von über 3500 Metern übernachtet hatten, um sich zu akklimatisieren, und wie sehr sie es aber bedauerten, heute wegen des schlechten Wetters abbrechen zu müssen.

Sie waren wohl etwas deprimiert, als sie hörten, was wir alles geleistet hatten. Dabei muss ich zugeben, dass mein Bericht in ihren Ohren zweifellos etwas grotesk klingen musste. Er lautete etwa folgendermaßen:

„Wir kommen aus Bulgarien.

Bis Grindelwald sind wir per Anhalter gefahren, weil wir arme Leute sind. In den letzten drei Wochen haben wir in einer Felshöhle übernachtet, und nur drei Tage nach unserer Ankunft bestiegen wir den Eiger – und zwar seine Nordwand auf der schwierigsten Route.

Zur Entspannung (ja, ich verwendete genau dieses Wort) gingen wir auf dem Mitteleggi-Kamm spazieren und kletterten den Westkamm hinunter. Da wir auch das Matterhorn besteigen möchten, kam für uns nur ein Weg hierher infrage: Aufstieg über eine der Nordwände und Abstieg nach Süden. Den größeren Teil unseres Gepäcks hatten wir mit der Bahn vorausgeschickt, denn wir selbst konnten uns aus Geldnot diese Fahrt nicht leisten.

Trotz Sturms und Regens gingen wir über die Nordostwand des Mönch, und jetzt müssen wir noch zur Jungfraujoch-Station, um unsere Rucksäcke zu suchen."

Ich redete in einem Ton, in dem man normalerweise übers Wetter oder sonstige Banalitäten spricht, und sicher war es auch nicht fair, so zu reden, aber die Freude über das Geleistete war so groß, dass ich in diesem Augenblick keine bessere Ausdrucksweise fand. Vier weit aufgerissene Augen folgten jeder meiner Gesten und saugten jedes meiner Worte auf.

Im Großen und Ganzen übersetzte ich Ignat, was und vor allem WIE ich über unser Leid erzählt hatte und er rief lachend: „Echt? Warte, das gibt's doch nicht … nein, tu nicht so, bitte, die Leute denken doch sofort, dass Klettern eine so einfache Sache wäre."

Wir verabschiedeten uns. Bevor wir zum Jungfraujoch aufbrachen, sahen wir, wie die beiden Bergsteiger in voller Ausrüstung die Hütte eilig verließen. Auf meinen fragenden Blick antwortete der eine: „Wir probieren es noch einmal. Wir gehen jetzt los."

Ich wünschte ihnen Erfolg, und als sie hinausgingen, konnte ich mein Lachen nicht unterdrücken und gab meinen Kommentar dazu: „Na, ob wir die beiden mit unseren Dummheiten wohl motiviert haben?"

Ignat:

Uns war klar, dass sie es nicht schaffen würden. Das Gewitter war stärker geworden und sie hatten wenig Zeit zur Verfügung. Es war fast 16 Uhr und ihnen standen 3 bis 4 Stunden Hochklettern und wenigstens 2 bis 3 Stunden Abstieg bevor. Wir dachten zunächst, dass sie uns nur etwas vormachen wollten, aber das war kaum möglich. Vielleicht hatten wir sie mit unseren Abenteuern angesteckt, so wie Bonatti und Joe Tasker mit ihren Büchern uns angesteckt hatten.

Und wieder war eine Besteigung von Erfolg gekrönt. Jetzt mussten wir nur noch unseren Rucksack finden. Nach etwa 30 Minuten erreichten wir das Jungfraujoch und gingen in einen Tunnel hinein, dessen Eingang genau auf dem Niveau des Gletschers lag. Wir folgten dem Tunnel in das Innere der riesengroßen und imposanten Station.

BEHAGLICHKEIT IN EINER TOILETTE FINDEN
(Unser Leben am Jungfraujoch, 3460 Meter ü.d.M., 2. August)

Emil:

Wir fühlten uns wie auf einem anderen Planeten. Die Wände waren schwarz und der Felsen darunter mit Beton verstärkt. Das verlieh dem Tunnel ein noch surrealistischeres Aussehen. Wir fanden den kleinen Bahnhof und neben dem Fahrkartenschalter entdeckten wir unseren Rucksack, der ganz still und geduldig auf uns wartete.

Ignat:

Er war unversehrt und keiner schenkte ihm Aufmerksamkeit. Mir fiel ein Stein vom Herzen. Während wir um den Rucksack schlichen, fiel uns ein, dass er hier 3 Tage lang gestanden hatte. Keiner bemerkte es, als wir ihn mitnahmen. Offenbar konnte er mit seinem imposanten Äußeren und seinem soliden Gewicht allein für sich sorgen. Auf jeden Fall meldeten wir uns bei den Angestellten, die die Bahnkarten verkauften. Doch ihnen schien es ganz egal zu sein. Zum wiederholten Mal überzeugte ich mich davon, dass die Leute hier überhaupt nicht wussten oder sich zumindest keine Gedanken darüber machten, was eigentlich „Diebstahl" bedeutete.

Emil:

Für den Rest des Tages sahen wir uns das Gebäude an, das im Inneren eines etwa 150 Meter hohen Felsens gebaut worden war, der über den Eigergletscher hervorragte.

Der riesengroße Saal beheimatete Läden, ein Restaurant, ein Kino, ein Eismuseum, Cafés und andere Annehmlichkeiten, um alle Bedürfnisse des Besuchers zufriedenzustellen, der vom Tal mit der Zahnradbahn gekommen war und hier genau das erwartete. Nach dem Kauf aller nur denkbaren Souvenirs, die ihn später an diesen Tag erinnern würden, kehrte er zufrieden mit der Bahn hinunter in die sauerstoffreichere Luft.

Unsere Blicke waren bereits darin geübt, das für uns Notwendige zu erkennen. Bald hatten wir den richtigen Ort gefunden, wo wir uns etwas kochen und die Nacht verbringen konnten.

Am Ende eines der zahlreichen Tunnels, die ins Herz dieser Schöpfung der Menschheit führten, fanden wir unseren Unterschlupf für die kommende Nacht – eine Toilette, die unter dem Niveau des Korridors lag. Hier war es nicht nur etwas behaglicher, sondern hier war auch genug Platz für unsere Isomatten und zum Kochen. Es gab Reis. Ich fragte mich oft, wie die Asiaten nur so viel Reis essen können, ohne dass sie seiner überdrüssig werden. Mir hingen diese weißen „Kerne" schon zum Hals heraus!

Unsere Füße waren kalt vom Schweiß. Wir zogen unsere Socken aus und wechselten sie, was aber nicht viel half. Ich zog meine Schuhe wieder an und ging auf und ab. Dann entdeckte ich an der Wand neben den Waschbecken einen Föhn. Seine Aufgabe bestand darin, den Besuchern die Hände zu trocknen. Dieses moderne Gerät hatte einen Sensor und schaltete sich automatisch ein, wenn jemand seine Hände vor die Öffnung hielt. Ich steckte das Schuhinnere unter die Öffnung und das Ding begann den Schuh mit warmer Luft zu füllen. Nach etwa einer Minute hatte ich die Nase voll, meine Hände waren schon müde und ich gab es auf. Dann kam mir die Idee, die Schnürsenkel durch das Schutzgitter der Öffnung durchzuziehen und festzubinden. So würden meine Schuhe von selbst hängen bleiben, bis sie trocken waren.

Ganz stolz demonstrierte ich Ignat meine Erfindung, der genauso fasziniert war wie ich.

Wir löffelten unseren Reis aus und legten uns hin. Die Toilette wurde rund um die Uhr beleuchtet, was mich beim Einschlafen störte. Ich versuchte, meinen Kopf ganz in den Schlafsack zu verstecken, aber so bekam ich keine Luft. Also Kopf wieder raus.

Ignat hatte kein Problem damit. Darum beneidete ich ihn. Er hatte seine Augen mit irgendeiner Maske bedeckt und schlief fest. Dann fiel mir plötzlich ein, dass die Socken, die ich trug, reichlich lang waren und mir bis an die Knie reichten. Ich zog sie aus und ab sofort wärmten sie nicht mehr meine Füße, dämpften aber das Licht der Leuchtstoffröhre.

Am nächsten Morgen empfingen wir in unserem trauten Heim die ersten Fahrgäste und bald war es vorbei mit der Ruhe. Wir beschlossen, die Station genau anzusehen und am nächsten Tag auf dem Gletscher hinunter ins Tal und dann in Richtung Matterhorn zu gehen.

Wir besichtigten das Eismuseum, das uns besonders beeindruckte mit seinen Figuren aus Eis, die in den Gletscher hinein modelliert waren. Auch der Boden war aus Eis und die Leute gingen darauf sehr vorsichtig. Aus Neugier öffneten wir eine Tür und fanden dort Curling-Ausrüstung. Jetzt war mir klar, warum zum Teufel der Boden so glatt war. Die Menschen, die hier arbeiteten und in der Station übernachteten, veranstalteten abends Curling-Wettkämpfe. Der Schweizer hat stets die Möglichkeit gefunden, sich zu amüsieren, unabhängig davon, wo er sich gerade aufhielt. So schön es auch war, von allen

Seiten von Eis umgeben zu sein, so war dies nicht der geeignete Ort für einen längeren Aufenthalt. Als Attraktion dagegen war er perfekt.

Alle zwei Stunden gab es eine kostenlose Filmvorführung über den Tunnelbau durch die Wände von Eiger, Mönch und Jungfrau und über die Errichtung der Station hier unter den schwierigen klimatischen Bedingungen.

Wir hatten fast kein Geld mehr, aber nach den paar Stunden, die wir hier verbracht und zugesehen hatten, wie sich die Leute etwas zum Essen kauften und es schmatzend hinunterschlangen, hielten wir es nicht mehr aus und kauften uns auch je ein Würstchen mit Pommes frites. Welch Leckerei! Ich lutschte an jedem Kartoffelstückchen, versuchte es so lang wie möglich im Mund zu behalten und genoss seinen Geschmack, während ich es hinunterschluckte.

Mit einem Fahrstuhl gelangte man 50 Meter höher zur Wetterstation. Sie war von einem Eisenbalkon umgeben, durch dessen Bodengitter man 150 Meter in die Tiefe blicken konnte.

Ein japanisches Ehepaar versuchte verzweifelt, sich am Geländer festzuhalten für ein Foto. Doch wegen des durchsichtigen Bodens hatten die beiden weiche Knie vor Angst. Da sie sich aber unbedingt an dieser Stelle verewigen wollten, bissen sie die Zähne zusammen, hielten das Geländer mit beiden Händen fest umklammert und brachten das Foto zustande. Mit fliegenden Fahnen eilten sie wieder hinein. Für uns war das natürlich eine willkommene Gelegenheit zum Lästern.

Ignat:

Nach dieser kostenlosen Vorstellung suchten wir den Warteraum des kleinen Bahnhofs auf. In regelmäßigen Abständen tauchten riesige Gruppen von Japanern auf. Sie kauften Ansichtskarten, die sie sofort verschickten. Wir beide machten keine Ausnahme und gönnten uns einige als Erinnerung. Erst später in Bulgarien bemerkte ich, dass ich vor allem Ansichtskarten mit der Eigernordwand gekauft hatte.

Für die Japaner gab es spezielle im Voraus zubereitete Portionen Reis. Sie aßen ihn, ließen sich danach selig auf die bequemen Sofas und die Sessel im Foyer nieder und nickten kurz darauf ein. Die Höhe und das Essen taten ihre Wirkung. Irgendwann später standen sie auf und gingen weg. Das Wetter war schlecht, aber das schien sie nicht zu stören. Wenn sich die Wolken für einen kurzen Augenblick verzogen, wurde es gleich wieder laut; dann nämlich präsentierte sich der Gletscher in seiner ganzen Pracht.

Hier blieben wir fast den ganzen Tag, und am Abend, nachdem auch die letzten Touristen gegangen waren, machten wir uns auf den Weg zu dem uns bekannten kalten Korridor. Dort hatten unsere Rucksäcke während des ganzen Tages gestanden. Niemand hatte sie angerührt, aber ich als Bulgare dachte mir immer meinen Teil. Wir aßen Abendbrot und gingen wieder hinunter zu den Toiletten. Gerade beim Einschlafen hörten wir, dass jemand die Treppe zu uns herunterstieg. Das bedeutete nichts Gutes! Wir waren wach, taten aber so, als ob wir schliefen und bewegten uns kaum. Wir hatten unsere Gesichter bedeckt nach dem Motto: So kann uns niemand sehen.

Emil:

Jemand rief zu: „Hey, hey, steht auf, es ist verboten, hier zu schlafen! Wer seid Ihr denn, warum seid Ihr nicht mit der letzten Bahn hinuntergefahren? Hier darf man nicht schlafen." Er war jener Angestellte, der die Station reinigte.

Zu dieser vorgerückten Zeit musste ich wieder alles in meinen Gedanken ordnen, um es von Neuem zu erzählen.

Nachdem er sich alles angehört hatte, antwortete er fast automatisch: „Hier darf man nicht schlafen." Offensichtlich brauchte er etwas mehr Zeit, um das von mir Gesagte zu verarbeiten und nachdem ich ihn gebeten hatte, uns einfach hier übernachten zu lassen, weil wir am nächsten Morgen auf den Gletscher wollten, bat er uns, ihm zu folgen. Schnell packten wir alles zusammen, jeder nahm so viel und was er tragen konnte und wir folgten ihm.

Der Mann führte uns in das Foyer zu den Läden und überließ uns unserem Schicksal. Er bat uns nur, keinen Gaskocher anzuzünden, damit wir keinen Feueralarm auslösten. Zum ersten Mal seit drei Wochen hatte ich das Gefühl, in einem Hotel zu sein. Es war warm und obwohl der Saal riesengroß war, fühlten wir uns hier wohl. Die Fenster reichten bis zum Boden, und als wir uns zur Ruhe legten, bot uns der Himmel ein Bild, das jeden Weg hierher lohnte, und sei es nur für diesen kurzen Moment. Der Mond leuchtete hell, der Himmel hing voller Sterne und die Milchstraße hob sich deutlich ab. Ich dachte, wenn ich nur meine Hand ausstrecken würde, könnte ich den Himmel berühren und alle Sterne darauf streicheln. Es war so zauberhaft, unwirklich und himmlisch! Großartig! Ich dachte an Bulgarien, das so weit entfernt war – mit all seinen Problemen und Menschen, die mich interessierten. Ich dachte an meine Mutter – was sie wohl in diesem Augenblick tat – und über ihren Stolz darauf, dass gerade ich ihr Sohn war. Ich dachte an Ignats Eltern, die ich mit einem Lächeln begrüßen wollte, um ihnen daraufhin zu sagen: „Nun, seht doch, wir haben es geschafft. Habt Vertrauen zu Eurem Sohn, habt zu seinen Freunden Vertrauen, den Freunden, die er selbst gefunden hat. Vertraut seinen Wünschen und Träumen."

Ich wollte hier für immer bleiben. Nach und nach verschwamm alles, und die Bilder und die Gedanken wichen allmählich dem Schlaf.

Ich träumte von meiner Großmutter, die ich sehr liebte. Ende 1996 war sie friedlich entschlafen. Ich träumte, dass ich zusammen mit meiner Schwester irgendein Geschenk für unsere Mutter gekauft hatte. Sie kam und sagte:

„Emtscho, das ist mein Geschenk für sie. Ich möchte ihr auch etwas geben." Dann ging ich in ihr Zimmer und sah sie im Bett liegen. Ich küsste sie und ging wieder in mein Zimmer, wo ich meine Kindheit verbracht hatte.

Übermannt vom Gefühl der Einsamkeit und Trauer um einen verstorbenen geliebten Menschen wachte ich auf. Als meine Großmutter starb, studierte ich in Deutschland und konnte leider nicht zu ihrer Beerdigung kommen. Geblieben sind mir die Erinnerungen und ein kleines goldenes Kreuz, das sie mir, mich segnend, ein paar Monate vor ihrem Tod geschenkt hatte.

Am nächsten Morgen standen wir früh auf und bereiteten uns vor. Zum Frühstück gab es Torte „Emilio", die wir am Vorabend zubereitet hatten, bevor die Putzkraft unseren teuflischen Plan, in der Toilette zu übernachten, durchschaut hatte.

Ignat:

Wir warteten auf die ersten Besucher. Das Wetter war wieder schlecht. Wir hofften, der Nebel würde sich später noch verziehen und beschlossen, gegen 10 Uhr aufzubrechen. Kurz vor dem Aufbruch kam es zu einer äußerst angenehmen Begegnung. Ein älterer Herr sprach uns an. Ich erkannte ihn nicht sofort, doch es war derselbe Mann, den wir am Tag nach der Besteigung der Nordwand getroffen hatten. Das war jener alte Bergführer, der die Wand vor 28 Jahren erklommen hatte. Und nun sprach er uns mit folgenden Worten an: „Wisst ihr, was man über Euch unten im Tal redet?" Wir glotzten ihn verwundert an! Wie konnten die Leute über uns Bescheid wissen? Aber offenbar stimmte das. Vielleicht hatte er ihnen nach unserer denkwürdigen Begegnung von uns erzählt. Der Mann war so glücklich, uns getroffen zu haben, dass er uns zu einem Kaffee einlud, damit wir uns in Ruhe unterhalten konnten. Wahrscheinlich war er tatsächlich von unserer Leistung beeindruckt, was wir uns bei seiner großen Gebirgserfahrung kaum vorstellen konnten. Die Art und Weise, wie wir dieses Abenteuer zu Ende geführt hatten, unser unermesslicher Enthusiasmus, der Eifer, unsere großen Absichten, die wir immer in die Tat umsetzen konnten, hatten ihm offensichtlich imponiert. Er sah uns mit Bewunderung an und lobte uns ununterbrochen. Für uns war es eine große Ehre und eine Freude, mit einem so erfahrenen Reiseleiter zu sprechen, der diese gefährliche und unheilvolle Wand zu einer Zeit bestiegen hatte, als die Ausrüstung noch nicht so gut war wie heute. Er erzählte uns, wie sie damals die Route in zwei Tagen bestiegen hatten – in dünnen Regenjacken, deren Taschen mit Proviant vollgestopft waren. Wir teilten ihm unsere letzten Erlebnisse mit. Er arbeitete hier. Das Wetter war schlecht und er wollte den Tag auf der Station verbringen.

Wir mussten aufbrechen und verabschiedeten uns besonders herzlich. Danach gingen wir zum kalten Korridor zurück, der zum Gletscher führte. Draußen war es kalt. Unsere Rucksäcke wogen jetzt ungefähr 40 Kilo – ein Fliegengewicht gegen die anfänglichen 65 Kilo. Doch auch das wollte getragen werden. Das Schöne an der ganzen Sache war, dass wir wenigstens nur bergab gehen mussten.

Wir waren entspannt, munter und sehr froh über das Treffen mit dem alten Reiseleiter. Deshalb konnten weder die schweren Rucksäcke noch der Neuschnee noch irgendeine andere Widrigkeit unsere gute Laune verderben.

▲ Das Eismuseum

Hör auf Dein Herz,
es weist Dir den richtigen Weg…

EISIGE WELT
(Auf dem Aletschgletscher, 3.-4. August)

Emil:

Im dichten Nebel taten wir uns schwer mit der Orientierung. Es war märchenhaft! Alles um uns herum war weiß und weil wir nicht fühlten, dass wir über abfallendes Gelände kletterten, taumelten wir immer wieder. Die Richtung stimmte. Nach etwa einer Stunde verdrängte die Sonne den Nebel, womit uns die Natur ein wunderbares Geschenk machte: Imposante Gipfel umgaben den Gletscher und der dunkelblaue Himmel zeichnete sich gegen den Schnee im Vordergrund noch deutlicher ab. Der Gletscher ähnelte einer riesengroßen langen Schlange, die sich um diese wunderschönen Berge wand und irgendwo am Horizont verschwand. Wir waren allein, und die Stille ließ mich meinen eigenen Herzschlag hören. Wir hatten die Welt des Eises betreten.

Ohne Seil gingen wir weiter. Nach so vielen Tagen unter Extrembedingungen glich unsere Gletscherwanderung einem angenehmen Spaziergang, bei dem wir uns keine Sorgen um irgendwelche versteckten Spalten machen mussten, die auf ihr nächstes Opfer warteten.

Am Anfang war der Gletscher eben und mühelos zu begehen. Nach mehr als drei Wochen waren unsere Rucksäcke nicht viel leichter als bei der Anreise, nur die beiden zusätzlichen, die wir vor der Brust getragen hatten, fielen weg.

Die Hardboots, die ich nun seit drei Tagen trug, machten meinem linken Fuß schwer zu schaffen. Bald begann ich zu hinken und mich über meinen verdammten Fuß zu ärgern.

Wir hielten oft an und legten die Rucksäcke kurz ab, um Fotos zu machen.

Je tiefer wir hinunterstiegen, desto größer wurden die Spalten. In einigen floss Wasser. Sie durchzogen den Gletscher chaotisch, und wir versuchten sie entweder zu umgehen oder – wenn sie schmaler waren – zu überspringen. Wir hüteten uns davor, in sie hineinzufallen.

Nach etwa 4 Stunden erreichten wir den Konkordia-Platz – die Stelle, wo sich fünf Gletscher treffen. Ungefähr 100 Meter weiter oben stand die kleine gleichnamige Hütte. Sie zu erreichen war ein kleines Abenteuer, weil nur eine Treppe zu ihr führte, die am steilen Felsen fest angebracht war. Wir ließen die Rucksäcke am Gletscher liegen und stiegen zur Hütte hinauf.

In der Hütte trafen wir Leute, die auf Mehrtagestouren waren und hier übernachteten. Um nicht aufzufallen und vor allen Dingen keine unnötigen

Fragen beantworten zu müssen, setzten wir uns an den hintersten Tisch. Bald begrüßte uns die Hüttenwirtin lächelnd und fragte ganz ungezwungen nach unserem Gepäck. Sie nannte uns einen Preis für Übernachtung und Verpflegung.

Wir erklärten ihr, dass wir hier nur kurz sitzen und am Abend hinausgehen, um im Freien zu schlafen. Offensichtlich war meine Erklärung klar und überzeugend, denn es kam kein Widerspruch. Sie lächelte uns an und wir vertieften uns wieder in die Zeitschriften, die wir eher der Fotos wegen durchblätterten als darin zu lesen. Dann beschlossen wir, unser Gepäck zu holen. Dazu hatten wir zwar keine Lust, aber wir konnten unsere Rucksäcke keinesfalls dort unten liegen lassen. An eine Übernachtung bei unseren Rucksäcken war überhaupt nicht zu denken, da das Gelände völlig ungeeignet war.

Trotzdem entdeckten wir das eine oder andere Zelt an einer der Moränen, wo der Boden etwas ebener war. Als wir von oben sahen, dass einige Leute neugierig um die Plane herumschlichen, unter der unsere Rucksäcke lagen, hatten wir es plötzlich sehr eilig. Schon aus der Entfernung taten wir lauthals unseren Eigentumsanspruch kund. Wie sich später herausstellte, hatten wir richtig getippt, dass diese „Interessenten" keine Schweizer waren. Sie kamen aus Tschechien. Die Idee, unsere Sachen so schnell wie möglich nachzuholen, war eine gute Idee, obwohl wir nicht die geringste Lust hatten, noch einmal Hunderte von Stufen – noch dazu beladen wie Packesel – zur Hütte hinaufzuklettern.

Unweit der Hütte entdeckten wir einen großen Stein, räumten um ihn herum die kleineren Steine weg und errichteten so einen kleinen, aber leider unebenen Platz, wo wir die Nacht verbringen wollten. Wir wärmten uns in der Hütte etwas auf und nachdem es dunkel geworden war, kehrten wir zu unserem Stein zurück.

Ignat:

Wir zogen dicke Kleidung an, weil es ziemlich kalt geworden war. Am Abend genossen wir die einmalige Bergwelt. Die Gletscher waren unglaublich schön und beeindruckten mich besonders stark – vielleicht deshalb, weil ich bisher solche Eisgebilde nur von Bildern kannte. In diesem Augenblick war ich mit Aleko Konstantinov[1] nicht einverstanden. Unsere Berge zu Hause sind schön, selbstverständlich, man kann sie aber mit den Alpen nicht vergleichen. Unsere Gebirge haben keine Gletscher und keine 1000 Meter hohen abfallenden Wände. Ebenso sollte man die Alpen nicht mit dem Himalaya vergleichen, weil natürlich jeder

---

[1] Aleko Konstantinov (A.d.Ü.) (1863-1897) bulgarischer Schriftsteller; seine bekanntesten Werke sind u.a. der Skizzenzyklus „Baj Ganjo" und die Reisebeschreibung „Nach Chicago und zurück".

Berg seine eigenen Reize hat. Unsere machen in dieser Hinsicht keine Ausnahme und sie gefallen mir, aber uns zogen mehr die größeren Dimensionen an – die riesengroßen Gletscher, die kolossalen Gipfel, die in den Wolken verschwinden, die Täler, die grünen Weiden und die Urwälder. Jetzt war die Landschaft fast winterlich und ich fragte mich, wie es wohl im richtigen Winter hier aussehen mag. Wahrscheinlich ist dann alles weiß und die Spalten der Gletscher verstecken sich unter riesigen Schneehaufen. Ob es im Winter viel schrecklicher, abstoßender und kälter oder gar viel schöner ist, bleibt der Phantasie überlassen.

Wir saßen und genossen, bis wir vor Kälte steif wurden. Wir tranken Tee, um uns etwas zu wärmen, und krochen glücklich in die Schlafsäcke. Ich kann nicht behaupten, dass ich die Nacht gut verbracht habe. Es stellte sich heraus, dass der Boden unter mir überhaupt nicht eben war. Aber ich hatte mich inzwischen daran gewöhnt, dass ich an neuen und unbequemen Plätzen nicht schlafen konnte. Deswegen döste ich im Halbschlaf vor mich hin und drehte mich gelegentlich um, um nicht ganz steif zu werden. Natürlich beneidete ich Emo, der offenbar überall gut schlafen konnte. Ich hatte das Gefühl, dass er umso besser schlief je unangenehmer der Schlafplatz war.

Emil:

Das war einer der unbequemsten Schlafplätze, die wir bisher „genießen" durften. Obwohl wir uns bemüht hatten, den Boden zu ebnen, blieben trotzdem ein paar spitze Steine übrig, die fest im Boden steckten.

Ungeduldig wartete ich auf das Morgengrauen. Ich hatte nur wenig, dafür aber tief geschlafen. Beim Aufwachen spürte ich, dass sich mein Körper dem Untergrund angepasst hatte, denn als ich versuchte, mich zu bewegen, taten mir sämtliche Knochen weh. Ich beschloss, still liegen zu bleiben und noch ein wenig zu schlafen ohne zu ahnen, was das bedeutete. Als ich nämlich etwas später dann aufstehen wollte, heulte ich wie ein Wolf bei dem Versuch, meine Knochen wieder einzurenken und zu ordnen.

Unser Proviant ging langsam zu Ende und heute vernichteten wir die Notration.

Ich hatte immer Ignats Kochkünste bewundert – wie er aus wenigen Zutaten Leckeres zauberte. An diesem Morgen war das nicht anders. Er hatte Sahnepulver mit irgendetwas zu einem Brei angerührt und hielt es mir unter die Nase. „Mmmm!", sagte ich, nachdem ich eine Löffelspitze davon gekostet hatte, „sieht lecker aus." Nachdem wir die Portion geteilt hatten und ich bereits einige Löffel davon verschlungen hatte, hob sich mir der Magen. „Was ist das denn für ein Fraß", dachte ich mir. Aber wir hatten nichts anderes und würgten es herunter. Zur Ablenkung packten wir unmittelbar danach die Rucksäcke und brachen auf.

Ignat:

Zunächst gingen wir einen anderen Weg, der uns die Eisentreppen, zahlreiche Spalten und allerlei Hindernisse auf dem Gletscher ersparte. Doch bald verließen wir wieder den festen Boden und betraten erneut den Gletscher. Sofort legten wir die Steigeisen[2] an. Mit ihnen und mit den schweren Bergstiefeln zu gehen war sehr ermüdend, aber wir hatten keine andere Wahl. Es gab viele Eisgebilde. Das Interessante daran war, dass sie eine unglaublich regelmäßige Form hatten, als ob sie maschinell hergestellt worden wären. Sie waren nicht allzu breit, dafür aber ziemlich tief, und gerade das bezauberte. Es gab Bäche und sogar ganze Flüsse, die im Gletscher verschwanden. Im wahrsten Sinne des Wortes war das Wasser hier eisig kalt. Ganz vorsichtig tranken wir davon. Es war so kalt, dass ich mich fragte, ob es unter null Grad haben könnte. Es klingt vielleicht komisch, aber damals hielt ich es für möglich. Warum auch nicht?

An einer Stelle kreuzte ein ziemlich breiter Fluss unseren Weg. Er war nicht leicht zu überwinden. Ich sprang hinüber und dann warf mir Emo die Rucksäcke zu. Er selbst zögerte ziemlich lang – nicht weil er Angst hatte, sondern wegen seiner alten Verletzung, die ihm bei größeren Belastungen ernsthaften Ärger bereitete. Gott sei Dank konnten wir den Fluss problemlos überqueren. Das Wasser war mindestens einen Meter tief und wie ich bereits sagte, sehr kalt. Außerdem floss es in seinem eisigen Flussbett sehr schnell.

Aus der Ferne sahen wir ein paar Leute in der Mitte des Gletschers. Wir blieben an der Seite, weil wir den Gletscher möglichst schnell wieder verlassen wollten. Hier machte der Gletscher eine scharfe Kurve und hatte an bestimmten Stellen viele Spalten. Einige davon mussten wir umgehen, weil wir sie nicht überspringen konnten. Wir dachten überhaupt nicht daran, uns mit einem Seil anzubinden, sondern irrten umher und suchten nach einem Weg. Wir trafen zwei Bergsteiger, die wie wir den Fehler begangen hatten, eine Abkürzung zu suchen. So kamen wir aus dem Gebiet mit den vielen Spalten überhaupt nicht heraus. Offenbar verlief die richtige Route in der Mitte des Gletschers und bog dann schräg zum „Ufer" ab. Die beiden hatten sich mit einem Seil angebunden und der Zweite in der Seilschaft hielt einen Eispickel fest in der Hand und befolgte damit ganz genau die Regeln des Bergsteigens. Sie schauten uns an und wunderten sich, dass wir einfach so, ohne Seil, mit riesengroßen Rucksäcken und ohne jegliche Geräte in den Händen über den Gletscher marschierten.

---

[2] Steigeisen: Ausrüstungsgegenstände aus Metall, die an den Bergschuhen befestigt werden. Sie sind mit vielen Zacken versehen und dienen zur Fortbewegung und zum Klettern auf Eisflächen, schrägen und senkrechten Passagen.

Emil:

Nach etwa 4 Stunden erreichten wir das Ende des Gletschers und nur ein paar Schritte vor der Wiese öffnete sich eins meiner Steigeisen. Ich rutschte aus und fiel in eine Vertiefung im Eis, die mit messerscharfen, feinen Eisschuppen gespickt war. Beim Sturz zerkratzte ich meine Hand und den Arm und das Blut begann zu tröpfeln.

Ich ignorierte die ganze Angelegenheit. Wir setzten uns kurz hin, um uns auszuruhen und ich wusch meine Hand in einem kleinen Fluss.

Wir trafen Spaziergänger aus dem Briger Tal, die mit dem Lift hierher gekommen waren und mit kleinen Rucksäcken um den Gletscher herum marschierten. Einige überwanden ihre Furcht und betraten den Gletscher kurzzeitig, um ihn dann schnell wieder zu verlassen und festen Boden unter den Füßen zu spüren.

Ein Mann fragte mich etwas. Ich hob meine Hand, um ihm die Richtung zu zeigen und sah, wie sich sein Gesicht verzerrte. Mit zitternden Händen zeigte er auf das immer noch tropfende Blut. „Mach Dir keine Sorgen, halb so schlimm. Das ist nichts Besonderes, das wird schon vergehen."

Was hatte der arme Mann in diesem Augenblick wohl gedacht?

Ignat:

Weil wir uns den Lift nicht leisten konnten, wählten wir den Gebirgspfad, der uns in 4 Stunden zum Dörfchen Fiesch führen sollte. Wir hatten keine andere Wahl.

Der Marsch auf dem Gletscher und die schweren Rucksäcke hatten uns sehr ermüdet. Meine Schultern fühlten sich unter dem viel zu großen Gewicht wie zerquetscht an. Ich bat Emo, die Rucksäcke zu tauschen. Seiner war zwar nicht leichter, hatte aber einen festen Riemen im Kreuz. Ich schnallte ihn so fest wie nur möglich und löste die Schulterriemen. Das gesamte Gewicht von 40 Kilo lag jetzt auf meinem Becken. So kam es, dass ich nach den 2 Stunden Hinunterklettern außer über Schulterschmerzen auch noch über Beckenschmerzen klagte.

Das Tal, in das wir hinabstiegen, war unglaublich schön, aber momentan stand uns nicht der Sinn danach, die einmalige alpine Natur zu genießen. Alles tat uns weh, und obendrein wurde es immer wärmer. Bald zogen wir unsere Turnschuhe an, und die Bergstiefel kamen auch noch in die Rucksäcke. Wir stolperten den Weg entlang und verfluchten unsere Armut. Bald schmerzten auch meine Knie und Emo war mit seinem Fuß auch nicht zu beneiden. Ein paarmal stürzte er zu Boden und jedes Mal dachte ich, er hätte sich das Bein gebrochen. Ich wusste nicht, was ich in diesem Fall hätte tun sollen. Wir waren die Einzigen weit und breit auf diesem Vierstundenpfad; andere Dummköpfe gab es hier keine.

Emil:

Der Schmerz in meinem Fuß war kaum auszuhalten. Ich biss die Zähne zusammen und versuchte das Gewicht möglichst auf den rechten Fuß zu verlagern. Doch dabei verlor ich oft das Gleichgewicht und landete auf dem Boden. Dann blieb ich ein paar Minuten lang liegen, richtete mich mit Mühe auf und setzte meinen Weg fort. Ignat hatte Mitleid mit mir, konnte mir aber nicht helfen. Er selber hatte es nicht leichter und kämpfte gegen die Müdigkeit, die ihn ebenso schweigsam machte wie mich.

Die Stunden vergingen und das Tal schien überhaupt nicht näher zu kommen. Dieses Absteigen wollte kein Ende nehmen. Ich hatte die Nase schon lange gestrichen voll und mein einziger Wunsch war, den verdammten Rucksack auf den Boden zu werfen, mein Bein abzuschneiden und beides zusammen hinunter in die Schlucht zu schmettern. Dabei würde ich meine Augen schließen, um nicht sehen, wohin sie fallen würden. Dann hätte ich auch später nicht nach ihnen suchen können. All das war wirklich zum Verzweifeln. Mein Körper weinte, mein Gehirn schrie „Halt an, genau hier, halt an, das war's, halt an, Du Dummkopf! Siehst Du nicht, dass Du keine Kraft mehr hast und dass Du Dich kaum noch auf den Beinen halten kannst? Wie lange glaubst Du, dass Du es noch schaffen wirst? Das alles ist sinnlos!"

All diese Gedanken ärgerten mich gewaltig, und während ich mich bemühte, sie zu verjagen, trabte ich einfach so vor mich hin.

Ich wollte irgendeine Melodie einer meiner Lieblingshardrockgruppen „AC/DC" oder „Metallica" vor mich hinträllern in der Hoffnung, dabei die Schmerzen leichter zu ertragen, aber mir fiel einfach keine ein. Wahrscheinlich passte keine Melodie zum Rhythmus meines Taumelns oder mein Gedächtnis hatte einfach alle Melodien gelöscht. Das machte meine Situation noch hoffnungsloser. Aaaaah, verdammt, wie war denn diese Musik?

Ignat:

Offensichtlich näherten wir uns schon dem Dörfchen, weil wir zu einer Landstraße kamen. Mein Bein, das ich mir während einer Klettertour in der Nähe von Lakatnik verletzt hatte, kurz bevor mich Emo mit der Idee vom Eiger und seiner Nordwand angesteckt hatte, wurde lahm.

Wir hinkten beide, Emo mit dem linken, ich mit dem rechten Bein. Wir waren verzweifelt und dachten schon über ein Biwak auf der Wiese am Wegesrand nach. Doch just in diesem Augenblick erschien das Glück, das uns nur kurz im Stich gelassen hatte, in Form eines Geländewagens. Hoch erfreut stiegen wir ein und das Auto fuhr los. Unsere T-Shirts waren total verschwitzt und der Fahrer gab Gas. „Offenbar ist jetzt die beste Zeit, mich zu erkälten", dachte ich mir. Aber was soll's, hatten wir uns doch eine Stunde mörderisches Abrackern und das endgültige Erlahmen unserer Füße und Körper erspart.

Und siehe da, in nur ein paar Minuten waren wir im Zentrum des kleinen Dörfchens Fiesch. Wir waren vom Gebirge abgestiegen und wollten nun ein wenig in den Städten verweilen. Doch wir hatten schon wieder Pläne. Wir wollten nach Zermatt, dem kleinen Ort am Fuße des legendären Matterhorns. Wir machten uns keine Illusionen mehr über eine Besteigung des Gipfels, denn wir hatten weder Geld noch Zeit, sondern träumten einfach nur davon, einen der schönsten Gipfel der Erde zu sehen und die Perle der Schweiz, Zermatt, zu besichtigen.

FÜNF GRAD CELSIUS
(Zermatt, 5. August)

Ignat:

Von nun an war uns das Glück wieder hold, denn wir mussten nur wenige Minuten warten, bis uns das erste Auto mitnahm. Die reifere Dame fuhr uns direkt zum Bahnhof von Brig und zeigte uns einmal mehr, was die Einheimischen unter Freundlichkeit und Hilfsbereitschaft verstehen.

Es war spät und wir beschlossen, auf dem Bahnhof zu übernachten. Ganz instinktiv erkundeten wir den Bahnhof, entdeckten die Gepäckschließfächer, die Toilette und den Warteraum, in dem wir die Nacht verbringen wollten. Danach platzierte ich den Primus so, dass ihn keiner sah und kochte uns etwas zum Abendessen. Die Auswahl an Lebensmitteln war nicht allzu groß, es gab nur noch das, was uns am wenigsten schmeckte. Trotzdem bemühte ich mich, immer wieder neue Speisen auszudenken und unsere Küche ein wenig aufzupeppen. Manchmal kreierte ich sogar so etwas Ähnliches wie Eintopf, indem ich Päckchensuppe, Reis und Kartoffelpüreepulver mischte. Letzteres machte die fade Suppe etwas sämiger und leckerer, aber ehrlich gesagt schmeckte sie uns nicht wirklich gut.

Nach dem Abendessen ordneten wir unsere Ausrüstung neu, denn wir wollten auf die Reise nach Zermatt nur das Notwendigste mitnehmen. Das andere Gepäck – die zwei vollen Rucksäcke, die Schuhe und die Eispickel – packten wir in ein Schließfach und löhnten dafür ganze 5 SFR. Unser ganzes Gepäck für Zermatt passte in einen kleinen Rucksack. Wir hatten nämlich die Nase voll, tonnenweise Gepäck durch das Gebirge zu schleppen. Unser Plan sah vor, nach Zermatt zu wandern, den Ort anzusehen und dann wieder zurückzukehren.

In der Wartehalle verkrochen wir uns in unsere Schlafsäcke. Obwohl wir uns in einem der zivilisiertesten Länder Europas befanden und auf dem Bahnhof im Großen und Ganzen sich keine verdächtigen Personen aufhielten, hatte ich trotzdem Angst, beraubt zu werden. Deswegen legten wir uns mit den Köpfen aneinander und nutzten den kleinen Rucksack als gemeinsames Kissen.

Wir hatten überhaupt nicht gut geschlafen. Es war zu laut, zu hell, und wenn jemand die Tür öffnete, wurde es auch kalt.

Emil:

Gegen 5 Uhr am Morgen hörten wir Schreie:

„Polizei, aufstehen, Polizei, aufstehen! Ausweise bitte, Ausweise!"

Ich öffnete die Augen und stand auf. Alles drehte sich vor meinen Augen und noch im Halbschlaf sagte ich:

„Guten Morgen, ja, man sieht es Ihnen doch an, dass Sie Polizist sind."

Die typischen Schweizer Uniformen machten aus den beiden jungen Ordnungshütern richtige Respektpersonen.

Darauf erwiderte der eine kichernd:

„Ich weiß nicht, ob man es sieht, aber wenigstens hört man es." Damit meinte er seine laute Stimme.

Ich lachte auch.

„Ausweise vorzeigen, bitte!"

Ignat war auch schon aufgestanden und kramte im Rucksack nach den Ausweisen – mit Erfolg, obwohl wir sie in den letzten drei Wochen nicht gebraucht hatten. Auf die üblichen Fragen leierte ich – wie schon so oft – meine Geschichte herunter, die ich inzwischen auswendig konnte, und ergänzte das Ganze um unsere Pläne für die nächsten paar Stunden.

Sie konnten ein herzliches Lachen kaum unterdrücken und gingen hinaus, um im Polizeirevier nachzusehen, ob alles, was in unseren Reisepässen stand, mit der Information übereinstimmte, die im seelenlosen Polizeicomputer gespeichert war.

Kurz darauf kamen sie herein, gaben uns unsere Papiere zurück und wünschten uns von ganzem Herzen Glück und einen angenehmen Aufenthalt in ihrer Heimat, auf die sie sichtlich stolz waren.

Am Morgen des 5. August 1998 gingen wir nur mit einem kleinen Rucksack zum ersten Mal seit Tagen munteren Schrittes ans Ende der Ortschaft Brig und hoben unsere lange nicht benutzten und deshalb etwas eingerosteten Daumen in Richtung Straße.

Ignat:

In wenigen schnellen Etappen erreichten wir das schmucke Gebirgsdörfchen. Für Autos ist normalerweise auf dem Parkplatz von Täsch – 5 bis 6 km vor Zermatt – Endstation, denn Zermatt selbst ist autofrei. Aber wir hatten wie immer Glück und die letzte Etappe fuhren wir mit einem Bankangestellten, der im berühmten Dorf Zermatt arbeitete und das Recht hatte, mit seinem Auto bis zur Ortschaft zu fahren. Natürlich musste auch er sein Auto auf einem Parkplatz im unteren Teil des Feriendorfes abstellen. Von dort gingen wir zu Fuß ins Zentrum der Schweizer Perle.

Das Wetter besserte sich und bald wurde es warm, sonnig und sehr angenehm. Nur das Matterhorn versteckte sich immer noch in den Wolken, die nur gelegentlich den Blick auf den berühmten Gipfel freigaben. Auch dann konnte man nur die von Neuschnee bedeckte Spitze sehen. Ich war etwas enttäuscht, weil ich den Gipfel und seine berühmte Eisnordwand aus der Nähe sehen wollte. Wie dem auch sei; wenigstens konnten wir die Schönheit und Gemütlichkeit des schmucken Dörfchens genießen. Alle Gebäude hier waren 2- oder 3-stöckig, im alpinen Stil gehalten und mit sehr vielen Blumen geschmückt. Die Luft war unglaublich sauber und frisch, und im Gedanken bedankten wir uns bei den Schweizern dafür, dass in der Ortschaft keine Autos zugelassen waren. Zur Fortbewegung dienten elektrische Autos oder Kutschen, die von schönen und geputzten Pferden gezogen wurden. Wir bummelten auf und ab und wollten alles sehen. Ab und zu blieben wir stehen und schauten uns die unzähligen Touristen aus aller Herren Länder an. Natürlich gab es auch hier Japaner, die mit ihrer modernen Technik ununterbrochen Fotos machten. Man sah viele Bergsteiger, die entweder auf eine Tour gingen oder von ihr zurückkamen. Diejenigen, die zurückkamen, konnte man schon von Weitem erkennen. Wir amüsierten uns über ihre aufgeblasene Gangart und ihre stolzen Gesichtsausdrücke. Anders als in Bulgarien hängen die Leute hier ihre Ausrüstung – Seile und Eispickel – zum Vorzeigen an die Rucksäcke. Einige Leute stiegen sogar mit angeschnallten Sitzgurten hinunter oder hielten die langen Pickel in der Hand. Wir beide lästerten, dass sie kaum richtige Bergsteiger waren, wenn sie „Tomatenpfähle" mitschleppten. Manche trugen sogar in den Restaurants ihre Sitzgurte, an denen Karabiner und Friends hingen.

Um den Bahnhof herum war es am lebhaftesten und deshalb setzten wir uns auf eine Bank, um zu gaffen. Mit großem Interesse beobachteten wir, wie die Pferdekutschen von den Privathotels kamen, um ihre Gäste abzuholen. Alles kam uns unglaublich interessant und amüsant vor. Wir schauten und schauten, aber irgendwann hielten wir es nicht mehr aus, weil es von überallher so unglaublich verlockend duftete. Wir kauften uns Bratwürste mit Senf und Brötchen. Wir hatten Hunger und wollten wie die Menschen hier sein und nicht an unsere Geldsorgen denken.

Wir besuchten den alpinen Friedhof, wo die Bergsteiger ruhten, die im Gebirge umgekommen waren. Es gab Gräber ganzer Generationen von Bergführern. Emo war bereits hier gewesen und führte mich zum Grabstein eines bulgarischen Bergsteigers. Wir schwiegen eine Weile, erinnerten uns an die Eigernordwand und das Gewitter, das dort getobt hatte. Auch wir hätten hier landen können. Wir kannten die Risiken des Bergsteigens und hatten sie anderen vorgezogen, die unser Leben in der Stadt begleiteten.

Der Friedhof war sehr gut gepflegt und sauber. Überall gab es Blumen und Kränze und man konnte den süßlichen Weihrauch riechen. Er war ruhig und hell, ja sogar einigermaßen angenehm und nicht etwa düster, einsam und unheilvoll. So sollte es eigentlich auch sein, denn die Toten sollen ruhen, und offensichtlich sahen die Lebenden das ein.

Wir besichtigten auch das Alpine Museum. Der Eintritt war nicht besonders teuer und wir beschlossen, dass wir uns das nicht entgehen lassen durften. Zu sehen gab es interessante Gegenstände – alte Ausrüstung, mit der früher die Bergführer geklettert waren. Beim Anblick dieser Ausrüstung staunten wir über den starken Willen und den Mut der damaligen Bergsteiger. Das Hauptthema im Museum war die Geschichte des Matterhorns und vor allem seine Erstbesteigung. Damals haben sieben Personen den Gipfel bestiegen, und auf dem Rückweg sind vier davon umgekommen, weil das Seil gerissen war. Die anderen drei erlebten eine der größten alpinen Tragödien, fanden aber die Kraft, erfolgreich abzusteigen.

Wir berührten den Eispickel von Eduard Whymper, dem Erstbesteiger des Gipfels, und machten ein paar Fotos zur Erinnerung. Zugleich mit uns besuchte eine Gruppe japanischer Touristen das Museum. Sie hatten einen Reiseleiter, der die Geschichte der Erstbesteigung ins Japanische übersetzte. Die Stille wurde nur durch ihre laute Begeisterung unterbrochen.

Obwohl wir immer noch lange Bärte und schmutzige Kleidung trugen und vielleicht auch wild oder böse dreinschauten, wollten wir uns entspannen und die Wärme des Lebens genießen. Das hat mir immer sehr gut gefallen. Das sind die Kontraste, die der Mensch spürt und die ihm das Gefühl vermitteln, dass er nicht nur existiert, sondern richtig lebt. Es ist mir schon einmal passiert, dass ich an einem Tag an Kominite[1] oder Resnjovete[2] eine Winterbesteigung vorgenommen und am Abend beispielsweise das Kino oder ein Restaurant besucht habe. An solchen Tagen habe ich das Gefühl, dass ich doppelt lebe, nicht einen, sondern zwei Tage, weil ich im Laufe des Tages so viele Sachen gemacht habe.

Emil:

Im Zentrum von Zermatt stand ein Luxushotel, aus dem am späten Nachmittag zarte klassische Musik klang, die die Abendatmosphäre in Zermatt angenehmer machte. Wir saßen auf einer Bank in der Nähe und schauten uns die Menschen an, die an uns vorbeigingen. Wir lästerten ohne Ende. Glücklicherweise verstand keiner von ihnen auch nur ein einziges Wort von dem, was wir sprachen. Obwohl wir diese Ungerechtigkeit einsahen, amüsierten wir uns köstlich.

Ignat:

Am Abend gingen wir zum Campingplatz, der nach 19 Uhr unbewacht war und schauten nach, ob wir hier übernachten konnten. Wir fanden einen freien Platz und setzten uns hin, um uns auszuruhen, aber auch, um ihn zu reservieren. Ich beschloss, in den Sanitäranlagen zu duschen. Das war einer meiner größten Fehler, der mich später teuer zu stehen kam. Aber gesagt-getan; ich ging ins Bad und duschte dort mit lauwarmem, und zum Schluss auch kaltem Wasser. Dann zog ich sämtliche Kleidung an, die ich mithatte, denn obwohl sich während des Tages das Wetter gebessert hatte, kühlte es gegen Abend deutlich ab. Deshalb

---

[1] Kominite (A.d.Ü.): ein Klettergebiet im Vitoschagebirge

[2] Resnjovete (A.d.Ü.): Gipfel im östlichen Teil des Vitoschagebirges, östlich des Tscherni Vrach-Gipfels

beschlossen wir durch das Dörfchen zu spazieren. Das, was dann folgte, werde ich mein Leben lang nicht vergessen.

Wir gingen ins Zentrum, wo ein Orchester vor vielen Fans live musizierte. Wie ich bereits erwähnte, hatte ich alle meine Kleidung angezogen, zitterte aber trotzdem vor Kälte und mischte mich deshalb unter die Menschen in der Hoffnung, dass mir etwas wärmer wurde. Bei dem Gedanken an die schreckliche Nacht, die uns erwartete, fühlte ich mich überhaupt nicht wohl. Es wurde immer kälter und mir klapperten schon die Zähne hinter meinen ohne Zweifel blau gefrorenen Lippen. Ich stellte mich dorthin, wo die Menschen sich am dichtesten drängten. Bald war das Konzert zu Ende und wir gingen zum Campingplatz zurück, denn um durch die Kneipen zu ziehen und uns zu amüsieren, hatten wir kein Geld. Eine ganz andere Art von Unterhaltung stand uns bevor: Wir mussten uns zwischen den Zelten zum Schlafen hinlegen. Dabei hatten wir weder ein Zelt noch Schlafsäcke noch Isomatten dabei. Die einzige Biwakausrüstung außer der Kleidung im Rucksack waren zwei Regenmäntel aus leichtem Kunststoff, die zwar das Wasser abwiesen, uns aber nicht wärmten. Einen falteten wir zusammen und breiteten ihn auf der Erde aus. Er nützte nichts, aber damals waren wir wohl ziemlich naiv. Wir kauerten uns zusammen, nutzten den Rucksack wieder als Kissen und deckten uns mit dem zweiten Regenmantel zu. Das war die Parodie eines Biwaks. Wir kamen uns vor wie in einer billigen Komödie, wo die Szenen der größeren Glaubwürdigkeit wegen unter realen Bedingungen aufgenommen werden.

Am späteren Abend kamen junge Leute mit ihren Mountainbikes auf den Campingplatz. Ich stellte mich schlafend und beobachtete sie heimlich. Offensichtlich sprachen sie über uns und obwohl ich nichts verstehen konnte, vernahm ich die spöttischen Untertöne in ihren Stimmen. Sie gingen gut gelaunt in ihre Zelte, wo sie sicher Luftmatratzen, kuschelige Schlafsäcke und vielleicht sogar auch Kopfkissen hatten. Wir lagen draußen zusammengekauert wie Hunde auf dem Boden und froren erbärmlich.

Später behauptete Emo, dass er gut geschlafen habe und dass es ihm nicht kalt gewesen sei. Ich glaubte ich ihm kein Wort und vermutete, dass er entweder seine Schwäche vor mir verstecken oder mich einfach nur ärgern wollte. Ich fror ohne Ende und wälzte mich die ganze Zeit unruhig herum. Andererseits hatte ich Angst einzuschlafen, denn dann hätte ich vielleicht nicht gemerkt, wie kalt mein Körper geworden wäre, und ich hätte mir möglicherweise einen ernsthaften Schaden geholt. Die fast kalte Dusche hatte mich schon vorher ausgekühlt, und die fehlenden Isomatten, Schlafsäcke und die dickere Kleidung trugen ihren Teil dazu bei, dass ich die ganze Nacht nicht schlafen konnte. Ich dachte ununterbrochen an den nächsten Morgen und erwartete ihn ungeduldig, damit wir aufstehen und uns endlich bewegen konnten.

Plötzlich begann Emo mit dem Fuß zu stampfen und ich dachte, dass er auch fror und das tat, um sich zu aufzuwärmen. Später, zu Hause, behauptete er, dass es nicht wegen der Kälte gewesen sei, sondern damit sein verletztes Bein nicht steif wurde. Er bestand darauf, dass er nicht gefroren habe, doch ich glaubte ihm lange Zeit nicht. Wenn ich heute darüber nachdenke, halte ich es jedoch für möglich, denn nachdem wir nach Bulgarien zurückgekehrt waren, hatten wir viele Winterbiwaks erlebt, und ich hatte mich immer wieder gewundert, dass Emo oft nur mit einer Decke schlief, um seinen teuren und schönen Schlafsack zu schonen. Aber jetzt, hier in Zermatt, stampfte auch ich mit den Füßen, aber mir wurde trotzdem nicht wärmer. Am Ende hielt ich es nicht mehr aus und stand auf, um mich zu bewegen. So berührten wenigstens meine Nieren und mein Kreuz nicht den feuchten und kalten Boden. Ich sah auf die Uhr; es war erst 5 Uhr morgens. Ich beschloss, zum richtigen Aufwärmen einen flotten Marsch durch das gemütlich schlafende Zermatt zu machen. Ich verließ den Campingplatz und eilte hinauf ins Zentrum. Ich wurde etwas munterer, aber als ich sah, dass das Thermometer 5 Grad zeigte, erstarrte ich wieder. Also war es tatsächlich kalt. Allein der Gedanke, bei dieser Kälte nur mit leichter Kleidung auf der Erde zu schlafen, ist schrecklich. Beim Biwak an der Eigernordwand war es viel bequemer, obwohl wir dieselbe Ausrüstung hatten. Hier aber waren wir 2000 Meter tiefer, und wegen des wolkenlosen Himmels waren die Temperaturen so tief gesunken.

Ich ging zum Campingplatz zurück, und weil es langsam dämmerte, weckte ich Emo, damit wir aufbrechen konnten. Ich fror immer noch und brauchte Bewegung. Mein Freund stand unwillig auf, so als ob ich ihn aus einem warmen, weichen und bequemen Federbett trieb.

Emil:

Am Morgen weckte mich Ignat mit den Worten: „Hey, Emo, ich kann nicht mehr, ich halte es nicht mehr aus, ich bin total erfroren. Lass uns diesen eisigen Ort verlassen. Ich bin vor Kälte total erstarrt." Er war schon aufgestanden und zitterte am ganzen Körper, worauf ich ihm entgegnete: „Leg dich schnell wieder hin. Komm her, hier ist es warm." Das ärgerte ihn aber noch mehr.

Ich stand dann auf und entfernte das Gras aus meinem Gesicht. Dann gingen wir zurück nach Brig. Das Thermometer an einem Gebäude zeigte immerhin Pluswerte, ich möchte es ausdrücklich betonen: plus 5 Grad. Um Ignat ein wenig zu ärgern, sagte ich ihm, dass ich in der Nacht geschwitzt habe. Es sei so warm gewesen!

Ignat:

Die sechs Kilometer gingen wir zu Fuß und wir drehten uns oft um, um das Matterhorn aus der Ferne zu sehen. So nahmen wir von ihm Abschied.

Wir gingen durch das Dörfchen Täsch, das mich mit seinen altertümlichen alpinen Häuschen total verzaubert hat. An seinem Ende stellten wir uns an die Straße und warteten darauf, dass uns jemand mitnahm.

Zum Frühstück öffneten wir ein Päckchen der uns so verhassten fritierten Erdnüsse. Ich hatte kein Gefühl in den Fingern. Nicht dass sie erfroren waren, aber ich fühlte sie nicht und mir fiel es schwer, die Erdnüsse zu essen.

Emil:

Ignat wunderte sich über unsere Dummheit, am Gepäck zu sparen und die Schlafsäcke nicht mitzunehmen. Aber nun war es geschehen, und außerdem war die lange schreckliche Nacht vorbei, so dass nur das Gefühl eines zwar unangenehmen, aber starken Erlebnisses blieb. Für Ignat war die Nacht besonders lang, weil er kein Auge zugetan hatte.

Hier spielte uns das Schicksal noch einen Streich, der später oft Anlass für Spott war. Denn die Dame, die uns in ihrem Auto mitnahm, hatte die letzte Nacht mit Sicherheit nicht gefroren, denn sie hatte die Fenster ganz heruntergekurbelt, so dass es im Auto anständig zog.

Wie immer saß ich vorn, um unseren Chauffeur mit unseren Abenteuern zu unterhalten, und Ignat verkroch sich auf den Rücksitz. Zum x-ten Mal lauschte er meinen Erzählungen und lächelte dabei. Kurz darauf nickte er ein.

Auf dem Vordersitz zog es nicht so sehr, aber im Seitenspiegel sah ich, wie seine Haare in alle Himmelsrichtungen flogen und sein Gesichtsausdruck eine gewisse Verzweiflung verriet. Der Arme hatte sich kurz davor noch etwas aufwärmen können, doch schon musste er die nächste Kälteprobe überstehen.

Es war uns peinlich, von den Menschen, die uns mitnahmen, mehr zu verlangen, denn wir spürten, dass wir ihnen gegenüber keinerlei Ansprüche erheben durften. Aber dieses Mal war die Situation äußerst kritisch. Ignat bat mich der Dame zu sagen, falls es möglich wäre, die Fenster zu schließen.

Ignat:

Zum Glück zeigte die Dame Verständnis. Gott sei Dank! Ich fühlte mich wie im Paradies, nachdem die Fenster geschlossen waren und ich mich endlich entspannen konnte. Ich freute mich schon auf unsere Rucksäcke mit der dicken Kleidung. Und tatsächlich – nach nur einer weiteren Etappe erreichten wir den Bahnhof von Brig.

Jetzt, im Herbst, wo die Temperaturen morgens bis auf 5 oder 6 Grad sinken und der erste Reif die Landschaft verziert, muss ich immer an dieses Erlebnis zurückdenken.

GOTT SEGNE SIE
(Zu Gast bei einer wundervollen Familie, 6. August)

Emil:

Von nun an waren unsere Blicke und Gedanken auf den langen Weg voller Überraschungen bis nach Bulgarien gerichtet.

In meiner Seele breitete sich ein Gefühl der Leere aus, nachdem wir nun all dem, was uns in den vergangenen Wochen hier umgeben hatte, den Rücken zukehren mussten. Die Augenblicke schmolzen mit dem grauen endlosen Asphalt zusammen, der uns zwar zu einem Ziel führte, das ich aber keineswegs erreichen wollte: Bulgarien. Die Gedanken über meine Zukunft bedrückten mich, und ich suchte erfolglos nach der Lösung auf die Frage: „Und wohin jetzt?" Je mehr ich mich bemühte, desto mehr verlor ich mich. Von diesem Augenblick an hatten meine Wünsche und Träume mit der Realität nichts mehr gemein. Ich weiß nicht, ob diese Gedanken durch den Sinn des Lebens hervorgerufen wurden, für den ich keine Zukunft sah, oder einfach nur durch die Anspannung der letzten Tage. Aber eins wusste ich mit Sicherheit: Ich musste weitermachen. So wie jeder Zug seine Fahrgäste hat, so wird wohl irgendwo auf der Welt auch mein Zug anhalten und auf mich warten – jener Zug, der mich ans Ziel meiner Träume bringt.

Raum und Zeit schienen sich verändert zu haben, doch nachdem wir unser Gepäck in Brig abgeholt hatten, fanden wir uns wieder an einem alten und bereits bekannten Ort – der Landstraße. Wir trugen die gleiche alte Kleidung wie damals, nur waren inzwischen zwei Dutzend Tage vergangen.

Mich bedrückte der Gedanke, dass wir in wenigen Stunden wieder in Bulgarien sein würden und überlegte fieberhaft, wie wir den Genuss vor dem unausweichlichen Schmerz verlängern konnten. Deshalb schlug ich Ignat vor, auf dem Weg nach Bulgarien irgendeine größere Stadt oder einen Kurort, z.B. Bern, Bratislava oder Budapest, zu besichtigen.

Wir wollten durch den Goppenstein-Tunnel auf die Nordseite des Gebirges zurückfahren, um noch einen Tag unweit der Berge zu verbringen.

Ignat:

Durch diesen Tunnel kommt man per Autozug auf die andere Seite des Gebirges.

Wir wollten nach Lauterbrunnen, einer Feriensiedlung ähnlich wie Grindelwald, trampen. Doch Gott hatte andere Pläne mit uns. Ein Mann, der in einer Firma für Bauprofile arbeitete, nahm uns mit. Sein Dienstwagen war ein Mercedes mit Ledersitzen und Telefon. Trotzdem benahm er sich wie ein ganz normaler Mensch und scheute sich nicht, zwei bärtige, abgespannte, schmutzige und mit Riesengepäck beladene Tramper mitzunehmen. Wir stiegen ein und bald darauf begann er mit Emo ein Gespräch. Ein Wort gab das andere und sie gelangten zu dem Punkt, wo mein Freund von unseren Abenteuern erzählte und auch von unserer Absicht, per Anhalter nach Bulgarien zurückzukehren. Wie immer döste ich auf dem Hintersitz und bestätigte somit Emos Aussage, dass wir sehr müde und völlig abgespannt waren. Es wäre besser zu schlafen, dachte ich, anstatt alle 10 Sekunden einzunicken und wieder aufzuschrecken und sich peinlich zu fühlen.

Emo war auch schrecklich müde und hatte tierischen Schlafbedarf, doch aus Dankbarkeit für das Mitnehmen konnten wir doch nicht beide einfach einschlafen. So entwickelte sich das Gespräch ganz ungezwungen, weil Emo ein ausgezeichneter und inzwischen auch routinierter Erzähler war, besonders wenn er über Klettern und Berge sprach. Unsere Geschichte stieß stets auf großes Interesse, und die Gesprächspartner forderten Emo immer auf, noch mehr von unseren Abenteuern zum Besten zu geben.

Der Mann war außerordentlich nett und viel gereist – auch per Anhalter – und konnte sich deshalb wohl gut in unsere Lage versetzen. Er sagte, dass er in der Nähe von Zürich wohne und dass er uns bis dorthin mitnehmen könne.

Wir willigten sofort ein, mussten damit aber vom Gebirge vorläufig Abschied nehmen. Doch eine solche Mitfahrgelegenheit konnten wir uns nicht entgehen lassen.

Emil:

Unterwegs sprachen wir über alles Mögliche, aber am meisten beeindruckten wir ihn mit der Besteigung der Eigernordwand. Er freute sich von ganzem Herzen über unsere Leistung und bedauerte, dass wir wegen unserer Finanzen mit den anderen nicht mithalten, uns nicht richtig ernähren und die öffentlichen Verkehrsmittel nicht nutzen konnten.

Unsere Gesichtsausdrücke hatten sich bis zur Unkenntlichkeit verändert.

Die Sonnenbräune, die Spuren vom vielen Klettern und die langen Bärte zeichneten unsere Gesichter. Unsere Blicke waren tief und konzentriert und wenn uns jemand direkt in die Augen sah, brach er schnell diesen direkten Blickkontakt wieder ab. Trotzdem waren unsere Seelen frei und unsere Gedanken rein, und das merkten die Menschen, mit denen wir Kontakt hatten. Andrej, so hieß unser Fahrer, schlug uns nach einer etwa eineinhalbstündigen Fahrt vor, ihn in seinem unweit von Zürich gelegenen Haus zu besuchen. Dankend nahmen wir seine Einladung an. Als wir ankamen, wurden wir von seiner Frau und ihren zwei kleinen Kindern begrüßt.

Ignat:

Wir waren für sie ganz besondere Gäste. Sie bewirteten uns mit Milch und einem leckeren Apfelkuchen. Danach gab es Coca-Cola und Fanta-Grapefruit. Wir waren sehr hungrig und putzten alles weg, was sie uns anboten. Das schien ihnen noch mehr Freude zu bereiten. Sie waren froh, dass sie uns helfen konnten und wir nahmen alles dankend an. Sie waren stolz, Bergsteiger als Gäste zu haben und empfanden es als Ehre, uns zu bewirten. Die Frau vermutete richtig, dass wir sehr hungrig waren und fragte uns, ob sie uns eine Bratwurst grillen solle. Die Stimmung war so angenehm, ruhig und entspannend, dass wir uns diesen netten Leuten bedingungslos anvertrauten und den Vorschlag annahmen. Später luden sie uns ein, bei ihnen zu übernachten, ein Bad zu nehmen und uns richtig auszuruhen. Andrej kaufte ein und seine Frau sorgte dafür, dass wir es bequem hatten und uns wohl fühlten. Sie nahm sich auch des hartnäckigen Herpes an, der sich nach der Eigertraverse nach einem starken Sonnenbrand an meinem Mund gebildet hatte. Sie rieb meine Haut mit irgendeinem Medikament ein, und danach fühlte ich mich schon viel besser. Andrej kam bald zurück und wir gingen zusammen auf den kleinen Hof hinter dem Haus. Vom Nachbarhof trennte uns ein eher symbolischer Zaun, der kaum 50 cm hoch war. Die Leute gingen sowohl im Gras als auch im Haus barfuß und strahlten damit irgendeine irdische Kraft und Ruhe aus.

Emil:

Das war eine nette und ihren Mitmenschen gegenüber offene Familie, in der wir uns sehr wohl fühlten. Die Kinder spielten im Garten und freuten sich über die kleinen Enten, die sie von ihren Eltern als Geschenk bekommen hatten. Die Tierchen torkelten herum und suchten kreischend nach einem Platz, wohin sie vor den zwei zufriedenen Knirpsen, die ihnen nachliefen, fliehen konnten.

Diesen Abend werde ich nie vergessen. Wir saßen draußen im kühlen Garten und Andrej bereitete Fleisch auf dem Grill zu. Jetzt, wo ich diese Zeilen schreibe, läuft mir wieder das Wasser im Mund zusammen, wenn ich mich an den Duft und den Geschmack dieses Fleisches erinnere.

Ignat:

Zum Schluss stopften wir uns sogar gewaltsam voll, um unsere Gastgeberin nicht zu beleidigen. Ich sah, wie sich unsere neuen Freunde über jeden Bissen freuten, den wir zu uns nahmen. Vielleicht beneideten sie uns ein wenig um unsere Erlebnisse, die sie durch unsere Erzählung und vor allem durch unsere Anwesenheit nacherleben durften. Wir unterhielten uns bis zum späten Abend. Von Zeit zu Zeit übersetzte mir Emo einiges, aber er hatte sich so sehr an die Unterhaltung auf Deutsch gewöhnt, dass er plötzlich Schwierigkeiten hatte, auf Bulgarisch zu sprechen. Vielleicht wollte er sich nicht ablenken oder er teilte gerade seinen Schmerz über sein Leben in Bulgarien mit.

Die Gastgeber gingen zur Nachtruhe in ihre Zimmer in der oberen Etage und überließen uns das Wohnzimmer. Zum ersten Mal seit drei Wochen schliefen wir auf weichen und bequemen Betten wie in einem Fünf-Sterne-Hotel.

Am Morgen gab es ein üppiges Frühstück, außerdem bekamen wir auch einen Beutel mit Essen „für unterwegs", wie sie sich ausdrückten, der aus den Leckerbissen ihrer Kinder bestand. Mir war es schrecklich peinlich, dass ich die Süßigkeiten dieser wundervollen Kinder essen sollte, die Erwachsenen bestanden aber darauf und wir nahmen sie ungern, aber dankend an. Die Frau umarmte und küsste uns sogar beim Abschied. Offenbar hatten sie uns in ihre Herzen geschlossen und sahen uns als ihre Freunde an. Ich muss sagen, dass sie in meinem Herzen auch einen Platz gefunden hatten, ich werde sie stets in Erinnerung behalten und ihnen für das, was sie für uns getan hatten, immer außerordentlich dankbar sein. Eines Tages könnten wir uns wieder treffen und ihnen für alles noch einmal danken.

Andrej hatte es eilig. Er fuhr zur Tankstelle und uns dann zum Zürcher Bahnhof. Er kaufte uns noch etwas Proviant und dann zahlte er auch noch die 15 SFR Gebühr für das Schließfach, in dem wir unser Gepäck deponierten. Wir wollten uns einen Tag lang Zürich ansehen. Als wir uns endlich von Andrej verabschiedeten, steckte er Emo 20 SFR zu und sagte, dass sie für die Fahrt durch Zürich seien. Er hatte beschlossen, uns so gut er konnte zu helfen. Mir war das äußerst peinlich. Diese Menschen hatten so viel für uns getan, dass ich einfach nicht wusste, wie ich meine Dankbarkeit ausdrücken sollte. Ich konnte sie nicht in Worte fassen. Deshalb drückte ich nur seine Hand und sah ihn mit einem Blick voller Dankbarkeit an. Ich gehe nicht sehr oft in die Kirche, aber zusammen mit Emo kommt das hin und wieder vor. Und wenn ich wieder einmal für jemanden bete, er möge gesund und glücklich sein, sind natürlich neben all meinen Verwandten und Bekannten auch diese wundervollen Menschen gemeint.

ES IST DOCH SOMMER!
(Zürich, 7. August)

Ignat:

Als wir wieder allein waren, gingen wir vom Bahnhof zum Zürcher See. Er ist ziemlich groß und ähnelt einem Meer. Besonders zu dieser Jahreszeit herrschte dort reges Leben. Wir schauten uns um und beschlossen, zum Bahnhof zurückzukehren. Auf dem ganzen Weg säumten künstliche Kühe in Lebensgröße den Bürgersteig – bemalt mit den verschiedenartigsten Mustern und Motiven. Irgendwo hatten wir gelesen, dass sie das Wahrzeichen von Zürich seien und es etwa 200 Exemplare davon gebe.

Da wir als Kletterer kein Sitzfleisch haben, fragten wir die Passanten nach einer Kletterhalle. Danach wollten wir, wenn möglich, auch irgendwo baden. Die Besichtigung von Museen und Sehenswürdigkeiten würden wir später nachholen, wenn wir älter sind und nicht mehr klettern können.

Wir passierten die Universität, die auf einer riesengroßen Fläche errichtet ist und fanden die „Kletterhalle". Sie war in einer Basketballhalle untergebracht, hatte ziemlich wenig Handgriffe und taugte nichts. Wir gingen wieder zum Bahnhof. Er diente uns als Orientierung und wir trauten uns nicht, uns allzu weit davon zu entfernen. Ganz zufällig entdeckten wir einen sehr gut sortierten Laden für alpine Ausrüstung, den wir uns gründlich ansahen. Zum x-ten Mal schauten wir uns die neusten Modelle alpiner Ausrüstung an. Der Verkäufer gab uns ausgezeichnete Tipps und eine Broschüre über die größte Kletterhalle Europas. Darin stand, dass es dort alle möglichen Extras gibt einschließlich einer Wand zur Eisbesteigung. Wir waren sofort begeistert. Das konnten wir uns keinesfalls entgehen lassen!

Doch unsere Begeisterung fand ein jähes Ende, als wir am Bahnhof erfuhren, dass uns die Fahrkarte dorthin zusammen 22 SFR kosten würde. Dazu kam noch die Gebühr für den Saal. Wir konnten es drehen und wenden, wie wir wollten, letztlich konnten wir es uns nicht leisten. Emo war zutiefst enttäuscht, denn im Vergleich zu mir klettert er besonders gern an einer Kunstwand. In Deutschland hatte er sogar als Trainer in einer modernen Kletterhalle gearbeitet. Und ich wunderte mich immer, woher er so gut klettern konnte.

Wir gingen erneut zum See und versprachen uns, das nächste Mal zuerst diese bekannte Kunstwand auszuprobieren.

Am See herrschte reges Treiben. Wir trafen Radfahrer, Skater, Bettler, Maler, Karrikaturisten, Punker, Sonnenanbeter und viele junge Leute. Auf dem See tummelten sich Surfbretter, Ruder- und Tretboote. Es gab viele Lokale und kleine

Wagen mit Eis, Erfrischungsgetränken und Snacks. Alle hatten ihren Spaß, amüsierten sich und waren so froh und unbekümmert, als hätten sie weder Probleme noch Seelenqualen.

Im Gebirge, inmitten von Schnee und Eis, hatten wir vergessen, dass es Hochsommer war. Erneut spürte ich die Kontraste, die mir die Fahrt und der Alpinismus boten.

Am Abend öffneten wir eine Dose Bohnen und scherzten darüber, dass wir vielleicht Snobs waren, weil wir am Züricher See Bohnen aßen. Ich will nicht behaupten, dass wir in diesen Tagen besonders geistreiche Gespräche geführt haben, aber wir hatten unglaublich viel Spaß daran, über andere und ziemlich oft auch über uns selbst zu lästern. Das lag sicher auch am Erfolg unserer Expedition. Wir hatten drei wundervolle Routen begangen und waren über den größten Gletscher Europas marschiert. Diese gut erledigte Arbeit erfüllte uns mit Freude und Glück.

Am späten Abend fanden wir am See zwei einsame und vor neugierigen Blicken geschützte Bänke, die von der Allee durch eine Hecke getrennt waren. Wir beschlossen, darauf zu übernachten. Nach der kalten Nacht in Zermatt war ich inzwischen schlauer geworden und hatte meinen Schlafsack mitgenommen, obwohl mir klar war, dass ich ihn wegen der Wärme überhaupt nicht brauchte. Aber wenn man schon einmal gelitten hat, ist man danach lieber vorsichtiger. Das Wetter könnte ja umschlagen und uns mit einem Schneesturm überraschen. Wer weiß?

Trotz des warmen Schlafsacks und der Bequemlichkeiten der harten Holzbank konnte ich erneut nicht gut schlafen, weil das rege Treiben am See die ganze Nacht dauerte. Hinter der Hecke, also gleich neben unseren Köpfen, kamen schreiende und lachende Menschen vorbei. Eine kleine Gruppe Jugendlicher badete im See. Das war eine lautstarke Angelegenheit. Danach setzten sie sich auf die Bänke neben uns und verbrachten dort den Rest der Nacht.

Später erleichterte sich jemand genau neben unseren Köpfen von der riesigen verzehrten Biermenge. Mit zwei Worten: Ruhe pur! Ich beneidete Emo, dass er wieder wie ein Baby schlief und dass ihm alles und alle absolut egal waren. Wegen meiner verdammten bulgarischen Mentalität traute ich mich nicht, mich zu entspannen, denn ich hatte wieder Angst, jemand könnte unser knappes Geld stehlen. So wurde ich immer müder. Ich wünschte mir, am nächsten Abend dermaßen müde zu sein, dass ich auf jeden Fall einschlafen würde – egal wo und unter welchen Bedingungen.

Am Morgen standen wir ziemlich früh auf und wuschen uns im See. Danach gingen wir zu unserem „geliebten" Bahnhof. Dort gönnten wir uns zwei Butterbrote zum Frühstück und ehe wir uns versahen, waren schon wieder 10 SFR weg. In dieser Stadt konnte man locker sein Geld loswerden! Um nicht erneut unser

Budget zu belasten, holten wir schnell unser Gepäck ab, da unser Freund nur für 24 Stunden bezahlt hatte.

Mit den beiden riesengroßen Rucksäcken zogen wir wieder die Aufmerksamkeit unserer Mitmenschen auf uns, und wir überlegten, was wir als Nächstes tun sollten. Wir hatten kein Geld, aber unsere Visa waren noch gültig. Andererseits wussten wir nicht, wie viel Zeit wir brauchen würden, um Österreich per Anhalter zu durchqueren. Da wir sowieso keine Alternative hatten, beschlossen wir – nachdem wir mit dem Gedanken geflirtet hatten, noch eine Weile im Gebirge zu bleiben – uns auf den Weg nach Bulgarien zu machen.

Ehrlich gesagt, wollte ich endlich zu meiner Familie zurückkehren, denn ich war müde von all diesen Erlebnissen und Extremsituationen. Die meisten waren zwar lustig und positiv, aber es gab auch zahlreiche Spannungen. Und jetzt stand uns noch die schwere und ermüdende Anhalterfahrt bevor. Aus unseren Erfahrungen mit der Anreise wussten wir, dass uns so eine Fahrt total erschöpfen kann, denn nach Antritt der Rückreise war es ungewiss, wann wir wieder unter normalen Bedingungen schlafen würden.

Als wir aber nach einem passenden Ort zum Anhalten suchten, bedauerten wir trotz dieser widersprüchlichen und gemischten Gedanken, dass wir dieses wunderschöne Land mit den imposanten Bergen verlassen mussten. Ich fragte mich, wann ich die Alpen wiedersehen würde, und mich quälte der Gedanke, dass es auf diese Frage keine Antwort gab. Ich war traurig, aber das war nun einmal ein Teil des ganzen Abenteuers, und wir mussten trotz allem die Kraft finden, auch mit diesen Gefühlen fertig zu werden.

DER WEG INS NIRGENDWO
(Die Anhalterfahrt nach Bulgarien, 8.-9. August)

Ignat:

Von Zürich erreichten wir mit 6 Autostopps schnell die Grenze nach Österreich. Hier, in der Schweiz, hatten wir Glück, und mussten nicht länger als 15 Minuten auf eine Mitfahrgelegenheit warten. Für eine Stunde hielten wir an, um uns in einem kleinen Garten am Weg etwas zum Essen zu kochen. Dann nahm uns ein junger Mann mit, der sich über unsere Leistungen besonders freute und seine Begeisterung laut kundtat. Wir wohnten einer außergewöhnlichen Flugshow bei, wo 3 bis 4 Flugzeuge ganz dicht nebeneinander flogen und unterschiedliche gefährliche Figuren und Tricks machten.

Es gab auch einen kleinen Zwischenfall. Ein Mann hatte uns in seinem mit viel Gepäck beladenen großen Auto mitgenommen. Wegen des vielen Gepäcks hatte er sogar die Rücksitze ausgebaut. Als dann noch unsere Rucksäcke hinzukamen, herrschte in dem Wagen das totale Chaos. Am Ende der Tour lud ich unsere beiden Rucksäcke aus, stellte sie auf die Straße und drehte mich um, um den Abschiedsgruß des Schweizers zu erwidern. Als ich den Rucksack an einen Pfahl lehnen wollte, damit die Autofahrer ihn von Weitem sehen und unsere Absicht erkennen konnten, schreckte ich zusammen. Darunter lag ein mittelgroßer Aktenkoffer von der Art, wie ihn Politiker, Abgeordnete und Geschäftsleute nutzen. Er hatte sich irgendwie an den Rucksack angehängt, ohne dass ich es bemerkt hatte. Ich war entsetzt! Was sollten wir tun und wie konnten wir dem Menschen den Koffer zurückgeben? Wir kannten ihn nicht und hatten weder seine Adresse noch seine Telefonnummer. Ich stellte mir schon vor, wie er die Polizei über den „Diebstahl" benachrichtigt hatte und wie man uns an der Grenze verhaften würde bei dem Versuch, das Land zu verlassen. Wir saßen richtig in der Patsche! Aber, wie heißt es so schön: Niemand weiß, wann es ihn mal erwischen wird.

Wir dachten darüber nach, den Koffer bei den Leuten im nahegelegenen Haus abzugeben. Aber das war keine gute Lösung. Emo schlug vor, ihn am Straßenrand stehen zu lassen, damit man ihn von der Straße sehen konnte. Das ärgerte mich aber noch mehr, weil ich mit dieser Entscheidung überhaupt nicht einverstanden war. Aber vielleicht hatte er Recht; was konnten wir denn tun? Wenn der Koffer etwas Wertvolles enthielt, könnten wir uns leicht eine richtige Unterkunft leisten. Wenigstens würden wir nicht so wie in Zermatt frieren müssen. Klasse! Wir standen noch am Bürgersteig und jammerten, als der Mann zurückkam. Mir wurde sofort leichter ums Herz und ich segnete unser Glück. Der Schweizer hatte wahrschein-

lich den fehlenden Koffer sofort bemerkt und sagte, dass er sogar seine Frau ange-
rufen habe, um zu fragen, ob der Koffer noch bei ihnen zu Hause sei. Wir erklärten
ihm schuldbewusst, was geschehen war und baten um Entschuldigung.

Schnell passierten wir die Grenze und betraten Österreich zu Fuß. Dort bestiegen wir kurze Zeit später einen Bus mit Sportlern. Der Fahrer, ein älterer Mann,
entließ uns an einer Kreuzung bei dem „berühmten" Dörfchen Feldkirch, dessen
Name ich mir bei der Hinfahrt nicht merken konnte. Das etwas längere Warten
an dieser Stelle hatte sich gelohnt, weil uns ein wundervoller Junge in seinem
Kleinbus fast 400 Kilometer mitnahm.

Emil:

Das war ein komfortables Auto! Der Junge hieß Wolfgang und beschäftigte
sich mit Tontechnik. Ich erzählte ihm die Geschichte mit dem Ferrari. An einer
Stelle bog er einfach von der Autobahn ab und sagte: „Nun, nachdem Du mit
einem Ferrari so gut zurechtgekommen bist, wirst Du mit diesem Auto auch
keiner Probleme haben." Ich durfte etwa 200 km fahren. Dann trennten sich
unsere Wege. In seinem Auto lagen Reste von irgendeiner Party herum –
Obstsäfte, Coca-Cola und Erdnüsse –, die er uns beim Abschied schenkte.

Als wir wieder auf einem Parkplatz standen, beschlossen wir, von Zeit zu
Zeit von diesen Resten zu naschen und ein wenig zu trinken, um sie länger
genießen zu können. Aber schon nach dem ersten Bissen konnten wir nicht
widerstehen, und blitzschnell war alles weggeputzt. Der Hunger war wesentlich stärker als unser Wille, die Sachen für später aufzuheben.

Ignat:

*Wahrscheinlich hatten wir ihm Leid getan. Wir waren schmutzig, bärtig und
müde, hatten viel Gepäck und große Pläne.*

*Bis nach Linz nahm uns ein Serbe mit, der sich die ganze Zeit darüber wunderte,
wie wir es im Gebirge einen Monat lang ohne Frauen ausgehalten hatten. Dann
fuhren wir bis nach Wien bei einem jungen Paar in einem kleinen Auto mit, das
fast voll bepackt war. Wir mussten uns beide nach hinten setzen und die zwei großen Rucksäcke auf unsere Knie nehmen. Die Leute lachten viel, und wahrscheinlich hatten sie uns nur so zum Scherz mitgenommen. Diese Fahrt war die schreck-
lichste aller Fahrten. Die Rucksäcke waren furchtbar schwer und zerquetschten
mir mein rechtes Bein. Emo sagte, dass die Eispickel während der ganzen Fahrt
gegen seine Beine gestoßen waren. Das mag sein, er aber war verhältnismäßig
ruhig, woraus ich folgerte, dass er nicht so starke Schmerzen hatte wie ich. Am
Ende tat es mir so höllisch weh, dass ich dachte, ich würde ohnmächtig werden.
Ich versuchte irgendwie mein Bein zu bewegen, indem ich mich am Platz drehte,
aber das nützte nichts. Bald hatte die Qual ein Ende und wir verließen erleichtert
diese Kiste. Wir standen genau im Zentrum von Wien und wussten nicht, wie wir*

aus der Stadt kommen sollten. Doch mit zwei weiteren Stopps erreichten wir die Grenze nach Ungarn.

Emil:

Wir waren etwa 20 km vor der Grenze nach Ungarn, aber leider fuhren hier nicht so oft Autos vorbei. Endlich kam eins, das auch anhielt. Die Frau hinter dem Fenster fragte: „Wohin?"

Ich antwortete, dass wir zur Grenze wollten und sie erwiderte: „Seid Ihr normale Menschen?"

Ihre Frage beleidigte mich überhaupt nicht und ich erklärte ihr schnell, dass wir Bergsteiger seien, die einen Monat lang in den Bergen geklettert waren, und in diesem Augenblick nichts sehnlicher wünschten, als so schnell wie möglich nach Bulgarien zurückzukommen. Daraufhin folgte ihrerseits die Frage: „Kann ich mich auf Euch verlassen?", worauf sie eine kurze und überzeugende bejahende Antwort erhielt.

Während sie fuhr, erklärte sie mir, dass sie zum ersten Mal jemanden per Anhalter mitnahm und erst im letzten Augenblick entschieden hatte, uns mitzunehmen. Diese Entscheidung hatte sie getroffen, weil es schon ziemlich spät war und wir wegen des geringen Verkehrs kaum eine Chance gehabt hätten. Hinter der Grenze war kaum noch Verkehr. Ignat kreierte eine Torte, ich ging in der Zwischenzeit ziellos um die Rucksäcke herum und bemühte mich, nicht im Stehen einzuschlafen.

Ignat:

Die Grenze hatten wir um 3 Uhr am Morgen des 9. August erreicht. Die Strecke von Zürich bis hierher hatten wir in einer Rekordzeit von 18 Stunden zurückgelegt. Wir freuten uns und versuchten, die bis nach Bulgarien verbleibende Zeit abzuschätzen.

Die Anhaltermöglichkeiten kamen ins Stocken und in den folgenden Stunden erkannten wir, dass wir die Rechnung ohne den Wirt gemacht hatten und dass wir von nun an langsamer vorwärts kommen würden. Wir waren in Ungarn, und allem Anschein nach fürchteten sich die Leute davor, auf dem Territorium eines osteuropäischen Staates Tramper mitzunehmen. Die aus Westeuropa kommenden Ausländer fühlten sich hier nicht sicher und versuchten möglichst schnell durchzureisen. Die Ungarn selbst fahren entweder nicht viel oder sind mit dieser Reisemöglichkeit überhaupt nicht vertraut.

Wir beschlossen, uns beim Anhalten wieder abzuwechseln und Emo setzte sich hin, um sich auszuruhen. Ich winkte den vorbeifahrenden Autos zu und wenn keines kam, nutzte ich die Zeit, um die letzte der berühmten Torten à la Emo zu kreieren. Es gab keine Milch, und nur mit Wasser zubereitet schmeckte die Torte außerordentlich widerlich. Ich überlegte, was zur Rettung meiner Ehre zu tun sei und fügte mehr Feigenkonfitüre hinzu. Dadurch aber wurde die Torte so süß, dass wir schließlich fast die Hälfte wegwerfen mussten.

Ermattet, verzweifelt und unausgeschlafen hatten wir nicht einmal mehr die Kraft, uns zu ärgern. Ab und zu verwechselte ich die Lichter des Grenzkontrollpunkts mit Autoscheinwerfern und hob die Hand umsonst. Nachdem wir länger als drei Stunden gewartet hatten, nahm uns ein Ober mit bis zur Ausfahrt einer verkommenen Tankstelle unweit der Landstraße. Ich war so müde, dass ich mich in den Schatten der Rucksäcke legte.

Emil:

Hoffnungsvoll ging ich um die Zapfsäulen herum und bat die Autofahrer, uns mitzunehmen. Leider bekam ich als Antwort auf meine Bitten nur hochmütige Blicke. Ignat stand wie immer am Ende des Parkplatzes. Als ich zu ihm hinschaute, konnte ich ihn nicht sehen und wunderte mich sehr. Es war erst 9 Uhr am Morgen, aber die Sonne brannte schrecklich heiß und die Temperatur lag schon weit über 30 Grad.

Ich näherte mich und sah, dass er auf dem Rücken lag. In diesem Augenblick dachte ich, dass er wegen der Hitze ohnmächtig geworden war und geriet in Panik. Von Weitem rief ich ihm zu: „Ignat, Ignat, wie geht es Dir, was ist mit Dir los?"

Zuerst bekam ich keine Antwort und geriet noch mehr in Panik, doch dann bewegte er sich und stand auf. Er hatte sich zum Ausruhen hingelegt und war dabei eingeschlafen.

Unsere Situation hier war kaum auszuhalten. Mehr als 6 Stunden waren vergangen, seitdem wir die Grenze passiert hatten und wir waren nur ein paar Kilometer weiter gekommen. Unsere Verzweiflung trieb uns fast in den Wahnsinn.

Ich kehrte zum „Schlachtfeld Tankstelle" zurück und versuchte mit noch größerem Eifer die Leute davon zu überzeugen, uns in Richtung Budapest mitzunehmen. Das Problem bestand darin, dass der Westeuropäer eine vorgefasste Meinung von den Menschen aus dem östlichen Teil Europas hatte und ihnen nicht vertraute.

Ignat:

Plötzlich kam Emo zu mir und schalt mich ein wenig, dass ich schlief und die Autos nicht anhielt. Aber wie sollte ich jemanden anhalten, wenn niemand vorbeifuhr? Wir gingen zusammen, bepackt mit den Rucksäcken, zur Tankstelle, um uns im Schatten zu verstecken und nach einem netten Menschen Ausschau zu halten, der uns mitnehmen würde. Emo erzählte mir, dass er auch mit bulgarischen Brummifahrern gesprochen habe, die ihm aber abgesagt oder sogar Geld verlangt hätten. Das wunderte mich nicht, denn das waren einfache Leute, die jeden Pfennig umdrehten und nur Dinge taten, aus denen sie irgendeinen Nutzen ziehen konnten. Ab sofort mussten wir wachsam sein und besser auf unser Geld aufpassen. Mein Freund war schrecklich verärgert und nervös, ich war total verzweifelt und stellte mir vor, wie wir hier wochenlang herumsaßen und darauf warteten, dass jemand die Güte hatte, durch diesen gottvergessenen Ort zu fahren und uns mitzunehmen. Wir mussten wohl unsere Phantasieabsicht aufgeben, nach Bulgarien per Anhalter zurückzufahren.

Emil:

Zwei Autos hielten an, aus denen junge Leute aus Deutschland ausstiegen.

Der eine von ihnen machte einen netten Eindruck und ich versuchte mein Glück. Er tankte und hörte mir zu, ohne ein Wort zu sagen.

„Ich bitte Dich, nimm uns mit, wir sind Leute wie Ihr. Du brauchst keine Angst zu haben, wir sind Bergsteiger und keine Diebe." Er lehnte ab, schickte mich zu seinen Bekannten im nächsten Wagen und ging die Rechnung bezahlen. Ich versuchte seine Kollegen zu überreden, aber sie lehnten entschieden ab.

Nachdem er aus dem Laden herausgekommen war, sagte ich ihm, dass wir mit dem anderen Auto keine Chancen hätten und bat ihn erneut uns mitzunehmen. Mein Bitten glich eher einem Betteln, doch es wirkte. So landeten wir nach ungefähr 200 km im Zentrum Budapests.

Das Thermometer zeigte 42 Grad. Ab hier hatten wir absolut keine Chancen, unseren Weg per Anhalter fortzusetzen.

HIER GIBT ES AUCH FRAUEN
(Budapest, 10.-11. August)

Ignat:

Fest davon überzeugt, dass die Anhalterfahrt hier zu Ende war, betraten wir den Bahnhof, um uns zu erkundigen, welche Busse nach Bulgarien fuhren und wo man einsteigen musste. Nach Sofia wollten wir per Bus zurückkehren. Das war zwar keineswegs so geplant, aber jetzt mussten wir unser letztes Geld für Fahrkarten ausgeben.

Während wir uns auf dem Bahnhof aufhielten, waren wir beeindruckt davon, wie viele Leute es von unserem Schlag gab – Touristen, Landstreicher und viele andere. Manche warteten, auf ihren Rucksäcken und Doppelsäcken kniend, wobei sie sich entspannten oder schliefen. Wir verstauten unser Gepäck in einem Schließfach, damit wir uns in aller Ruhe Budapest ansehen konnten. Nachdem wir bezahlt hatten, erfuhren wir, dass die Gebühr nur für den entsprechenden Tag gültig war. Falls wir unsere Rucksäcke nicht bis Mitternacht abholen würden, müssten wir erneut bezahlen. Schlauer Trick und auch sehr ungerecht. Unsere Erfahrungen aus der Schweiz konnten wir hier vergessen.

An einem Schalter fragten wir nach dem Busbahnhof, erhielten aber eine ziemlich fragwürdige Information. Wir gingen dorthin zu Fuß und landeten am Hotel „Stadion", in dem ich schon zweimal vor vielen Jahren abgestiegen war, als ich Fechten trainierte und mich aktiv an Wettkämpfen beteiligte. Dort erkundigten wir uns (soweit es uns möglich war, sich mit den Ungarn zu verständigen) und erfuhren, dass der Bus irgendwann in der Nacht in der Nähe des Hotels hielt. Aus heutiger Sicht waren wir damals ziemlich naiv. Wir wussten, dass wir auf jeden Fall nach Hause zurückkehren müssen. Da uns aber nichts dorthin zog, gaben wir uns keine große Mühe. Oder vielleicht verließen wir uns darauf, dass wir stets Glück hatten. Beruhigt durch diese Mentalität gingen wir in die Stadt zum Bummeln.

Am Abend holten wir unsere Rucksäcke ab und gingen erneut zu unserem „Busbahnhof".

Emil:

Obwohl wir nicht wussten, ob ein Bus fuhr oder nicht, wechselten wir uns beim Warten ab. Wir kauerten uns in den Schatten des einzigen kleinen Baums, den wir in der Umgebung entdecken konnten. In der Nacht schliefen wir abwechselnd und warteten so auf den Bus.

Ignat:

Aber es kam keiner, und bis heute verstehe ich nicht, warum wir uns auf so einen Unsinn eingelassen hatten. Die einzige Erklärung ist, dass sich Emo von seiner früheren Erfahrung beeinflussen ließ. In Bratislava hatte er auf ähnliche Art und Weise gewartet und aufgepasst, den Bus nach Bulgarien nicht zu verpassen. Aber dort hatte er direkt am Busbahnhof gesessen. Unser Fehler bestand darin, dass wir der Meinung waren, an diesem Hotel würde der Bus halten. Wirklich naiv, aber uns war es egal. Besonders Emo, der überhaupt kein Interesse daran hatte, auf schnellstmöglichem Wege nach Hause zu kommen. Im Gegenteil – er hatte eher Angst, dorthin zurückzukehren, wo es ihn nicht hinzog und wo er sich nicht zu Hause fühlte.

Emil:

Am frühen Morgen waren wir beide eingeschlafen, und als ich aufwachte, hatte ich Gras im Gesicht.

Ignat:

Wir ließen unsere Rucksäcke bei den Stationsvorstehern. Später erfuhren wir, dass dies die letzte oder erste Haltestelle der Stadtbusse war. Während sich Emo mit den Leuten unterhielt, beobachtete ich ihn aufmerksam und konnte ein lautes Lachen kaum zurückhalten. Mein Freund kommuniziert mit allen ausgezeichnet, und das konnte man hier am deutlichsten erkennen. Mit Gesten und einem Mienenspiel in der sogenannten „Affensprache" konnte er sich sogar mit den Ungarn verständigen, die – ihrer Muttersprache mächtig – sich überhaupt nicht anstrengten, eine Fremdsprache zu sprechen. Am Ende willigten sie ein und wir überließen ihnen unser ganzes Gepäck zur Aufbewahrung.

Emil:

An dieser Stelle endete auch die Straßenbahnlinie. Der Mann kam morgens gegen 4 Uhr und ging abends nach 23 Uhr. Ich fragte ihn, ob er unsere Rucksäcke während des Tages verwahren würde.

Das Erste, was er sagte, war: „Kein Problem, wenn Ihr dafür bezahlt." Ich konnte ihn aber von unserer Geldnot überzeugen und überreden, gegen ein Bier für ihn und seinen Kollegen, mit dem er die Schicht wechselte, auf unser Gepäck aufzupassen.

Das klang gut und nachdem wir einen der kleinen Rucksäcke mit dem Notwendigsten für den Tag gepackt hatten – die restlichen Spaghetti, den Gaskocher und je einen Pullover für den Abend –, gingen wir ins Zentrum.

Ignat:

Nach dem Zirkus mit den Stationsvorstehern fragten wir die Passanten auf dieselbe Art und Weise und konnten endlich den verflixten Busbahnhof finden. Dort erfuhren wir, dass der Bus nach Bulgarien erst um 17 Uhr am nächsten Tag fuhr. Wir konnten uns keine Fahrkarten kaufen, da Sonntag war und die Kassen geschlossen waren. Also mussten wir in Budapest fast 3 Tage verbringen. Da wir sowieso nichts anders tun konnten, beschlossen wir, uns wenigstens die Stadt genauer anzusehen – und zwar zu Fuß. Dazu muss ich sagen, dass wir anschließend unsere Füße nicht mehr spürten. Hier wurde der Spruch unserer Expedition geboren: „Wir sind kreuz und quer durch ganz Europa gewandert." Natürlich war das von Aleko Konstantinov entlehnt, und wir dachten oft an Georgi Kalojantschev[1] und seine wunderbare Interpretation von Baj Ganjo[2] im gleichnamigen Film. Wir zitierten auch andere Repliken dieses berühmten Helden. All das amüsierte uns einerseits, andererseits half es uns moralisch und wir schämten uns nicht für unsere Misere in dieser Schlussetappe der Reise.

In einer Wechselstube tauschte ich die letzten 100 Mark, die mir mein Bruder gegeben hatte. Die ganze Zeit hatte ich gehofft, sie nicht ausgeben zu müssen, so dass ich sie ihm sofort nach unserer Rückkehr zurückgeben konnte. Doch jetzt brauchten wir dieses Geld. Wir irrten durch die Stadt und scherzten, dass wir wie Tiere geworden waren. Uns waren nur unsere Instinkte geblieben. Wenn wir Hunger hatten, suchten wir einfach Wasser und kochten uns etwas aus den kargen Resten in unserem Rucksack. Danach ließen wir uns zurückfallen und schliefen ein. Wenn ich heute darüber nachdenke, begreife ich, dass diese Lebensweise auch etwas Gutes hat: Man fühlt sich frei und unabhängig. Man macht sich keine Sorgen und hat es nicht eilig und es ist so, als ob man mit dem Ort und der Atmosphäre eins wird. Dabei verliert man nicht seine Identität, sondern man fühlt sich vielmehr als wichtiger Bestandteil des Universums, durch das man mit seiner freien Seele umherirren kann.

Emil:

Die schreckliche Hitze war kaum zu ertragen. Sogar zum Reden fehlte mir die Kraft. Ich konnte meinen Körper kaum aufrecht halten, und nachdem die Spaghetti fertig waren, aß ich meinen Teil davon schnell auf, ließ meinen Körper nach hinten fallen – den Löffel noch in der Hand – und schlief auf der Stelle ein.

Ich fühlte schon den Duft Bulgariens, was mich schier zur Verzweiflung trieb. Das Einzige, was ich mit Sicherheit wusste, war, dass ich immer noch am Leben war, aber ohne Ziel und ohne Richtung. Mein psychischer Zustand war unter aller Würde bei dem Gedanken, dass der genaue Tag und die genaue

---

[1] Georgi Kalojantschev (A.d.Ü.): geb. 1925, beliebter bulgarischer Schauspieler und Komödiant, bekannt vor allem durch seine Rollen im Kino und Theater

[2] Baj Ganjo (A.d.Ü.): literarische Gestalt, Hauptperson des satirischen Feuilletons von Aleko Konstantinov

Stunde unserer Rückkehr nach Bulgarien schon feststanden. Leider ging mir dieser Gedanke nicht aus dem Kopf.

Ignat lachte über die Reste dieser Kreatur, genannt EMIL. Wie ich wohl in seinen Augen ausgesehen hatte, als ich völlig verzweifelt aß – ein nicht so kleiner Teil der Spaghetti war einfach von meinem Mund heruntergefallen, ohne dass es mich gekümmert hatte. Wir waren bereits einen ganzen Monat lang 24 Stunden am Tag zusammen, und unseren Blicken konnte nichts entgehen. Mein Zustand war ihm völlig klar und er verstand nur zu gut, was in diesen Momenten an mir nagte.

Für ihn war ich wie ein offenes Buch. Das machte mir nichts aus, sondern beruhigte mich sogar. Ich fühlte mich ihm so nah; er war für mich mehr als ein Bruder, er war ein Teil von mir, und eben deshalb konnten wir durchhalten und überleben. Wir konnten uns auf unsere Freundschaft verlassen und darauf bauen. Uns verbanden Erlebnisse, an die wir uns sicher irgendwann erinnern werden, vielleicht sogar in den letzten Stunden unseres Lebens auf Erden. Dabei wird uns immer bewusst sein, was das Wichtigste im Leben ist.

Wir hatten vergessen, wann und wo wir zum letzten Mal gebadet hatten. Die karge Sommerkleidung, die wir mitgenommen hatten und die seit Wochen nicht mehr gewaschen worden war, stank scheußlich. Der Gestank konnte jeden verjagen, der auch nur in unsere Nähe kam.

Die Socken konnten wir ohne Probleme regelmäßig waschen, da es in der Stadt genug Springbrunnen gab. Dabei wurden wir immer von den kritischen Blicken der Passanten begleitet. Dann hängten wir die Socken zum Trocknen an die Rucksäcke, und abends zogen wir sie wieder an.

McDonalds war einer unserer Lieblingsplätze, genauer gesagt, seine Toiletten. Dort gab es warmes Wasser und Seife, womit wir wenigstens unsere Gesichter und unsere Füße waschen konnten.

Wir träumten von fließendem Wasser und weil wir sowieso reichlich Zeit zur Verfügung hatten, beschlossen wir, ein Bad zu suchen.

Wir klopften an jede Tür, die so aussah, als ob sie unser Eingang zum Bad sein könnte, aber wir hatten kein Glück. So irrten wir stundenlang durch das Zentrum der Stadt. Viele Leute, denen wir begegneten, konnten keine Fremdsprachen und deshalb mischte ich unter die Fragen, die ich auf Bulgarisch, Russisch, Deutsch und Englisch stellte, auch die Sprache, die die Menschen sofort verstanden, nämlich die Sprache der Gesten.

Wenn ich nach einer Bademöglichkeit fragte, wiederholte ich immer wieder „duschen, duschen" und dementsprechend machte ich die Situation im Bad nach, als ob ich mich dort befände und badete. Das konnte jeder verstehen.

Ignat fand das besonders lustig und als ich nach einer Toilette fragte, drohte er vor Lachen zu ersticken.

Ignat:

Wir spazierten kreuz und quer durch die Stadt und freuten uns über alles, über jeden Menschen, jedes Gebäude, jede Ansicht und vor allem über das Leben, das wir unglaublich intensiv empfanden. Wir kamen am Fluss vorbei und Emo fragte, was eine Schifffahrt nach Bulgarien kostete. Wir gaben unserer Phantasie freien Lauf und versuchten uns unsere exzentrische Heimfahrt auf der Donau vorzustellen und auch die Reaktion unserer Familienangehörigen und Freunde.

Emil:

Außer den zahlreichen Restaurants und Cafés, aus denen der unwiderstehliche Duft verschiedener Speisen drang, gab es im Zentrum auch viele Künstler – Maler, die zusätzlich Geld damit verdienten, den Passanten Porträts zu malen. Für sie waren wir die perfekte Quelle neuer Ideen. Ignat mit seinem langen blonden Haar, das schon lange keinen Kamm mehr gesehen hatte, seinem Bart, der seit mehr als einem Monat keiner Rasierklinge begegnet war, seinen Kleidern, die eher dazu dienten, einen Teil seines Körpers zu bedecken als damit einigermaßen anständig aufzutreten, zog die Maler wie Magnete an. Ich gab keineswegs ein besseres Bild ab. Die Maler kamen uns entgegen und forderten uns mit breitem Lächeln auf, auf dem Stuhl, der für die Modelle bestimmt war, Platz zu nehmen. Mit unseren Konterfeis hätten wir bestimmt die ersten Plätze bei irgendeiner angesehenen humoristischen Ausstellung belegt. Mit einem Lächeln sagten wir ab und gingen weiter, bis uns kurz darauf der nächste Maler im Weg stand.

Der Abend schien uns sehr romantisch. Nach der mörderischen Hitze und nachdem die Sonne untergegangen war, füllten sich die Straßen mit Hunderten von Menschen. Die Restaurants waren zum Bersten voll mit Menschen, die Hunger hatten und um einen freien Tisch kämpften.

Es gab unglaublich schöne Frauen, die wir schon von Weitem bemerkten, denen wir uns mit halb geöffnetem Mund näherten und dann schnell vorbeigingen. Mit ihren feinen schlanken Körpern – betont durch die knappe Kleidung – verdrängten sie die in uns immer noch brodelnde Euphorie über die erklommenen Gebirgswände. Einige von ihnen schauten uns an und lächelten bezaubernd. Dann schlugen unsere Herzen wie wild bei den Gedanken, die sich jeder Mann macht, wenn er solchen von Gott erschaffenen wunderbaren Wesen begegnet. Wir rochen auch diesen unwiderstehlichen Duft von Parfüm, der uns betäubte und sich zwangsläufig mit dem schweren Geruch unserer eigenen Körper vermischte, für die „Parfüm" ein Fremdwort war.

Das Einzige, was wir uns in diesem Augenblick sagten, wovon uns leichter wurde, war: „Ach, Du schöne Prinzessin, wenn Du nur wüsstest, dass wir überhaupt kein Geld haben und seit Wochen nicht gebadet haben, hättest Du uns auf keinen Fall Dein göttliches Lächeln geschenkt."

Es war schon spät geworden. Deshalb machten wir im nahe gelegenen Park eine freie Bank ausfindig, auf der wir die Nacht verbringen konnten. Wir legten uns hin, aber eine Gruppe betrunkener oder gedopter Jugendlicher verjagte uns bald mit ihrem Geschrei. Deshalb beschlossen wir, zum alten und bewährten Platz am anderen Ende der Stadt zurückzukehren, wo wir die vorige Nacht verbracht hatten.

Der aber war mehr als 10 km entfernt, und mit hängenden Köpfen begannen wir diesen Trip durch Budapests Straßen. Mein Bein tat vom ganztägigen Marsch höllisch weh und ich hinkte bei jedem Schritt. Den schrecklichen Schmerz versuchte ich die ganze Zeit zu verbergen. Das Einzige, was mich aufrecht erhielt, war die Aussicht auf den trockenen Rasen unter dem Baum.

Straßen und Lichter wechselten sich ab, Passanten, Autos – alles war weit weg von mir, weil ich in meinen Gedanken versunken war.

Ignat:

Um das Hotel lungerten keine zwielichtigen Typen herum und es gab nicht so viele Menschen. Es war hell beleuchtet, aber nachdem wir uns ganz dicht am Baumstamm hingelegt hatten, konnte man uns kaum sehen. Wir erlebten die heißesten Sommertage und ließen uns direkt auf das trockene Gras nieder. Wir brauchten weder Schlafsäcke noch Isomatten. Außerdem mussten wir so am Morgen nur das Gras von den Kleidern abklopfen und schon waren wir aufbruchbereit.

Emil:

Ich dachte vor allem an die Zukunft, daran, was danach folgen würde, was ich von nun an machen wollte. Die Gedanken kamen wie Wellen und waren begleitet von Vorstellungen und Emotionen. Sie kamen und gingen dann sofort wieder, um immer neuen Gedanken den Weg zu räumen.

Ich stellte mir vor, wie ich in meiner Dachbodenwohnung allein war, wo die Ruhe nur durch die alltäglichen Streitereien zweier älterer Nachbarn gestört wurde, für die ein Tag ohne Streit offensichtlich kein vollwertiger Tag war.

Außerdem stellte ich mir vor, wie die Person, die ich zwar seit Monaten nicht mehr gesehen hatte und von der ich wusste, dass sie mit einem anderen zusammenlebte, an meine Tür klopfen, mich umarmen und sagen würde: „Ich bleibe für immer bei Dir."

Ich stellte mir weiterhin vor, wie mich Borjana strahlend vor Freude empfangen und mich mit Fragen überschütten würde.

Ich dachte an meine Mutter, an das gerechtfertigte Vertrauen und an den Stolz, mit dem ich ihr wie einem treuen Freund von meinen Erlebnissen erzählen würde. Ich dachte an meinen alten Bekannten, den Hunger, der mir wegen meiner Geldnot unweigerlich Tag und Nacht wie ein Schatten folgen würde. Ignat hatte den größeren Teil des Geldes gegeben und ich wusste überhaupt nicht, wie und wann ich es ihm zurückzahlen konnte.

Alle diese Gedanken beeinflussten meine Gefühle und jeder einzelne davon erfüllte mich entweder mit unbeschreiblicher Trauer oder mit Freude.

Wie in Trance erreichten wir unseren Platz. Mit großem Vergnügen streckte ich mich auf dem noch warmen Boden hin und schlief ein, dankbar dafür, dass ich während des Schlafs für kurze Zeit all diesen Gedanken entfliehen konnte.

Am nächsten Morgen, dem 11. August 1998, dem letzten Tag vor unserer Busfahrt nach Sofia, beschlossen wir, die Stadt erneut zu besichtigen, ohne ein bestimmtes Ziel zu haben

Ignat:

Wir gaben alle Forint aus, die uns geblieben waren, da sie außerhalb Ungarns ohnehin keinen Wert hatten. Bei „McDonalds" frühstückten wir und erledigten unsere Morgentoilette.

Gegen 14.30 Uhr kamen wir zurück und holten unser Gepäck ab. Den Stationsvorstehern gaben wir zwei Flaschen Bier für den geleisteten Dienst. Unter dem Baum aßen wir zu Mittag. Dann schleppten wir uns zum Busbahnhof und warteten.

Wie durch ein Wunder kam der Bus pünktlich, und um 17 Uhr fuhren wir zurück in die Heimat. Ich spürte bereits das große Verlangen, zu meiner Familie zurückzukehren, etwas Leckeres und Hausgemachtes zu essen, zu baden, mich zu rasieren und mich in ein sauberes Bett zu legen, um in aller Ruhe einzuschlafen, ohne dass ich befürchten musste, den Bus zu verpassen oder beraubt zu werden.

DAS SCHLAFEN AUF DEM BODEN IST VERBOTEN

Ignat:

Ganz anders als bei der Hinreise herrschte jetzt im Bus Ruhe. Niemand schaute sich ängstlich um und hielt sein Geld fest, und es gab auch keine Gespräche über Autohandel.

Emil:

„Wir haben Europa durchwandert" war das Motto dieser Reise, das wir ständig wiederholten.

Wir tauschten unsere Tagebücher, die jeder von uns in den vergangenen vier Wochen über sich selbst geschrieben hatte. So hatten wir auf dem Papier einen winzigen Teil der Geschehnisse, Gedanken und Gefühle festgehalten, die uns in all diesen Tagen begleiteten, und jetzt hatte jeder die Möglichkeit, das Erlebte mit den Augen des anderen zu sehen.

Ignat:

Emo verkündete laut, dass er auf dem Boden des Busses zu schlafen beabsichtige, woraufhin ihn die Frau von der anderen Sitzreihe fragte:

„Das ist nicht Ihr Ernst, oder?"

„Doch", erwiderte Emo, „ich beabsichtige auf dem Boden zu schlafen."

„Aber dort ist es überhaupt nicht bequem."

„Als ob es auf dem Sitz komfortabler und bequemer wäre", konterte er.

Später, als wir die Grenze erreichten, begannen wir zu scherzen, dass wir hier wenigstens 3 bis 4 Stunden warten mussten. Die Frau bekam erneut Angst. Aber der härteste Schlag war für sie, als sich Emo tatsächlich zum Schlafen auf den Boden legte. Als einer der Fahrer Emo aufforderte, wieder auf dem Sitz Platz zu nehmen, folgte er verärgert und unwillig. Doch bei der ersten günstigen Gelegenheit legte er sich sofort wieder auf den Boden. Ich rollte mich auf dem Sitz zusammen und konnte wenigstens ein wenig schlafen.

Die Serben machten an beiden Grenzen keinerlei Schwierigkeiten. Wir sahen, dass es hier absolut keinen Verkehr gab und bereuten nicht unsere Entscheidung, die Anhalterfahrt aufgegeben zu haben. Sicher hätten wir uns eine ganze Woche lang auf Jugoslawiens Landstraßen herumtreiben müssen, wenn wir das überhaupt überlebt hätten.

Die bulgarische Zollkontrolle verlief auch verhältnismäßig reibungslos, wir mussten „nur" ungefähr eine Stunde warten. Wie komisch das „nur" hier klingt, nicht wahr?

Um 10 Uhr waren wir dann schon auf bulgarischem Boden und damit ging unsere Reise zu Ende. Wir waren genau einen Monat von zu Hause weg gewesen.

Wir gingen sofort auf den Markt zu meinen Eltern. Mein Vater war irgendwo hingegangen, meine Mutter stapelte Bier. Ich rief nach ihr und sie drehte sich um. Im ersten Augenblick erkannte sie uns nicht, doch dann lief sie uns fröhlich entgegen und umarmte uns. Dann musterte sie uns von allen Seiten, ob wir gesund und heil waren und ob wir nicht irgendeine Verletzung hatten, die wir ihr verschwiegen. Dann rief sie: „Oh weh, Ihr stinkt aber heftig!"

Um uns versammelte sich eine Menschenmenge. Alle sahen uns verwundert an und sprachen über unsere riesengroßen Rucksäcke, die ebenso schwer waren wie sie aussahen.

Endlich waren wir nach Hause gekommen und konnten aufatmen. Doch gleichzeitig wussten wir auch, dass uns hier nichts Gutes erwartete und dass wir für diesen wunderbaren Monat teuer büßen würden. Es stimmt, dass wir wie Landstreicher gelebt hatten, aber wir waren frei.

VERGANGENHEIT UND ZUKUNFT

Ignat:

Kaum zu glauben, aber die ersten Tage verliefen erstaunlich gut. Noch am Abend rasierte ich mich, damit ich das Bettzeug noch besser fühlen konnte. Emo dagegen behielt seinen Bart noch einen ganzen Monat lang.

Nach einigen Tagen gelang es dem Chef, den wir erfolglos um finanzielle Unterstützung gebeten hatten, eine Pressekonferenz zu organisieren.

Ein großer Traum war Wirklichkeit geworden. Ich weiß nicht, was Emo empfunden hat, aber ich war glücklich, weil er glücklich war. Natürlich gab es auch gefährliche Momente, Spannungen und gelegentlich Missverständnisse; auch Zweifel und Sorgen plagten uns ab und zu. Es gab Zeiten, wo wir uns absichtlich provozierten. Ich bin mir nicht so sicher, ob Emo das tat, aber ich gebe zu, dass ich ihn manchmal ganz bewusst geärgert habe. Manchmal nahm ich mir dann vor, das auf keinen Fall wieder zu tun.

Das Abenteuer war zu Ende. Immer wieder werden wir an diesen wundervollen Monat denken, an einen Monat voller Emotionen, an die Schweiz, dieses wunderbare Land, an die schönen und einmaligen Besteigungen, die wir vollbracht haben, an die Menschen, denen wir begegnet sind und die uns geholfen haben. Sowohl von den positiven als auch von den negativen Erlebnissen in diesem einen Monat werden wir ein Leben lang zehren können und uns inspirieren lassen, auf entferntere Horizonte zu blicken.

Es gibt viel Schönes auf der Welt, aber wenn ich wieder geboren werde, möchte ich eine Schweizer Kuh sein oder ein Rabe, der hoch in den Alpen umherstreift!

Emil:

Der Zauber war vorbei, aber es kam ein neuer, der auch heute noch, mehr als 10 Jahre später, nicht an Kraft verloren hat – der Zauber der Erinnerung. Während wir im Bus fuhren, sagte ich zu Ignat: „Weißt Du, mein lieber Freund, was auch immer mit uns in diesem Leben passiert – das, was wir vollbracht haben, werden wir niemals vergessen, glaub es mir. Nach ein paar Tagen, vielleicht sogar erst nach Monaten, wirst Du nach und nach alles einsehen."

Seitdem denke ich fast jeden Tag – sowohl in guten als auch in schlechten Zeiten – an diese Zeit, und zwar nicht nur an das Ziel selbst, sondern auch an den Weg dorthin.

Ich ließ meinen Bart noch etwa einen Monat lang wachsen, so dass ich das Gefühl hatte, dass er mich vor der mich umgebenden Welt schützte und dass ich gleichzeitig damit die Erinnerung an diese Reise länger wach halten konnte.

Mit der Pressekonferenz wurden wir populär und erweckten die Aufmerksamkeit von Radio und Fernsehen, die zwei Tage lang Fotos zeigten und Berichte über uns sendeten. Schade nur, dass ich damals kein Geld hatte, um mir als Erinnerung alle Zeitungen zu kaufen, in denen etwas über uns stand, aber letztlich war es viel wichtiger, dass wir die Möglichkeit hatten, die Hauptdarsteller in diesem Film zu sein.

Ich bin glücklich, dass ich diese Episode meines Lebens Seite an Seite mit Ignat erleben durfte.

Als ich am Abend nach unserer Rückkehr die leere Dachbodenkammer betrat, fühlte ich mich als Gast. Ich hatte eine schlaflose Nacht, in der ich einzusehen begann, mit wie viel Schmerz und Leid, Erfolgen und Niederlagen mein Lebensweg gepflastert war. Es blieb nur die Frage, ob das wahre Glück sich immer herauskristallisiert, nachdem es von Flüssen unglücklicher Tränen weggespült worden ist, damit es sich danach in seiner reinsten Form zeigen kann.

Ich bin glücklich, dass ich mir selber zum wiederholten Mal beweisen konnte, dass man mit wahrer Liebe und Hingabe alles erreichen kann.

Ich bin glücklich, dass ich so zum wiederholten Mal zu der Erkenntnis gekommen bin, dass es kein Unterschied ist, ob man dem geliebten Menschen einen Heiratsantrag macht und ihm ewige Treue schwört oder ob man mit einem Freund am Fuß der Eigernordwand steht und fest entschlossen ist, diese zu bezwingen.

Mit dieser Erkenntnis schlägst Du den Weg der Taten ein. Hier fehlt das Bedauern, wenn Du es nicht schaffst, weil Du weißt und fest daran glaubst, dass, wenn alle Türen ins Schloss fallen, sich gleichzeitig Fenster zu unbekannten und zauberhaften Welten voller Magie öffnen. Diese Welten sind voller Ungewissheit und warten auf Menschen, die ganz genau wissen, wie man gewinnt und verliert.

Die Euphorie über unseren Aufenthalt in der Schweiz verging nach und nach und ich fühlte immer deutlicher, dass ich mich in einer Welt voller Hass und Verzweiflung befand, in einer Welt des Materiellen, fixiert auf den Monatslohn und das Glück mancher Menschen, das aus dem Unglück anderer resultiert. Angst, Egoismus und Kampf mit den Ellenbogen für bessere Positionen schlichen sich langsam aber sicher in unsere Seelen hinein. Ich widersetzte mich, doch sie waren stärker; ich erstickte, doch das bereitete ihnen wahre Freude. „Wir machen Dich zu einem Teil von uns, Du gibst nach", sagten sie. Ich widersetzte mich. Die Berge, meine geliebten Berge, waren weit weg und nur die Träume und die Vorstellung von ihnen gaben mir Kraft.

Der Winter 1998/1999 war für mich aus verschiedenen Gründen, aber vor allem aus finanziellen, sehr schwer. Ich leistete immer noch Nachtschichten

ДВАМА СМЕЛЧАЦИ ИЗКАТЕРИХА СТЕНАТА НА СМЪРТТА „НА МУСКУЛИ"

Емил Костадинов и Игнат Николов са първите българи, покорили алпийския връх Айгер по северния склон

Приятелството се проявява най-добре в планината.

Емил и Игнат са доволни, че са постигнали целта си без ничия помощ.

Северният склон на Айгер неслучайно е наречен Стената на смъртта.

Без пари и съпровождаща ги експедиция, без застраховка, с багаж, събран в две раници, но с огромен хъс, алпинистите Емил Костадинов (29 г.) и Игнат Николов (25 г.) изкачиха през юли 3970-метровия връх Айгер в Швейцарските Алпи. Не за първи път българи покоряват този връх.

Емил и Игнат пътували с автобус до Братислава, а оттам по финансови причини - почти 1000 км на стоп. Начинанието си финансирали абсолютно сами, затова доброволно приели живота на бродяги. Слепи, където сеарят, направо с дрехите. Не носели дори палатка, за да им е леко. По пътуването не е едно преживяване. Не какъв тузар с ферари само

но двамата смелчаци са единствените нашенци, минали по северния склон, наречен още Стената на смъртта заради многото жертви, които взема. Маршрутът е прокаран през 1991 и 1992 г. от французина Мишел Пироа, но малцина са успели да го изкатерят досега.

попитал могат ли да карат и им хвърлил ключовете и да го возят до Виена. Друг, швейцарец, ги съжалил, поканил ги у дома си, където се изкъпали и нахранили като хората, а после ги закарал до Цюрих. Пак поради липса на пари двамата търсели на силни усещания се настанили не в хижата под връх Айгер, а в каменна дупка на 50 м от нея.

„Завършихме висше образование в Германия, във Франкфурт на Майн. Там се занимавах и с алпинизъм, бях инструктор. Този връх ми влезе в сърцето още оттогава, твърди Емил Костадинов. За мене планината е философия - когато катеря не мисля, че покоряваш някой връх, а че планината не допуска до себе си, защото имаш положителна нагласа към нея.

нея. По време на изкачване като че ли се сливам със скалата, а духът ми сякаш се отделя и не наблюдава отстрани."

За разлика от Емил, Игнат има особен опит като алпинист. Завършил е националната спортна академия, но със специалност фехтовка. След две години проучвания и подготвителни катерения у нас той ва било истинското му бойно кръщение. Липсата на опит обаче не му попречи да прояви рефлекс и съобразителност, когато едно набиране приятелят му се изпуснал и полетял надолу към зеещата 1000-метрова пропаст. Игнат направил знак, спрял партньора

си на осмия метър и го изтеглил, спасявайки от сигурна смърт. Двамата знаели, че могат да разчитат единствено на себе си - нямали радиотелефон за връзка, не ги следели спасители (защото били без застраховки), а и паднали ли в пропастта, нека те търсят... Все пак се опълдили не хората в хижата, които тръгнали, а после забрали от един алпийски водач в долината, самият той знаел, че са знаели за тях и са ги наблюдавали.

Общо 27 часа продължило изкачването на 1200-метровата отвесна стена. Едно от най-интересните места по маршрута била 15-сантиметрова цепка на таван, която преминали, висейки на два пръста, закрепени на него. След часа заклещени в нея. Преди това, те да съберат сили, изляло се една вафла и, през нощувки не площадка от 60 кв. см, която представлявала отлепен от скалата камък. Ако някой искал да помръдне, трябвало да предупреди другия, за да

не полети надолу. Отгоре на всичко ги връхлетяла буря. Казали си направо, че ако ги удари гръм, ще се видят на оня свят. Хем страшно, хем красиво било да гледат звездите в краката си.

Обратният от отвеснен нел пет часа, но преди това доста се лутали между скалите, докато откриха маршрута за слизане - по западния хребет. Надолу също не било лесно, защото трябвало да слизат по наклонени плочи, покрити с ронещи се камъчета.

Към България попели пак на автостоп, но само до Будапеща. Знаейки от опит, че на изток стопът не върви, запалили последни пари за автобусни билети до София. Едва завърнали се, двамата приятели вече кроят планове за нови подвизи. Обмислят дали да не предприемат зимно изкачване на Айгер по Стената на смъртта, каквото никой не е правил досега.

Славяна МАНОЛОВА
Снимки Пламен ПЕТРОВ и АРХИВ

---

30 страница труд   **СПОРТ**   СЪБОТА, 22 АВГУСТ 1998 г.

Българи се лутат на слизане от Стената на смъртта

Милена ВЪЛКОВА

Емил Костадинов и Игнат Николов, които на 20 юли покориха стената Айгер (3970 м) в Швейцарските Алпи, трудно откриха пътя за слизане, съобщиха самите те. Изкачването по северния отвес по 1200-метрова стена продължило 27 часа. На 100 м от върха заради умора се наложило

нашето да бивакуват на площадка с площ 60 кв. см, установяват ни на връхлетя буря. Страхувах ме се, че както седим, ще ни удари гръм, доверява алпинистите. Маршрутът, по който българите са изкачили Стената на смъртта, е прокаран преди 7 години от французина Мишел Пироа. На слизане нашите се

лутали часове в търсене на западния хребет, по който е единственият маршрут надолу. После на 5 часа български алпинисти добрали до подножието до хижата, където живели в каменна дупка, защото тръгнали без палатка. Следващата цел на Костадинов и Николов, е Матерхорн в Алпите или зимно изкачване на Айгер.tm

---

Българи качиха Айгер по Северната стена

Двама българи покориха алпийския връх Айгер по Северната свръхтрудния маршрут по Северната стена, съобщиха от Българския алпийски клуб. Емил Костадинов (29 г.) в свръзка с Игнат Николов (25 г.) започнали катеренето на 17 юли и след нощувка на стената слезли на 20 юли. При завъ-

ръшването си в родината ти алпинистите посветиха постижението си на 60-годишнината от изкачването на връх Мальовица. Точно преди толкова години е и първото изкачване на Айгер. Тържествата по случай юбилея у нас са под Мальовица от четвъртък до неделя.

(7 дни спорт)

СТАНДАРТ

NEWS

Събота, 22 август 1998

Брой 2120. Цена 250 лева

---

2 ЮЛИ 1998 Г.

7ниСПОРТ.

Нов маршрут прокарват наши алпинисти в Алпите

Нов маршрут — 900 м, с категория на трудност 8+ прокарат на връх Айгер /3975 м/ в Швейцарските Алпи българските алпинисти Емил Костадинов и Игнат Николов. Това е първият български тур на Айгер и те ще регистрират под име „Мальовица" в

местното селце Гринделвалд. Нашите заминават на 13 юли и планират да катерят северната стена с дължина 1800 м и среден наклон 75 градуса. Скалата, известна като „Стената на смъртта", е покорена за първи път от германци и австрийци преди

60 г. за 7 дни и 6 нощувания и е отнела живота на стотина смелчаци. Костадинов е инженер проектант на изкуствени катерачни стени и инструктор по алпинизъм във Франкфурт на Майн. Николов е завършил НСА.

МАРА КАЛЧЕВА

Единствените български алпинисти, покорили по най-трудния маршрут четиритилядника Айгер в Швейцарските Алпи, разказаха вчера каква е тръпката при катеренето на Стената на смъртта. Емил Костадинов (вляво) и Игнат Николов стъпиха на страховития връх на 19 юли тази година

ФОТО БТА

СЕГА   СПОРТ

НАКРАТКО

Наши алпинисти изкачиха „Стената на смъртта"

■ Българските алпинисти Емил Костадинов и партньорът му Игнат Николов изкачиха връх Айгер /3970 метра/ в швейцарските Алпи. Два дни бяха необходими на двамата българи, за да се справят с маршрута по северния склон, наречен стената на смъртта, заради големия брой загинали алпинисти, опитали своя късмет по този траверс.

---

32 ДУМА®

страници

КОНСОРЦИУМ Е ЕВРОПА

София, год. IX, бр. 189, Събота, 22 август 1998, 32 стр., 250 лв.

Наши алпинисти покоряват „Стената на смъртта"

СИЯ ВЕЛИНОВА

За първи път български алпинисти покоряват „Стената на смъртта" в Алпите. Това място досега е отнело живота на стотици катерачи. За своите постижения в швейцарските Алпи 29-годишният Емил Костадинов и 25-годишният Игнат Николов разказаха на „Дума" вчера. Те успели да изкачат прословутата северна стена само за два дни. Това не се е случвало от 1938 година насам. При изкачването

имало и малък инцидент. Емил паднал на осем метра от пропастта, намиращ се под стената, но Игнат го задържал. Наистина двамата са пострадали здраво на терена, защото през този сезон времето в Алпите е рязко променливо. Никой друг не могъл да се изкатери по стената по време на едномесечния им престой там. Емил и Игнат успели също да изкачат и връх Айгер. Двамата се борили пет часа със заледения по-връхност на планината.

ЛЕВИЯТ ВЕСТНИК

СНИМКА ХРИСТО ГИБУЛСКИ

Двамата алпинисти Емил Костадинов и Игнат Николов обясняват подвизите си als Sanitäter in einem Krankenhaus, doch das Geld, das ich am Ende des Monats bekam, reichte kaum für das tägliche Brot.

Ich trainierte zu Hause an der kleinen Wand, fühlte aber, dass es nicht genug war. Mit Ignat ging ich samstags und sonntags ins Vitoschagebirge, und wir hatten die Idee, die meisten Routen nur mit Hilfe der Steigeisen und der Pickel hochzuklettern, unabhängig von den Wetterbedingungen. All das machte uns großen Spaß, weil die physische Anstrengung bei solchen Touren mit steigendem Schwierigkeitsgrad und bei Temperaturen unter Null eiserne Disziplin und starkes Durchhaltevermögen verlangte. Jede Fahrt ins Gebirge war von einer Übernachtung im Freien begleitet, und in diesen Augenblicken offenbarte die Natur uns großzügig ihre Schönheiten, und das lohnte sich wirklich – Wind, Schnee, Frost, endlose Nächte voller Ruhe und mit Sternen, vielen Sternen, hell und nah.

Eine deutliche Spur in meinen Erinnerungen hat die Besteigung von Kuklata (Die Puppe) – einem Felsmassiv in der Nähe von Maljoviza – im Winter 1998 hinterlassen. Damals war ich mit Ignat und Meri, einer guten Freundin, auf Tour. Mein Wunsch war, die Route „Tschavdar" mit Freeclimbing bei extremen meteorologischen Bedingungen zu bezwingen, wobei ich mich nur auf die Pickel und Steigeisen verließ, ohne den Felsen mit Händen zu berühren. Das war am 6. Dezember 1998, nachdem es zwei Tage lang ununterbrochen geschneit hatte. Der ganze Fels war mit Schnee bedeckt. Für kurze Zeit stieg die Temperatur, und gleich danach wurde es sehr kalt, so dass der geschmolzene Schnee zu Eis wurde. Das war der Grund, warum wir weder Haltepunkte noch Spalten nutzen konnten. Das Hochsteigen dauerte „bescheidene" 10 Stunden. In dieser Zeit hörte ich nicht auf zu fluchen, meine Hände bluteten und im Lauf der Zeit zitterten meine Beine immer stärker. Das brachte mich an den Rand meiner psychischen und physischen Kräfte, aber was konnte ich tun? – alles hat seinen Preis. Das Gebirge gibt alles, nimmt aber auch alles. Beim Absteigen passierte etwas besonders Unangenehmes, das ich bis heute nicht vergessen kann. In der Dunkelheit irrte ich umher, suchte und fand den Abseilhaken, sicherte mich daran ab und forderte Ignat auf, nachzukommen. Meri wartete oben. Plötzlich hörte ich ihre Stimme und genau in diesem Moment stürzte sie kopfüber den Hang hinunter. Ich versuchte sie aufzuhalten, schaffte es aber nicht – ich war zu weit weg von ihr. Sie verschwand in der Tiefe. Mein Herz rutschte mir in die Hose. Was ich in diesem Moment fühlte, kann ich nicht in Worte fassen. Ich rief sofort nach ihr: „Meri! Meri!" Erleichtert hörte ich ihre zitternde Stimme, schob die Seile schnell durch den Keil und seilte mich zu ihr ab. Auf meine Art und Weise versuchte ich sie zu beruhigen, damit wir trotz allem weitermachen konnten. Dabei versuchte ich meine Aufregung zu verbergen. Immerhin war sie gestürzt.

In solchen Situationen wird mir immer wieder bewusst, wie sehr mir die Menschen am Herzen liegen, mit denen ich in einer Seilschaft klettere und wie stark mein Wunsch ist, dass – falls doch etwas Schlimmes passieren sollte – es doch möglichst mich treffen sollte. Wahrscheinlich klingt es übertrieben und egoistisch, aber ich war derjenige, der von sich selbst und vom Gebirge mehr verlangte, neue Schritte wagte und immer die verrücktesten Ideen hatte. Deshalb zog ich es vor, der Führer in der Seilschaft zu sein und meine Freunde abzusichern. Ich suchte gern die schwierigsten Passagen, mich reizte die Gefahr eines Absturzes und das Gefühl, dabei jede Faser meines Körpers genau spüren. Sehr oft, wenn ich psychisch und physisch total am Ende war, trat ich neben die vorgesehene Route und fragte mich: „Warum tust Du das, für wen und wofür ist es gut"? Diese Fragen waren dann aber in der warmen Hütte unter Freunden schnell vergessen, die Seele öffnete sich, zehrte vom Geleisteten und neue Wünsche keimten auf.

Viele Menschen wollten nicht zusammen mit mir klettern und gaben dafür verschiedene Gründe an. Natürlich tat mir das weh, weil ich sie nett fand und mich gern mit ihnen auf neue Abenteuer mit Adrenalinstößen eingelassen hätte, vor allem aber, weil wir dadurch unsere Freundschaft hätten festigen können. Doch jeder ist seines Glückes Schmied und entscheidet für sich selbst, wie weit er gehen möchte und vor allem mit wem.

Zu dieser Zeit begann ich die Kurse beim Bergrettungsdienst zu besuchen. Ich wollte den Menschen helfen, die im Gebirge Pech hatten und fühlte, dass

◄ Meri

ich dazu in der Lage war. Es folgte ein Winterkurs, bei dem ich nicht allzu viel gelernt habe, aber ich fühlte mich schon fast wie ein Teil dieser humanen Organisation. Ich hatte Dienst im Vitoschagebirge und trotz meiner noch begrenzten Kenntnisse in Erster Hilfe zeigte ich vollen Einsatz und half mit aller Kraft, ungeachtet dessen, dass ich wegen irgendwelcher Regelverstöße große Schwierigkeiten bekommen könnte. Ich sah gern in die Augen dieser Menschen, Augen, die nach Hilfe suchten und um sie baten, Augen, die vertrauten.

Und dann kam der Frühling 1999. Wieder roch es nach frischen Blumen, überall klang Vogelgezwitscher und alles erwachte zu neuem Leben in der Hoffnung auf Liebe, erwärmt von der Frühlingssonne. Trotz dieses wunderbaren Bildes fühlte ich mich einsam, denn viele Menschen hatten mich enttäuscht, Menschen, denen ich vertraute und die ich liebte. Um etwas Geld zu verdienen, nahm ich eine Stelle als Verkäufer in einer Touristikfirma an, was mich einerseits vom Gebirge fernhielt, weil ich acht Stunden täglich arbeiten musste, andererseits kam ich ihm aber auch näher, weil ich viele Menschen traf, die das Gebirge liebten. Mein Job dauerte nur zweieinhalb Monate. Die Eigentümer der Firma waren dem Geld verfallen. Was konnte man tun? Wie heißt es so schön? – Geld verdirbt den Charakter.

Von Widersprüchen zerrissen schmiedete ich Pläne für den bevorstehenden Sommer. In dieser Zeit hatten wir uns beide wohl verändert. Der Elan aus der Zeit vor unserer Abreise zum Eiger war verflogen. Bulgarien und die Alltagsprobleme hinterließen Spuren auf unseren Seelen. Ende Juni, schon total genervt von Tatenlosigkeit, Geldsorgen und Angst vor der Zukunft, spürte ich, wie mir die Zeit davonrannte und wie meine Träume vor dem Hintergrund der grauen Wirklichkeit in Bulgarien verblassten. Dann schlug mir ein Freund vor, gemeinsam drei Nordwände in den Dolomiten zu besteigen. Mit einer Dosis Skepsis sagte ich zu, war aber traurig darüber, dass Ignat nicht teilnehmen würde. Bis dahin dachte ich, nein, war ich fest davon überzeugt, dass unsere Freundschaft den Prüfungen der Zeit und des Erlebten standgehalten hatte. Ich würde mich viel wohler fühlen, wenn er mitkommen würde. Außerdem dachte ich, dass wir dann alle drei das Klettern mit anderen Annehmlichkeiten kombinieren könnten, so dass am Ende jeder von uns zufrieden war und sich nützlich fühlte.

Doch die Umstände machten meine Pläne zunichte und stürzten mich in eine schwere psychische Krise, und all das, was ich für Ignat in meinem Herzen empfand, musste eine harte Prüfung bestehen.

Das war der neue Eiger, den uns das Schicksal zuteilte: die Nordwand des Lebens – nicht leichter und alles fordernd.

Ein Jahr später teilten wir uns wieder ein gemeinsames Seil. Das Leben bot uns alles. Wir schrieben eine neue Seite unserer Freundschaft, stolz darauf, dass wir schon alle anderen Seiten davor vollgeschrieben hatten und stolz vor allem darauf, dass wir gemeinsam immer neue Seiten hinzufügten.

Liebe Leserin, lieber Leser, wir wünschen uns, dass Du dieses Buch oft und gern in die Hand nimmst, um unsere Gefühle, Gedanken und Erinnerungen immer wieder aufs Neue zu erleben.

Hier halte ich inne und ich würde mich freuen, wenn wir uns irgendwo auf den Gebirgspfaden begegnen, uns nur kurz an irgendeinem Gebirgsquell hinsetzen und von ganzem Herzen lachen. Wenn wir uns dann die Hand zum Abschied reichen, wird jeder seinen Weg gehen mit der aufrichtigen Hoffnung auf ein neues Wiedersehen.

Die Größe eines Menschen misst man an der Größe seiner Träume,
sie sind dafür da, um erlebt zu werden…

▲ Nach einer erfolgreichen Besteigung – müde, aber glücklich.

Die Welt und sich selbst erleben ...

Trekking
Wandern
Bergsteigen
Klettersteig

Bergschule
Mountainbiken
Skitouren
Expeditionen

Hauser exkursionen international GmbH
Spiegelstraße 9 · 81241 München
Tel: 089/235006-0 · Fax: 089/235006-99

www.hauser-exkursionen.de

net.workers AG

Application Delivery ▪ Data Communication ▪ Information Security

Anspruchsvolle Ziele sicher erreichen -
mit Wissen, Erfahrung und einem Partner,
auf den man sich verlassen kann.

Networkers AG ▪ Bandstahlstraße 2 ▪ 58093 Hagen ▪ Germany
fon: +49 (2331) 8095 0 ▪ mail: info@networkers.de ▪ web: www.networkers.de

Die Originalausgabe
erschien 2008 bei Impuls Verlag, Sofia, Bulgarien

EIGER – TRAUM UND WIRKLICHKEIT
© Emil Kostadinov

Selbstverlag
2009

Lektorat: Udo Siffermann
Gestaltung: Verzhiniya Kostadinov
Herstellung: Stritzinger Druck + Daten GmbH, Dreieich

ISBN: 978-3-00-027973-7

Kontakt: Emil Kostadinov
        Königsberger Str. 43
        D-63303 Dreieich
        eigerbook@gmx.de
        eigerbook@mail.bg

Copyright © 2009 Emil Kostadinov
Alle Rechte vorbehalten. Reproduktion und Wiedergabe in
jeglicher Form und Anwendung – auch auszugsweise –
nur mit ausdrücklicher Genehmigung des
Copyrightinhabers.